玉田美治 著

フランス資本主義
戦間期の研究
French Capitalism in the Inter-War Period

桜井書店

目　次

図表目次　vi

序　章 ………………………………………………………………… 3

第1章　フランス資本主義の自由主義時代 …………………… 13
　第1節　資本主義の興隆 ……………………………………… 13
　第2節　産業革命の完成 ……………………………………… 15
　　　　　繊維工業 15／石炭鉱業 18／製鉄業 20
　第3節　産業資本の蓄積構造 ………………………………… 25
　第4節　株式銀行の登場 ……………………………………… 30
　第5節　フランス経済の対外発展 …………………………… 38

第2章　帝国主義段階のフランス資本主義 …………………… 57
　第1節　概　況 ………………………………………………… 57
　第2節　工業の発展 …………………………………………… 67
　　　　　繊維工業 67／鉄鋼業 70
　第3節　株式銀行の発展 ……………………………………… 86
　　　1　大不況下の株式銀行　86
　　　2　銀行信用制度の確立　93
　　　3　事業銀行の再発展　98
　　　4　有価証券の時代　103
　第4節　資本輸出の展開 ……………………………………… 109
　第5節　経済政策の新展開 …………………………………… 112
　　　1　関税政策　113
　　　2　植民地政策　117
　　　3　社会政策　120

   4 財政政策 122

 第6節 フランス帝国主義の特質 …………………………………………126

第3章 両大戦間期のフランス資本主義 ……………………………………159

 第1節 第一次大戦とその直接的諸結果 ……………………………………161

   1 大戦下のフランス経済 161
   2 ヴェルサイユ条約の経済条項 170
   3 労働運動の一時的高揚 171

 第2節 1920年代——フランス経済の再興隆とその限界 ………………174

   1 復興財政とフラン危機 174
    復興財政 175／インフレとフラン危機 180／フランの安定 183
   2 工業の発展 185
    概観 185／綿工業 188／鉄鋼業 189／エネルギー産業 201／機械・
    電機・化学工業 206
   3 金融制度の変貌 210
    公的金融機関の発展 210／商業銀行の発展 213／事業銀行の発展 215
   4 フランス金融資本の確立と限界 218

 第3節 1930年代——世界恐慌と人民戦 ……………………………………220

   1 フランスにおける世界恐慌 221
   2 恐慌初期の対策 227
   3 人民戦線の経済政策 234

付 論 国家独占資本主義へのフランスの道 ……………………………255
   ——人民戦線，ヴィシー体制,「解放」と復興——

 第1節 問 題 ……………………………………………………………255

 第2節 改 革 ……………………………………………………………258

   1 労働・社会立法 258
   2 国有化 261

 第3節 計 画 ……………………………………………………………263

編者あとがき　戸原四郎・戸原つね子・工藤 章　269

人名索引　275

事項索引　276

図表目次

序章
- 図0-1　国民所得の諸推計（1780～1920年）　7
- 表0-1　主要国の実質国民総生産の成長率（1870～1938年）　7
- 図0-2　19世紀フランスの工業生産指数（試算，1815～1913年）　8
- 表0-2　有業人口の構成とその発展（1866～1906年）　9
- 図0-3　フランスの輸出入数量（1809～1913年）　9
- 表0-3　フランスの資本輸出（年平均と累積値，1816～1913年）　10

第1章
- 表1-1　主要工業生産の推移（1812～74年）　14
- 表1-2　フランスの就業構造（1866年，1896年）　15
- 表1-3　繊維工業における就業構造（1866年）　16-17
- 表1-4　1860年代前半における工業の状況（就業者と所得）　18
- 表1-5　1850年代初頭の主要炭鉱会社　19
- 図1-1　銑鉄と錬・鍛鉄の生産（1819～64年）　21
- 表1-6　主要製鉄業地域のウェイト（国内生産に占めるウェイト，1845年・1860年）　22
- 表1-7　フランスの対外投資（地理的・分野別分布，1852～81年）　42

第2章
- 表2-1　世界の工業生産・貿易に占める主要諸国の比重（1870～1910年）　62
- 表2-2　ヨーロッパ主要諸国の石炭と鉄鋼の生産（1871～1913年）　63
- 表2-3　工業生産指数（試算）に占める諸部門のウェイト（1855～1913年）　63
- 表2-4　ヨーロッパ主要諸国の人口（1871年頃，1911年頃）　64
- 表2-5　鉱工業における就業者数（1906年）　64
- 表2-6　鉱工業における就業者規模別の構成（1906年）　65
- 表2-7　フランスの輸出入商品構造（1913年）　66
- 表2-8　フランスの国際収支推計（概数値，1910～13年平均）　66
- 表2-9　英・仏・独の繊維工業力（1913年）　68
- 図2-1　石炭，コークス，鉄鉱石の仏独貿易（1893～1913年）　76
- 表2-10　製銑・製鋼結合工場の数とシェア（1913年）　78
- 表2-11　製銑業者の規模別分布（1913年）　78

表 2-12　北部，ロレーヌの主要企業（工場）の生産高（1913年）　80
表 2-13　主要鉄鋼・機械会社（パリ株式市場上場上位100社のうち，1913年）　82-83
表 2-14　4大信用銀行の発展（1891〜1913年）　94
表 2-15　4大信用銀行が全株式銀行に占める地位（1891〜1913年）　95
表 2-16　国内企業に対する短期信用の発展（1890〜1913年）　98
表 2-17　フランスの証券発行（年平均，1873〜1913年）　104
図 2-2　国内証券の純発行高（1892〜1913年）　105
図 2-3　外国証券の発行高（1892〜1913年）　105
表 2-18　国民資本勘定の概要（1900〜13年の年平均）　106
表 2-19　個人証券保有の分布（概数，1910年前後）　107
表 2-20　1897年の利子率と証券利回り　108
表 2-21　フランスの対外投資（1882〜1914年）　110
表 2-22　対ロシア投資残高（1914年）　111
表 2-23　1901〜14年の投資増加額　111
表 2-24　フランスの関税率（1892年前，1892年）　116
表 2-25　フランスの予算（1870〜1913年）　123
表 2-26　欧州諸国の軍事費支出（1853〜1913年）　124

第3章

図 3-1　フランスの長期経済指標（1900〜40年）　160
表 3-1　経済部門別にみた企業規模別従業者構成（1906年，1931年）　161
表 3-2　戦火によるフランス工業力の損失（工業労働者数からみたウェイト）　163
表 3-3　諸工業グループにおける雇用人員（1915〜18年）　166
表 3-4　植民地の人的貢献　167
表 3-5　歳入歳出一覧（1963年における最終決算，1913〜31年）　176-177
表 3-6　物的被害への支払い総額　178
表 3-7　国家債務（額面，1918〜32年）　180
表 3-8　国家対内債務（額面，1918〜31年）　180
図 3-2　物価と為替相場の動向（1914〜29年）　181
表 3-9　主要項目別国家支出（1913年と1930-31年との比較）　185
表 3-10　主要部門別工業生産指数（1900〜30年）　186-187
表 3-11　工業の主要部門別就業者数とその変化（1906年，1931年）　186
表 3-12　就業者数からみた工業事業所の変化（1906〜26年）　187

表 3-13　雇用者数からみた全事業所の変化（1906年，1931年）　188
表 3-14　旧ドイツ西南部主要鉄鋼会社の変化（1920年前後）　192-193
表 3-15　西ヨーロッパ諸国の銑鉄生産（1913～38年）　194
表 3-16　西ヨーロッパ諸国の粗鋼生産（1913～38年）　195
表 3-17　国際粗鋼カルテルの年産量に応じた割当量の変動例　200
表 3-18　フランスの主要炭鉱（1913年，1927年）　202
表 3-19　4大商業銀行の資金運用（1927～37年）　214
表 3-20　証券発行額（1910～36年）　216-217
表 3-21　事業銀行パリバの資金運用（1922～37年）　218
図 3-3　主要国の鉱工業生産指数の推移（1925～39年）　221
表 3-22　世界の工業生産・貿易に占める主要国のシェア（1913～38年）　222
図 3-4　フランスの経済指標（月次，1925～38年）　223
表 3-23　主要部門別工業生産指数（1929～38年）　224
図 3-5　大戦間フランスの工業生産と国内粗生産（実質，1920～38年）　225
図 3-6　フランスの国民所得（1900～60年）　225
図 3-7　フランス人口の年齢別・性別ピラミッド（1901年，1936年）　226
表 3-24　資本移動の推移（1910～36年）　230
表 3-25　予算の動き（1930～39年）　233

フランス資本主義
― 戦間期の研究 ―

序　章

　われわれの今回の講座*の課題は，両次世界大戦間期における帝国主義の再編成あるいは変貌を明らかにすることである。そのためには当然まず，再編成される前の，すなわち第一次大戦前のいわゆる古典的帝国主義の時代の様相およびその時代における互いに競争する諸「帝国」の資本主義の特質あるいは金融資本の特徴を，確認しておかなければならない。その仕事はフランス資本主義の場合，とりわけ必要なこととなる。わが国において——残念ながらフランスにおいてもそうであるが——フランス経済の研究は，比較的高い水準に達しているドイツ，アメリカ，イギリスの資本主義の分析に比べて大きく立ち遅れ，いわば穴＝欠落点となっているからである。そこで本書は，第一次大戦前のフランス資本主義の解明に，他の欧米諸国を対象とする場合と違って格段の頁数が費やされる結果となった。これは，ひとつには筆者がその部分に予想外の時間と労力を要したその非力のゆえであるが，自由主義時代，古典的帝国主義時代，両大戦間期と時代を下るにしたがってフランス経済史の研究文献——以下で利用するいわゆる二次資料——が皮肉にもその量と質を落としてきているという客観的事情も大きな制約要因となった[1]。

　そこで以下で叙述する三つの章の主題について，いくぶんかは発想あるいは大げさにいえば方法論にもつながる問題意識を，あらかじめ指摘しておこう。第1章のフランス自由主義については，2点に留意したつもりである。第1は，わが国においてフランス産業革命のイメージをこれまで提供してきた，主としていわゆる大塚史学に属するわが国の経済史家のこれまでの業績

---

　　*　編者注：宇野弘蔵監修『講座　帝国主義の研究　両大戦間におけるその再編成』（青木書店，全6巻の予定で1973年に刊行開始）を指す。詳しくは「編者あとがき」を参照。

を，いくぶんなりとも補正することである。第2は，そのことと関連してフランス資本主義の自由主義段階の分析を，古典的帝国主義段階のフランスの解明にできるだけ引きつけることである。このあとの点には，わが国の多くの経済史家の発想によっては帝国主義時代——ひいては現代資本主義——の解明への道が元来閉ざされているのではないか，という筆者の懸念がある。もちろんその場合，時論家としてのマルクス，エンゲルスが当時描いていたフランス資本主義像も，けっして忘れることのできない材料であった。

第2章で扱った古典的帝国主義時代のフランスについては，いうまでもなくイギリス帝国主義についてのホブソン，ドイツ帝国主義についてのヒルファディング，その両者を集大成したといっていいレーニンの『帝国主義論』が背景にある。すなわち，レーニンによって与えられたフランス帝国主義の特質，第1に，すぐれて「高利貸的帝国主義」であったという点，第2に，ある意味では分不相応に植民地領有帝国主義であったということ，第3に，そのフランス経済自体はイギリスとともにその発展が停滞的になっていたというドイツおよびアメリカに比べての特徴，こうした現在なおその有効性を基本的には失っていないレーニンの規定を，肉づけあるいは部分修正したい，ということである。しかし同時にこの場合，わが国においてレーニンの帝国主義論を再構築し，攻撃的あるいは典型的なドイツ金融資本と受身的なイギリス金融資本という二つのタイプをより意識的に闡明したいわゆる宇野経済学の発想の枠内からみて，フランス金融資本の特質はどう現れるかを明らかにしたい，という願望も働いている。

第3章の両大戦間のフランスについては，以上に述べたところと関連して問題意識が二つに分裂した。ひとつは，いうまでもなく古典的帝国主義時代のフランスがどう発展したか，あるいはどう変貌したかという問題であり，いまひとつは，この20年間のフランスが第二次大戦後になって世界史的に分明になってくる現代の（先進）資本主義への変化をどのように準備したか，ということである。

このような諸問題はいうまでもなく経済面からだけで解明できるわけではない。それにはじめに述べたような諸制約条件も大きい。またとくに第3章

の第2の課題については，フランス研究だけではない世界的な一般的傾向として，いわゆる近代経済学が資本主義弁護意識から大戦間期の資本主義の混乱と混迷という問題の解明を，第二次大戦後になってはすでに解決ずみだとして積極的に対象とする意欲をもたず，他方いわゆるマルクス主義経済学の側も，自分たちが属する党派のその時々の主張を擁護したいという心情のためか，客観的な分析にあえて踏みこめないという，知的怠惰といっていい情況が現在なお続いていることも，研究上の大きな制約条件となった。このような事情のもとで，上述のような意味をもって課題を果たそうとした筆者の意図も——その発想の基本的な点の当否もなお問題であろうが——，きわめて限られた形でしか果たしえなかった。以下の叙述は，フランス資本主義の性格とその変化についての，全面的でなく特定の諸部面に限られた形で偏重がある，中間的なとりまとめでしかない[2]。

ところで，両大戦間期についてはのちに譲るとして，ナポレオン戦争以降，第一次大戦にいたる約1世紀のフランス資本主義の歩みを，1870年代までの自由主義段階，それ以降の帝国主義段階という世界的史的な資本主義の展開のなかで，かいつまんであらかじめ示せば，次のようになろう。

自由主義段階

(1) 1850年代まで，保護貿易体制のもとでの産業革命の時期。フランスの産業革命はヨーロッパ大陸のなかではベルギーに次いで先進的であったが，保護貿易体制下でのそのテンポはゆっくりしており，小農業，家内手工業を広範に残したまま一部の産業，一部の企業でのみ機械制大工業が確立するという後進国特有の現象を示した。

(2) 1850年代から1870年代まで，フランスの自由主義時代。これは産業革命の完成期であって，後進性とある意味での先進性をないまぜた特異な資本蓄積構造，その後も長くその特質が残るような産業構造を確立する。同時にそれは大陸一の工業国としてのフランス資本主義の対外発展開始の時期であって，1860年の英仏通商条約を皮切りにヨーロッパ一円に自由主義貿易体制をイギリスとともに編みだしていくとともに，資本

輸出によってヨーロッパ大陸から地中海沿岸へ資本主義の波を拡散し帝国主義時代を準備する役割をも果たした。

帝国主義段階

（3）1870年代から1890年代にかけて，フランス資本主義が資本輸出と植民地獲得の両面で対外膨張し，帝国主義時代をしだいに積極的に築いていく過渡期。他面，それとは対照的に国内経済は大不況のもとで農業，工業ともに停滞的で，とくに重工業の発展で遅れをとり，この時期にフランスはその点でドイツに決定的に追い抜かれる。またしだいに保護貿易体制に復帰していく。

（4）1890年代末から第一次大戦までの，本格的な帝国主義的抗争の時代。フランスは資本輸出のいっそうの拡大と，植民地を含めての勢力圏維持によって，とくにドイツ金融資本の対外進出に対抗していくが，遅れていた重化学工業化もとくに1905年以降ようやく本格化し，この面でのフランスの金融資本化も緒につくとともに，資本輸出の質の変化，社会・労働問題の登場という新しい展開をみせはじめる時期でもあった。

このようなさしあたりの整理にもとづいて[3)]，第1章では，まずフランス資本主義の特質の祖型がはっきりしてくるフランスの自由主義時代を，その前の産業革命時にも言及しつつ概括し，ついで第2章では，帝国主義への移行期，本格的な帝国主義の時代である20世紀初頭のフランス資本主義の核心的と思われる様相を，第3章では，それ以降そのフランス帝国主義の現在につながる変貌を，できるだけ明らかにしてみたい。

本論に入る前に，上記の概観を若干の長期統計で裏づけておこう。経済発展の長期的な波動についてはまず国民所得統計（図0-1）と生産指数の試算（図0-2）とから概観を得ることができる。推試算上の問題点が多すぎる19世紀前半を除くと，1870年までの第1の発展期，70年代半ばから現れはじめ80年代に入ると明確になって90年代半ばまで続く停滞期，その後第一次大戦までの第2の成長期という三つの時期があることが確認できる[4)]。これはさきにわれわれが与えたフランスの自由主義時代，過渡期およびそれをへての帝

図 0-1　国民所得の諸推計（1780〜1920年）

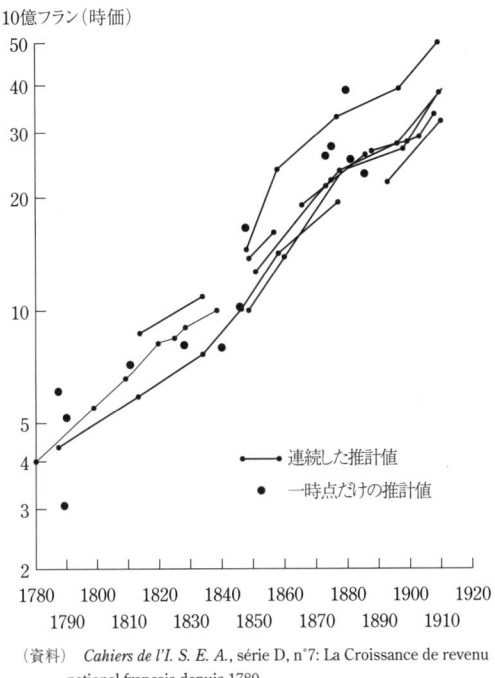

（資料）　*Cahiers de l'I. S. E. A.*, série D, n°7: La Croissance de revenu national français depuis 1780.

表 0-1　主要国の実質国民総生産の成長率（1870〜1938年）

（単位：％）

	1870〜1913年		1913〜1938年	
	総額	1人当たり	総額	1人当たり
イギリス	1.9	0.8	1.1	0.7
フランス	1.6	0.7	0.9	0.8
アメリカ	4.3	2.2	2.0	0.8
ド イ ツ	2.8	1.6	1.6	1.1
イタリア	1.4	0.6	1.7	1.0
ロシア（ソ連）	2.5	1.3	2.8	1.9
日　　本	3.6	2.5	4.6	3.6

（資料）　中村隆英『戦前期日本経済成長の分析』（岩波書店，1971年）2頁。

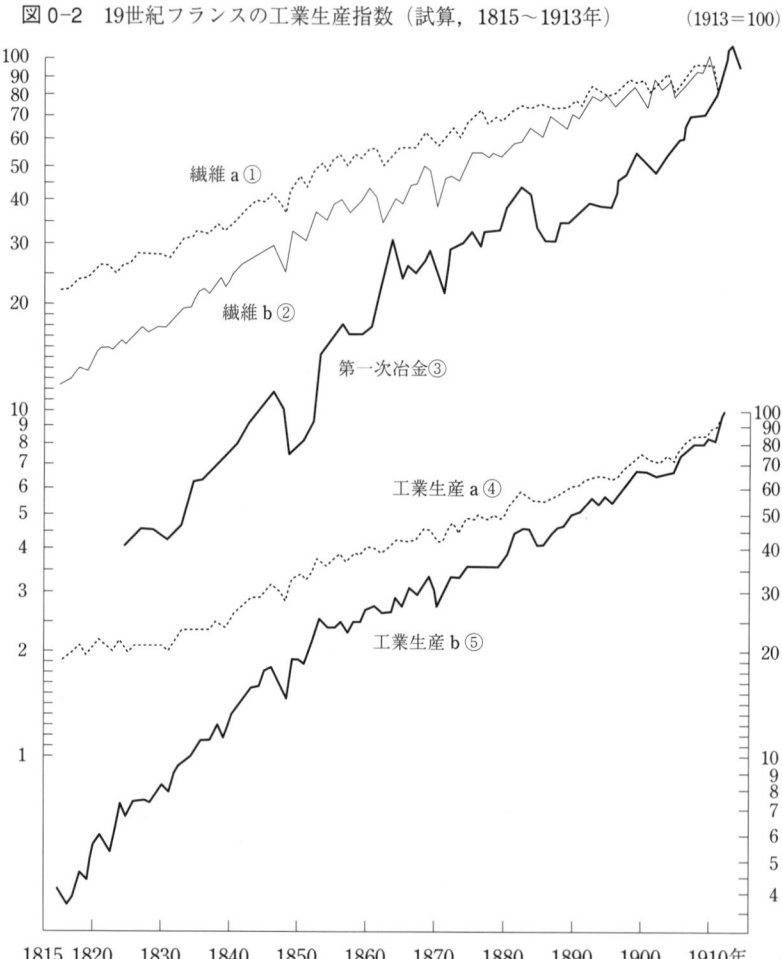

図0-2 19世紀フランスの工業生産指数（試算，1815〜1913年） （1913＝100）

(注) ①は綿・羊毛・絹・大麻・亜麻，②は綿・羊毛・絹・ジュート，③は銑鉄・錬鍛鉄とその圧延品・粗鋼・非鉄金属，④は鉱山・第一次冶金・金属加工・化学・食品・新産業に①を加えたもの，⑤は④の6グループに繊維として綿・絹を加えたもの。④と⑤との差は，19世紀前半の繊維諸工業（とくに亜麻ついで羊毛工業）のウェイトの評価困難に由来する。

(資料) F. Crouzet, Essai de construction d'un indice annuel de la production industrielle française au XIXᵉ siècle, dans: *Annales*, n°1, 1970 より作成。

表 0-2 有業人口の構成とその発展（1866～1906年） （単位：％，千人）

活動分野	1866年	1881年	1896年	1906年	1906／1866 (1866＝100)
農 林 漁 業	49.8	47.7	44.8	42.7	117
工 業	29.0	26.8	29.9	30.6	144
運輸・倉庫業	1.7	1.7	3.8	4.3	346
商業・銀行等	6.4	9.7	8.8	9.9	212
家 事 奉 公	6.4	7.0	4.4	4.6	98
自由業・公務	6.7	7.1	8.3	7.9	161
総 就 業 人 口	15,143	16,819	18,935	20,721	137

（注） 1881年以降はアルザス・ロレーヌを除く。
（資料） *Études et Conjoncture*, mai-juin 1953, n°3.

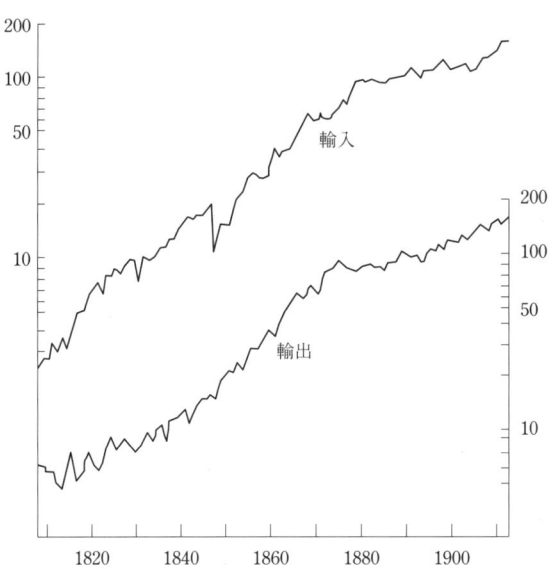

図 0-3 フランスの輸出入数量（1809～1913年）
（1890＝100）

（資料） Maurice Lévy-Leboyer, Croissance économique de la France au XIXe siècle, dans: *Annales*, n°4, 1968.

国主義時代という時期区分とだいたいにおいて照応する。なお短期的には，1848年革命と1870年戦争の二つの政治的激動が鋭い落ちこみをもたらしている。この2時点と1880代初頭の恐慌による大幅な低下をのぞけば，景気循環

表 0-3 フランスの資本輸出（年平均と累積値，1816～1913年）

(単位：百万フラン)

時　期	年　数	経常勘定の純剰余 (年平均)	各期末の資本輸出累積額	
			（ネット）	（グロス）
1816～1830	15	82	525 [1]	550 [1]
1831～1847	17	82	1,925	2,250
1848～1851	4	125	2,425	2,500
1852～1870	19	550	12,875	13,500
1871～1881	11	700	16,225 [2]	17,850 [2]
1882～1897	16	500	24,225	26,650
1898～1913	16	1,350	45,825	50,400

(注) 1) 1817～1818年の7億500万フランの賠償金支払いを除く。
2) 1871～1872年における43億5000万フランの賠償金（純）支払いを除く。
(資料) R. E. Cameron, *France and the Economic Development of Europe, 1800-1914*, 1961, p. 79.

的な変動はフランスの場合，他国に比べて概してマイルドであった。

　経済発展の速度をどうにか推定できる1870年以降について表 0-1 で国際比較すると，国民1人当たりの数字ではさほどでもないが，フランス経済の停滞性はイギリスとともに明瞭である。成長の緩慢さは有業人口の推移においていっそう明らかに観察できる。表 0-2 によると，第1に就業者総数の伸びが緩慢であり，第2に工業就業者の割合はほとんど増大を示していない。農林漁業のウェイトはゆっくり持続的に減少していっているが，1906年にいたってもなお43％弱の高さにある。

　貿易の長期的な推移（図 0-3）も以上の二つの観察によく対応している。輸出は1870年代半ば，輸入は少し遅れて80年まで急進したのち明瞭に屈折する。90年代から回復がみられるがその力は弱い。統計的概観の最後に，資本輸出額の最良と思われる推計を表 0-3 として掲げておこう。とりあえず経済成長期には同時に資本輸出も活発であったこと，本格的な帝国主義時代に入っての資本輸出がいかにも巨額であったことを見ることができる。

注
1) フランスにおける経済史研究は，1870年代までの産業革命と自由主義の時代までについては——銀行史研究にやや偏重しているという特徴をもちつつ

――比較的よくなされている。その後については，最近興味ある研究が何点かフランスの若い研究者によって発表されてきているが，他の主要諸国の場合に比べると研究の遅れは否めない。これには，とくにフランスの場合，行政諸機関による統計・資料の不備，企業の秘密主義による研究困難が現在なお大きく影響していることを指摘しておかなければならない。しっかりした企業史研究が少ないことが致命的である。

　経済史研究の方法においては，社会経済史というフランス特有のスタイルが発展していることが最も特徴的である。これは経済史を量的観察に留意しながら社会諸集団の様相全体との関連で立体的に研究しようという方法であって，第二次大戦後に輸入された近代経済学による経済発展の数量的分析，残念ながら概して公式的なマルクス主義経済学による（国家）独占資本主義論，この両者からの刺激を受けとめながら上述の研究困難な事情のもとで成果をあげつつあり，今後の発展が期待される。

　わが国のフランス経済史研究は，わが国特有のいわゆる大塚史学に属する経済史家を中心として，産業革命の研究は相当に進行してきた。残念なことにその後の時代については，多分にフランスにおける上述の事情も抑制的に働いて，イギリス，ドイツ研究の量に比し大幅な遅れがある。

2）　とりわけ，それなくしてはフランスを語れないはずの農業の分析は，残念ながら断念せざるをえなかった。ついでフランスの特色である大量の中小商工業，サービス業についてもそうであった。第3に，労働者階層の動きとその意味合いについても，留意はしていたが叙述できていない。またフランス資本主義の対外膨張の面も，資料はそれなりにあったが大部分放棄せざるをえなかった。

3）　時期区分については，次の2点に注意する必要があろう。第1に，本文でも1850年代と1870年代は前後双方に属する時期としたことに現れているように，経済史的な時代推移の折り目にはとくに後進国の場合，多分に不分明なところが残ることである。たとえば産業革命と経済成長という点からみると，40年代と50年代はひとつのまとまった時期となる。また70年代は自由主義時代ではあるが，他面すでに第二帝政期とは違った新しい側面も現れる。

　それに加えて第2に，大革命，ナポレオン第一帝政の崩壊と七月革命まではいま問わないとしても，1848年二月革命，1870年のフランス・プロシャ戦争（普仏戦争）敗北とパリ・コミューンという2大政治社会的激動とそれによる政治体制の明瞭な変化という問題が，経済的な時期区分にも無視しえない影響を与え，問題を複雑にしていることである――ついでに指摘しておけば，「フランスは，歴史上の階級闘争がつねに他のどの国よりも徹底的に，決着まで戦

い抜かれた国であり，したがってまた，つぎつぎと交替する政治的諸形態——階級闘争がそのなかで行われ，また階級闘争の結果がそれに総括されていく，その政治的諸形態——が最も明確な輪郭をとってきた国である」(マルクス『ルイ・ボナパルトのブリュメール18日』に対する「第3版 (1885年) へのエンゲルスの序文」村田陽一訳, 国民文庫版, 14頁; 伊藤新一・北條元一訳, 岩波文庫版, 11頁)。

　この二つの問題については, のちに必要に応じてある程度ふれるが, 本文で与えたわれわれの時期区分は, フランス国内経済の発展という問題からだけではなく, フランスが世界史的な資本主義発展に果たした役割を考慮してのものである。

4）図0-1, 図0-2で利用したものとは別の諸研究においても, この三つの局面区分の確認についてはだいたい一致している。しかし, ①イギリスについてホフマンが指摘しているのと似た問題, すなわち, フランスの場合, 1860年代とくにその後半からすでに停滞性を示すのではないかという問題が残っており, ②1890年代半ば以降からの世界的な好景気への移行にフランスも参加するが, フランスの工業発展はやや遅れて1900年代半ばから本格化し, のちの1920年代の発展につながるというフランスの特殊性があることを指摘しておこう。

第1章　フランス資本主義の自由主義時代

第1節　資本主義の興隆

　第二帝政の20年間（1850～60年代）は，フランス経済の繁栄，興隆の時代であり，ここで19世紀初め以来ゆっくりと発展してきたフランス資本主義の骨格，基本的性格が形成された。

　ルイ・ナポレオン・ボナパルト（52年以降ナポレオン3世）による51年12月のクーデタは，47年来の恐慌と革命，政治的不安定と不況の数年間に終止符を打ち，おりからカリフォルニア，オーストラリアでの金鉱脈発見に刺激されてはじまりかけていた世界的な好景気，とりわけ西ヨーロッパ大陸諸国からロシアに拡がった産業革命の波へのフランスの参加をただちにもたらした。それに応じたナポレオンの殖産興業政策，経済的自由主義政策と対外膨張政策がそれを加速した。先進国イギリスに追いつくべく，産業振興策は鉄道建設，大洋海運の育成，都市・港湾の改造など産業基盤整備に重点が置かれ，クレディ・モビリエの創設が象徴するように国内の資金動員にも意が用いられた。また主として外征費に起因する公債発行による財政膨張もあった。自由主義政策はまず関税引下げと輸入自由化への努力ののち，60年の自由貿易体制への移行となって結実し[1]，また50年代から徐々に行われた株式会社設立の自由化政策も経済近代化への刺激要因となった。

　これにより50年代半ばには，七月王政末期のそれを一段と上回る企業設立ブームをともなった熱狂的な好景気，そのもとでの諸産業とくに鉄道関連の鉱工業の急速な発展の時代が展開された。それは57年恐慌によって一時中断されたが，経済発展は60年代に入っても南北戦争の余波，66年恐慌を乗り越えて進行し，70年のフランス・プロシャ戦争（通称普仏戦争）にいたるまでの長い繁栄時代が築かれた。もっとも60年代にはもはや50年代のような

表1-1 主要工業生産の推移（1812～74年）

	棉花消費量（千トン）	石炭（百万トン）生産量	石炭（百万トン）消費量	銑鉄生産量（千トン）
1812～14	8.0	0.8	0.9	
1815～19	15.2	0.9	1.2	
1820～24	22.5	1.2	1.5	
1825～29	29.1	1.6	2.2	212
1830～34	32.7	2.1	2.6	244
1835～39	43.7	2.9	3.9	327
1840～44	57.0	3.5	5.1	395
1845～49	55.9	4.4	6.6	475
1850～54	67.4	5.3	8.5	561
1855～59	79.0	7.6	12.9	900
1860～64	78.0	9.8	16.0	1,065
1865～69	108.6	12.7	20.2	1,262
1870～74	107.9	15.4	21.8	1,211

（資料）服部春彦『フランス産業革命論』（未来社，1967年）53頁。
原資料は *Annuaire Statistique de la France*, 1926, 1936, résumé rétrospectif. 石炭消費量は筆者が補った。

爆発的なブームはみられず，67年のクレディ・モビリエの行詰りは，多分に投機的で時には行き過ぎた産業投資および金融活動にもとづくひとつの時代が終わりに近づいたことを象徴した。

また，このフランス資本主義の興隆は，対外発展をともなったものであった。クリミア戦争，イタリア戦役，メキシコ遠征など，あいつぐ戦争が行われたほか，以前からはじまっていた北アフリカとコーチシナおよび中国への侵入も続けられていたが[2]，これらを措いても，貿易と資本輸出の発展にはめざましいものがあった。商品輸出は工業生産のそれを上回る増大をみせ，資本輸出はおもに近隣後進諸国から地中海沿岸諸国政府への借款，鉄道建設への参加の形で進められた。フランスの40年代の鉄道建設はまだイギリスの資本と技術に多分に頼ったものであったが，第二帝政期には鉄道建設に主導されることの多い後進諸国型の経済革命を，イギリス資本と並んで中東欧，地中海沿岸に輸出していったのである。

ともあれフランスが60年のコブデン・シュヴァリエ条約によってヨーロッパ一帯に自由貿易体制を拡大させていく核のひとつになりえたこと，フランスの資本と技術でスエズ運河を開通（69年）させえたことは，フランス資本主義の確立と対外発展を端的に表す事例であった――もっともその直後にプロシャへの敗戦という事態がまっていたが[3]。

表1-2 フランスの就業構造（1866年, 1896年）

部門	1866年 人数（万人）	%	1896年 人数（万人）	%
農　　　　業	753.5	49.8	850.1	44.9
鉱　　　　業	15.2	1.0	22.7	1.2
製　造　業	378.8	25.0	488.1	25.8
うち食　品	30.9	2.0	44.5	2.3
化　学	4.9	0.3	8.4	0.4
ゴム・紙	2.5	0.2	5.8	0.3
印刷（出版）	3.8	0.2	8.3	0.4
繊　維	107.2	7.1	90.1	4.8
衣　服	} 76.2	} 5.0	130.4	6.9
麦わら加工			3.4	0.2
皮　革	28.6	1.9	33.5	1.8
木材・家具	67.1	4.4	67.8	3.6
冶　金	5.5	0.4	5.6	0.3
金属加工	29.0	1.9	60.8	3.2
貴金属・宝石	6.6	0.4	8.6	0.5
土　器	11.1	0.7	14.6	0.8
不明・脱漏	5.6	0.4	6.4	0.4
建　設　業	44.3	2.9	55.3	2.9
運　輸　業	26.4	1.7	71.3	3.8
商業・銀行・保険業	97.3	6.4	165.6	8.7
家　事　奉　公	97.0	6.4	84.1	4.4
自由職・公務員	101.8	6.7	156.4	8.3
総　　計	1,514.3	100.0	1,893.5	100.0

（資料）　P. Bairoch, *Révolution industrielle et sous-développement*, 1964, p. 343. なおさきの表0-2をあわせて参照されたい。

第2節　産業革命の完成

　この経済的繁栄の20年間に，1820年代から徐々に加速されてきた産業革命が一応完成され，近代的大工業が成立した。当時の基幹産業である綿，石炭，銑鉄の生産の発展は表1-1，1866年の就業構造は表1-2のごとくであった。

繊維工業
　まず繊維工業では綿，絹，羊毛，亜麻の4大部門で機械制工業化がかなり

表 1-3　繊維工業における就業構造（1866年）

	粗生産高 (百万フラン)	活動人口[1] (人口調査)	修正活動[2] 人口	工　業			
				パトロン	事務員	労働者	子　供
綿　工　業	920	335,041	442,650	3,048	5,490	245,369	25,346
羊 毛 工 業	1,748	264,244	339,190	3,707	7,874	161,707	15,251
絹　工　業	649	187,017	264,080	3,034	8,505	187,829	13,453
亜麻・大麻工業	819	245,790	398,350	1,515	4,558	111,981	14,057
粗 繊 維 工 業	64	17,823	18,890	741	295	5,936	1,064
染色・仕上工業	567	35,458	138,470	2,059	1,029	29,544	4,844
計	4,767	1,085,373	1,601,630	14,104	27,751	742,366	74,015
					858,236		

(注)　1) 1866年人口調査。
　　　2) T. J. Markovitch による修正（推計）。
　　　3) 使用者10人以上の場合。
　　　4) この数字には過小評価がなおあろう（おもに家庭内の婦人）。
(資料)　T. J. Markovitch, *Le Revenu industriel et artisanal sous la Monarchie de Juillet et le Second Empire*, et AF-8, n° 4, avril 1967.

足並みを揃えるにいたった。フランスでは綿工業および絹紡績業での機械化は19世紀前半に達成され，遅れていた羊毛，亜麻工業でも紡糸工程の機械化が40年代前後からはじまっていた。第二帝政期は，それら紡績部面の機械制工業化が，たとえば先進部門の綿工業における梳綿機，自動ミュール紡績機の採用といった技術改良をともないつつ最終的に完成する時期であり，一般に紡績より遅れていた織布工程でも問屋制下の家内手工業，農村の副業を駆逐しながら工場制の普及をみた時代であった（絹織物ではなお遅れた）。この過程はもちろん生産と資本の集積をともなっており，18世紀来の主要繊維工業地帯すなわち綿工業のアルザスとノルマンディ，綿（紡績）・羊毛・亜麻の3部門が併存したノール（フランドル），絹工業のリヨン一帯などにおいて，地域的な特性および部門による差をみせながらも，それぞれ一群の繊維工業資本家による工場経営が自らの足場を固めつつあった[4]。

　産業資本主義の確立は先進国イギリスにおいて繊維工業とりわけ綿工業の工業的自立からはじまった。イギリスについで資本主義的発展の古い国フランスにおいてもそうであって，18世紀後半からゆっくりと産業革命を進行させてきた繊維工業は，19世紀中葉フランスの最大の産業に成長していた。表1-2によれば繊維工業は66年に107万人を越える就業者を抱えていたが，

手　工　業			家　内
パトロン	労働者	子　供	労働者[4]
34,089	44,044	34,089	51,175
28,840	62,116	28,840	30,855
14,529	25,635	11,095	
85,054	42,249	85,054	53,882
6,536	4,315	3	
6,201	88,592	6,201	
175,249	266,951	165,282	135,912
	607,482		

Sociétés, dans: *Cahiers de l'I. S. E. A.*, Série

ある研究によれば，調査漏れの児童や家内従事者その他を加算すると実際には160万人を優に越していたであろうという。しかもフランスの場合，綿，羊毛，絹，亜麻（大麻）の4大繊維工業がそれぞれ相当な規模で揃っていたのである（表1-3参照）。もちろん綿工業は，当時，ヨーロッパ大陸で最大であったとはいえイギリスに比べれば立ち遅れは著しく，棉花消費量でみてイギリスの約5分の1の規模にすぎず，フランス綿業のうち技術・経営両面で最も先進的であったアルザスのそれが労働集約的な上質綿糸布でかろうじてイギリス製品と競争しうるという状態であった。しかしこれに対して絹工業は世界一であり，羊毛工業は生産規模でも競争力でもイギリスに匹敵しえていた。全体としてフランスはイギリスにつぐ先進的繊維工業国であり，繊維工業はのちにみるようにフランスの輸出を支える最も重要な産業であった。

　だが，産業革命は事実上終了した，あるいは終了しつつあったといっても，表1-3にみられるように手工業的経営がなお数的には圧倒的に多かった。この表で「工業」というのは従業者10人以上の経営を便宜的にそう呼んでいるにすぎず，そこには多くの中小経営が含まれているとみなければならない。そしてそこにはなお，問屋制的な商業資本の支配力が残っていた。正確な算定はできないが，真の機械制大工業経営の数は比較的に限られており，それが紡績の大半および織布の次第に増大する部分を把握していったといっても，膨大な中小零細企業の底辺の上にいわば聳立していたのである[5]。

　なおフランス工業全体について表1-4でみると，工業人口の約70％が小親方（パトロン）一人に職人一人といった家内的手工業に属していた。繊維工業ではまがりなりにも「工業」部面の従業者が半分以上いたのだから，繊維工業を除いた他の工業分野では手工業の比重はいっそう高く，反面で「工

表 1-4　1860年代前半における工業の状況（就業者と所得）

1. 1860～65年の工業就業構造

	パトロン(万人)	労働者(万人)	パトロン当たり労働者数(人)
工　業	8	115	14.5
手工業	142	160	1.1
計	150	275	1.8

2. 1860～65年の工業所得構造　　（単位：10億フラン）

	計	パトロン	労働者	平均所得(1人当たりフラン)	
				パトロン	労働者
工　業	1.8	1.0	0.8	12,500	700
手工業	7.0	6.2	0.8	4,350	500
計(平均)	8.8	7.2	1.6	(4,800)	(580)

（資料）　表 1-3 と同じく，T. J. Markovitch の推計。

業」部面の雇用力——したがって工場プロレタリアート——はなおごく限られたものであったことがわかる。すなわち繊維のほかに金属加工・建設・衣服製造・皮革・家具・食品・印刷・貴金属などの伝統的諸産業において小作業場が圧倒的であったと推測できる（さきの表 1-2 参照）。表 1-4 の所得構造をみてもわかるように，フランスはそうした手工業で「豊かな」工業国であったのである。

石炭鉱業

　つぎに重工業の分野では，フランスは周知のように石炭資源の量，質，立地，採掘条件でイギリスほど恵まれておらず，石炭価格が国際的に割高で，多量の輸入を必要とするという産業革命上でのハンディキャップを負っていた。しかしそれだけに石炭業は重要な戦略産業であった。主要産地は中央高地地帯（マッシフ・サントラル）と北部（ノール県，ただし以下でフランス「北部」というのはノール県のほかパ・ド・カレ県その他の諸県を含んだ表現である）との2ヵ所であって[6]，18世紀からいずれもすでに採掘が行われていたが，20年前後から増産と探鉱熱が強まり，30年代から製鉄業・鉄道業の発展を促進しつつ，あるいはそれに刺激されつつ，竪坑掘削，排水，運搬，選炭，コークス化などの近代的開発が本格化した。その過程での特徴はごく少数の大経営への集中が急速に他の工業部門以上に進行したことであった。

表 1-5　1850年代初頭の主要炭鉱会社[5]

会社名（炭田名）	生産高[1] （千トン）	資本金[2] （百万フラン）	証券評価価格とその数
アンザン（ノール）	1,000	43	15万フランの持分 (deniers) 288
ロワール鉱山（ロワール）	1,200	67.5	685フランの持分 (parts) 72×135
フィルミニィ（ロワール）	240	12.6	14,000フランの株式　900
ブランジィ（ル・クルーゾ＝ブランジィ）	240	13.5	500フランの株式　25,000
ベルギー炭鉱[3]	200	12.7	425フランの株式　30,000
グラン・コンブ（アレ）	300	14.4	600フランの株式　24,000
コマントリー（ブルボネ）	200	―[4]	―[4]
ポルト・エ・セネシャ（アレ）	240	7.2	300フランの株式　24,000

（注）　1）概数。
　　　2）ロワール鉱山とブランジィは各1800万フラン，100万フランの社債を含む。
　　　3）フランス国境に近いベルギー領内の炭鉱会社。1846年ロスチャイルド・グループがベルギーのソシエテ・ジェネラル銀行とともに設立。
　　　4）フルシャンボ製鉄会社に1200万フランで統合される。
　　　5）この表は不完全であり，このほかに，ル・クルーゾ（モンシャナン炭鉱を含み，約20万トン），カルモ（約10万トン）などを加える必要がある。

（資料）　P. Guillaume, *La Compagnie des Mines de la Loire 1848-1854*, 1966, p. 44.

　中央高地のうち最大であったロワール炭田（サンテチエンヌ炭田とリーヴ・ド・ジェ炭田）では，20年代に鉱区採掘権[7]（コンセッション）獲得闘争が行われたのち，採掘権と炭鉱および小経営の投機的な集中運動が35年以降に起こり，共同配水施設設置や共同販売の必要性——たとえばパリ市場にはノール・ベルギー炭が南下しつつあり，マルセイユ方面からはイギリス炭が上陸しつつあった。ルール炭の登場はまだであった——や多額の所要資本額などの諸要因によって，45年には同炭田出炭高の大半と小鉄道および運河をも支配するロワール鉱山会社に結実した[8]。またそれより前の33年には，南東部のアレ炭田にやはりあまりにも細分されていたコンセッションを統合したラ・グラン・コンブ会社が形成された。中部のその他の炭田でも 1, 2 の有力経営がのちにみるような製鉄資本と関連しつつ多かれ少なかれ集中されて支配的になっていた。これにたいして北部のノール炭田では19世紀初頭すでにアンザン，アニシュの両鉱山会社が鉱区独占を確立していた。30年代にノールにも探鉱・採掘権請求ラッシュがあったものの大した成果をみることなく終わり，認可された小鉱区の一部はアンザン社の手に入った。また同

社はベルギーの炭鉱買収にも乗り出ち，19世紀前半，フランス最大の石炭会社であった[9]（表1-5参照）。

ついで40年代にノール炭田の支脈が当初の予想とやや違ってノール炭田から西へ折れ曲がった形で隣接するパ・ド・カレ県に発見され，50年代に入って，主要な鉱区採掘権を獲得した10ばかりの有力企業が中心となって，深坑を必要とするほか炭層も薄いという難点を克服しつつ急速な開発が進行しはじめた[10]。このパ・ド・カレ炭田は70年代には早くも既存の諸炭田の出炭量を追い越し，以後，ノール炭田とともにフランス最大の炭田に成長することとなるが，それはともかく第二帝政末期にはそれ以前の大企業（表1-5参照）にここでの新設企業を加えて両大戦間期にまで及ぶ約20ばかりの有力な石炭会社が出揃うことになったのである[11]。

製鉄業

かつて広く全土に散在していたフランス製鉄業の近代化，すなわち，石炭コークス炉・パドル炉による精錬・ローラー圧延という「イギリス式製鉄（所）」の導入は18世紀後半の試みを除けば1810年代後半にはじまり，初期には繊維工業用および農器具などの機械・器具製造の需要，ついで30年代後半からは鉄道建設による需要増によって加速された。しかし山林所有者と製鉄業者の結託による輸入禁止に等しいほどの保護貿易制度によって，加えて部分的には旧来の顧客の品質への好みや市場の地域性によって，さらにはイギリス式製鉄の発展が資源・立地その他の制約からさほどではなかったことにより，木炭製鉄も根強く生き残り，50年においてもなお銑鉄生産量で木炭製鉄によるもののほうが多かった。しかし，新需要への供給の弾力性と価格決定力において新製鉄のほうがもちろんすでに優位にあった。第二帝政期に入ると，鉄道，造船，軍需，建設，機械などによる需要増と関税引下げ政策とに刺激されて，近代的製鉄業の飛躍的発展が本格化し，旧型木炭製鉄に決定的に勝利していった（図1-1参照）。50年代末のベッセマー転炉法，つづくシーメンス・マルタン法という製鋼法の技術革新にも，フランスは後進国という利点，すなわちパドル炉などへの固定投資額がさほど多くないという身軽さ

——こういう理由づけにはなお留保が必要だが——を利用して、イギリスよりむしろ積極的に適応していくふうすらあった。

このようなフランスの近代的製鉄業の確立は、いうまでもなく第1に石炭と鉄鉱石という原料資源の状態に規定され、第2に高関税下とはいえ内外の市場状況あるいは競争関係に影響されたのであるが、第3に企業の合併・集中をもちろんある程度ともないつつ、石炭業の場合と同じように比較的少数の大企業が、しかも多くの場合、程度の差はあれ炭鉱・鉄鉱山・高炉・パドル炉・圧延機（さらに機械工場も）という各工程を縦断的に結合するいわゆる「混合経営」あるいは部分的にしろ「統合企業」として成長するという特徴をもっていた。そうした過程が展開された主要な場は中央高地炭田地帯，北部炭田地帯および北東部のロレーヌであった。各地帯の相対的なウェイトとその変化については表1-6を参照されたい[12]。

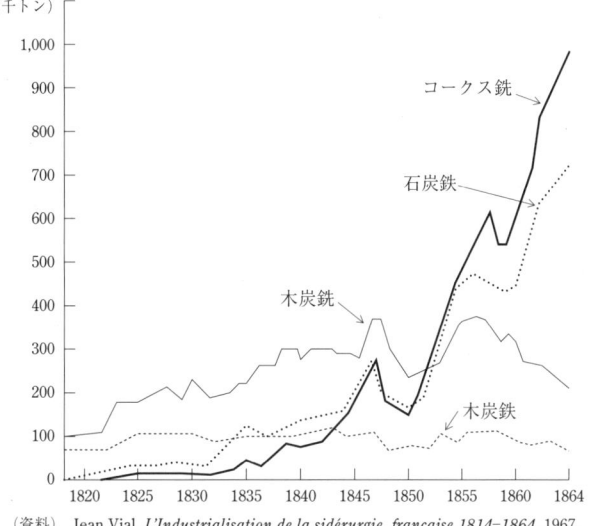

図1-1　銑鉄と錬・鍛鉄の生産（1819～64年）

（資料）Jean Vial, *L'Industrialisation de la sidérurgie française 1814-1864*, 1967, Annexe, p. 34.

そのなかでは、中央高地周辺からその南部にかけての広い意味での中部がやや先行し、第二帝政期までフランス最大の製鉄＝冶金業地帯として発展した。もっともここではまとまった工業地帯が形成されたわけではなく、旧来の製鉄業、金属業の立地や原料資源とくに石炭の所在とその量に規定されて、それぞれ特徴を異にするいくつかの製鉄業センター（都市）が形成されていった。またここでは、混合経営化を求めて複数のセンターにまたがる多地域

表 1-6 主要製鉄業地域のウェイト（国内生産に占めるウェイト，1845年・1860年）

(単位：%)

		北東部[1]	北部[2]	中（南）部		シャンパーニュ・ブルゴーニュ	その他木炭製鉄地域
				ミディ[3]	サントル[4]		
銑　鉄	1845年	12.3	6.2	18.1	16.5	19.1	27.8
	1860年	19.2	14.4	20.7	17.0	13.2	15.5
錬・鍛鉄	1845年	12.1	13.7	21.7	15.5	14.7	22.3
	1860年	16.9	15.2	24.4	18.9	11.7	12.9
各種鋼	1845年	4.7	1.5	38.5	8.4	—	46.9
	1860年	11.4	1.9	63.2	0.1	0.1	23.3

(注) 1) アルデンヌ，モーゼル（ロレーヌ），バ・ラン，エーヌの各県（木炭・石炭混用地域）。
　　 2) ノール，パ・ド・カレ，オアズの各県（石炭地域）。
　　 3) ロワール，アベロン，アルデッシュ，ガール，ローヌ，イゼールの各県（石炭地域）。
　　 4) ニエーヴル，サオーヌ・エ・ロワール，シェール，アリエの各県（木炭・石炭混用地域）。
(資料) J. Vial, op. cit., Annexe, p. 73 より作成。

　企業も集中・合併により特徴的に出現した。簡単に地名により紹介しておけば，①ブルボネ，ニヴェルネ地方にかけて散在したフルシャンボ，アンフィ，モンリュソン，コマントリなど。これら小工業都市では，この地方およびシャンパーニュ，ブルゴーニュに広範に産した木炭銑とブルボネの諸炭田に立脚してパドル精錬，加工を行う工場が生まれ，水運の便があったこともあって，パリおよびその近郊の金属・機械工業への主要な原料供給基地として発展した。しかしやがて炭鉱およびコークス銑を求めてコマントリ炭田となんらかの形で結合していった。その結果，第二帝政初期にかけてシャチヨン・コマントリ，コマントリ・フルシャンボ，コマントリ・アンフィなどの大企業が成長した[13]。②ル・クルーゾ。大革命直前にフランスで初めてイギリス式製鉄工場が建設された地。ル・クルーゾ工場は19世紀初期に経営不振で転々と人びとの手に渡ったが，36年以降シュネーデル（兄弟）の手で炭鉱（表 1-5 の注 5，モンシャナン炭鉱），機械工場，造船所をも経営する大企業として急成長した[14]（以上①②が表 1-6 のサントル，以下③④⑤がミディである）。③サンテチエンヌとその付近（フィルミニ，テールヌワール，サン・シャモン，リーヴ・ド・ジェ，ジヴォールなど）。いうまでもなく中部一のロワール炭田にもとづき製鉄も行われたが，むしろ精錬，製鋼，機械を得意とする

一大冶金業中心地に発展した。主要な企業としては、テールヌワール工場のほかアルデェーシュ県ラ・ヴォルトに鉄鉱山、アレ炭田のベッセージュ炭鉱も所有したテールヌワール会社、ジャクソン（イギリス名である）の製鋼工場とペタン・エ・ゴーデの機械製作工場の合併を母体としそれに地元の高炉、ベリ地方のヴィエルゾン工場、コルシカにまで手を伸ばしていった通称ラ・マリーヌ会社[15]、といったコンプレクス的企業があげられる。そのほかフィルミニィ、ロルム（l'Horme）、サンテチエンヌなど。④アレ。ラ・グラン・コンブ炭鉱と結びつきつつアレ精錬・高炉会社[16]が発展した。⑤ドゥカーズヴィル。オーバン炭田に利権を得たドゥカーズ公爵によって設立され、その所在地も会社もドゥカーズヴィルと呼ばれるようになったアヴェロン石炭・精錬会社[17]がここにはみられた。

　この中部に対して、新炭田（パ・ド・カレ）の開発で勢いを増した北部、鉄鉱石に恵まれていた北東部のロレーヌ（モーゼル県）が、どちらかというと新興の製鉄業地帯であって、鉄道建設時代が開始された1830年代から第二帝政期に発展した。この両地方はアルザスも含めていずれも国境に近く、ベルギー・ルクセンブルク・ザール、さらにはルールの石炭業および製鉄業と関係が深かった。軽工業も含めてスイスからオランダにいたるライン河沿いは、その右岸にのちのいわゆるルール、左岸にアルザス、ザール、ルクセンブルク、ラインラントを擁するヨーロッパ大陸の産業革命の一動脈であり、それに加えてそのかたわらのロレーヌ——以上は結局はプロシャに統一されることになる——、少し離れてベルギーからフランス北部は、地理的にもイギリスの影響を少なからず受けていた工業化の先進地帯であった。

　ノールでは20年代からベルギーの銑鉄をベルギーおよび地元のコークス・石炭でパドルする工場が建設されはじめていたが、30年代後半からベルギー銑やイギリス銑との競争のなかで、地元での銑供給を求めてコークス高炉の建設がはじまり、また精錬、圧延の大工場をみるようになった。ドナンの高炉工場は47年にアンザン精錬と合併してドナン・アンザン会社となった。その他ベルギー資本も加わったモーブージュ製鉄所、ベルギーのプロヴィダンス会社が建設したオーモン圧延工場、パリに近い交通の要衝クレイユに建設

されたモンタテール鉄工所などがそれであった。50年代に入ってパ・ド・カレ炭田でコークス生産が開始されたことも発展促進要因となった[18]。

　ロレーヌは鉄鉱石に恵まれていた。鉄鉱床の表層にあったフェール・フォール（強い鉄）という良質鉱石の量には限界があったが、いわゆるミネットは、含有燐分が高いためそれからの鉄はもろいという難点をもってはいたが、埋蔵量が豊かで採掘容易だったからである。19世紀半ばにフェール・フォールの底がつきかかる——それとともに木炭製鉄が後退した——のと前後して、コークス高炉によりミネットから鋳物用銑、さらに少量ながらパドル鉄、棒鉄を生産する動きが高まった。第二帝政期にそれまでのザールおよびベルギーからの石炭・コークス供給に加えて、ロレーヌ炭田の開発がはじまったこと、水運、鉄道が国境をも越えて整備されはじめたことがその機運を高めた。ミネット鉱床地帯は北のロンヴィ、中央、少し南に離れてナンシーの3地域に分かれるが（ミネット鉱床のコンセッションの意識的な許可請求は40年代にはじまる）、主力をなす中央（メス—チオンヴィル間）では、18世紀来の旧い製鉄業家族であるド・ヴァンデル家がすでに1819年に最初のコークス高炉を建設し、フランスでも先進的な一貫経営の有数な大企業として発展していた。ド・ヴァンデルは第二帝政期に入ると、それまでの2工場に加えてザール国境近くに大工場を建設したほか、以前から手がけていたロレーヌ炭田の開発にも積極的であった。そのほかデュポン・ドレフュス（45年）、カルヘルとヴェスタマン（55年）による製銑所があった。北のロンヴィ地区ではゴルシィ精錬会社が30年代からパイオニアになっていたが、60年代に入って地元の木炭製鉄業家族がモン・サン・マルタン工場、プリオン工場を建設し、ベルギーのプロヴィダンス社がレオンに高炉を建設した。南の飛び地のナンシー地区でも第二帝政期に入ってから多数の高炉工場が出現したが、ここではノールやアルデンヌ、オート・マルヌなど鉄鉱石＝銑鉄の不足に悩むフランスの他の地方からの製鉄業主の進出が目立った。こうした発展の結果、60年に6万トンだったロレーヌの銑鉄生産量はわずか9年後の69年に36万トンに達し、ロレーヌには関連する機械工業の発展がなかったという事情および他地方の製鉄会社の進出が開始されていたということで、フランス最大の銑

鉄供給基地として急成長しつつあった[19)20)]。

　こうして60年代にはフランスの近代的製鉄業が確立したが，その特徴は第1に，すでに指摘したように生産の集中が高度に進んでいたことであって，60年頃には混合経営の10社余りの大製鉄会社が，なお多数の小製鉄業主を残しながらも全生産の60％以上を占めるにいたっていた。第2に，製鉄業の生産量は銑鉄でみて綿工業の場合と同じくイギリスの約5分の1弱程度にすぎなかったが，ヨーロッパ大陸ではドイツのそれよりなお優位にあり，60年の貿易自由化にも耐ええて鉄鋼業関係製品の輸出入バランスでわずかながらもプラスをみせるだけの力量を備えるにいたっていた[21)]。また政財界で，いわゆる「製鉄王」たちが繊維業者たちより格が一段上といった格好で活躍し世人の注目を惹くにいたっていた。だが第3に，いっそうの発展のためには原料資源についての難点という問題が現れつつあった。中部は十分なコークスを欠き，またもともと貧弱であった鉄鉱石の不足という問題も迫りつつあった[22)]。北部はコークスはある程度産するもののやはり鉄鉱石に欠け，ロレーヌには石炭がなかった。60年代半ばからフランスの銑鉄生産は，ロレーヌの急伸がありながら停滞的様相をみせはじめた。その主因が原料問題だという断定をくだすわけにはいかないが――というのは，確定はしがたいが貿易自由化と国際競争の激化，フランス産業革命の一応の完成による国内需要の鈍化といった諸要因も考慮しなければならないから――，60年代末にフランスは普仏戦争でロレーヌの優良地帯をドイツに奪われる前に，すでにドイツ製鉄業に追い抜かれることになるのである[23)]。

第3節　産業資本の蓄積構造

　一般的にいって後進国の工業化は，内外の市場が先進国の側圧に抑制されているから，先進国ですでに発達した高度な技術を直接輸入することが必要であり，そのため巨額な資本を集積した比較的少数の大企業が株式会社の形態をとって成立する傾向がある。いままでみてきたところから推察できるようにフランスもその例外ではなかったが，実際には繊維工業と重工業とでは

鋭い差があり，重工業でもその様相はかなり複雑であった。

まず繊維工業では個人あるいは複数の個人が企業を創設し，獲得した利潤をできるかぎりまた工場拡張に追加投資するという，資本主義のいわば本来の蓄積様式が展開された。また次第に，とくに第二帝政期に入ると繊維工業をめぐる商業組織が整備され，商業信用網も形成されはじめたことが企業の独立性をいっそう保証した。そこで企業形態としては，まったくの個人経営を別とすれば合名会社が最も普通で，合資会社は少なく，株式会社は稀であった。

世紀初め以来ゆっくりと産業革命を達成してきたフランス繊維工業は，この面ではイギリス的であったといえよう。しかしそれはまたフランス特有の性格をももちはじめていた。産業革命を先導した繊維工業は第二帝政期に大いに発展するものの，もはや爆発的ではなく，新参入企業もまた倒産企業も次第に少なくなって，イギリスに比べれば矮小性をもったまま安定的成長期に入りつつあった。それとともにアルザスやノールのいわゆる繊維「貴族」，リヨンの絹商工業者たち，その他それぞれ長年の蓄積と経験をもつ一群の有力工業家族たちが経営および家族（結婚）をつうじてカースト的な社会を形成する傾向がいっそう強まったのである[24]。

製鉄業では，銑鉄から錬鉄さらに鋼生産という技術発展，炭鉱・鉄鉱山の所有，場合によっては加工工場の併設も必要であるという事情，さらには企業の吸収合併も進行したなどの諸理由から，必要資本額とくに固定資本額は巨額であり，しかも時とともに増大していった。たとえば40年頃イギリス型の製鉄所の建設費は120万〜240万フラン，その倒産製鉄所の買収費は少なくても100万フランを優に越し，55年に合併によってコマントリ・フルシャンボ社が誕生したとき，その資産見積りは最低で2400万フランであった。そこで近代的製鉄業を興していった製鉄業主は，一般にそれぞれの地方の金持ち，資産家ではあったが個人の資金力では足りず，いわば外部金融が必要であった。その実態はまだ十分に解明されていないが，第二帝政期の初期までは地方の個人銀行家，大商人，資産家，そして大企業にはパリの有力個人銀行家（いわゆるオート・バンク）による証券引受け，貸付の形での資金供給と，

貸付資金が長期に固定されることから当然に生ずる経営への参加とがかなりみられた。第2に，発起者が当初からオート・バンク，個人銀行家兼工業家，地方の金融家（アルザス，リヨン，ヴァランシアンヌ，メスなど），大商人，名士，政治家などであった例も多く，またこうしたグループ主導による既設企業の賃借，買収，合併も多くみられたところである。それに鉄鉱山，石炭鉱山の利権および高炉建設許可などをめぐってさまざまな地元および中央のグループが争い，いきおいそこには同時に有力政治家でもあった金融家あるいは政商の介入が生じたのであった[25]。この点は30年代後半からの重工業に利害関係の深い鉄道路線利権争奪戦によって加速された。

　50年代に入っても15商会ばかりのパリ個人銀行家がなお資金調達と経営の両面で製鉄業に重要な役割を果たしたが，しかし製鉄企業は一方では株式・社債発行による資金調達の道が以前よりも拡がり[26]，他方では次第に引き下げられる傾向にあったとはいえ，高関税のもとで木炭製鉄がなお限界供給者になっているという事情を利用して巨額の利潤を上げ，個人銀行への借入金返済と抵当抜き，償却と増大する自己金融に努力した。すなわち「銀行からの解放」が進み，60年頃にはバンキエまたはフィナンシエの影響は相対的に減少したという[27]。60年代に入ると個人銀行にかわる形で数行の株式銀行が新しく登場し，短・中・長期資金の供給および証券発行の仲介の役割を担いはじめたが，大製鉄企業はそうした新しい銀行の諸サービスを大いに利用した反面では，引き続き留保利潤による自己金融に努力する傾向が強かった[28]。それにのちにみるように，主要製鉄企業（経営者・家族）は新しい株式銀行の創設・経営に自ら参加するだけの力量をすでに蓄えていたのである。

　そこで企業形態としてはもちろん最初から株式会社が存在したが，より正確には株式合資会社からしだいに株式（匿名）会社に発展していった。冶金業では18年から50年までの間に約40社の株式会社が政府認可を得て設立された（株式会社認可総数の8分の1，50年の製鉄企業総数の25分の1に当たる）。しかしシュネーデルが合資会社，ド・ヴァンデルが合名会社であったように大企業が必ずしも株式会社ではなく，またその初期の株式会社でそのまま大

をなしたものは意外に少なかった。30年代後半からの発展期においては，株式合資会社がむしろ一般的であった。とくに激しい企業集中運動から生まれた統合企業の場合，株式合資会社の自由さがもつ利点が愛用された。株式合資会社には，政府の認可と監督を受けなければならない株式会社と違って，たとえば資産を持ち寄った旧所有者・有力共同経営者については合名会社として経営権を確保しておき，一般社員に関しては株式（合資）会社組織にして資金調達をはかる，というような術策をとる自由さがあったからである。これは一般的には製鉄業主・鉱山主たちに経営権の維持，新参入者の排除に努めようという姿勢が強かったからであるが，また新統合企業が株式（合資）会社形式を採用したからといってただちに組織上，真にそうなるわけではなく，原料・技術・販路など経営上の諸ポイントで協調する組合にすぎない場合もあったという実情を反映したものでもあった。

しかし第二帝政期にはより近代的な意味での株式会社が支配的になっていった。いま述べたような株式合資会社でも，技術革新と競争の激化とが旧来の親方的な経営者の力を弱め，より合理的・技術的知識能力や労務対策能力も含めてより近代的な資本家的経営者の手に経営権を集中させ，組織上も株式会社に編成替えされていく例が次第に増大した。また第二帝政期に新設された石炭を利用する製鉄企業の多くは，当初から株式会社形式をとる――あるいは当初からそれを予定する――ようになっていた[29]。このような株式会社の普及には，株式合資会社の法的規制の強化と反面での株式会社設立の自由化という法的・行政的措置がとられたことも影響した[30]。

このように製鉄企業では，当初からなんらかの合資が必要であり，また固定資本を中心とした所要資本額の増大とともに近代的な株式会社形式が普及していったのであった。その点，繊維工業の場合とはっきり差があった。しかし当時における製鉄業の株式会社の性格判定については一定の留保が必要であろう。経営担当社員の有限責任と広く匿名社員からの資金調達という株式会社の利点はもちろん利用されたのであるが，株式市場で工業証券は容易に定着，成長しなかっただけでなく，製鉄会社はすでに指摘したように自己金融に努め，銀行からの借入れや株式・社債発行はできるなら避けるという

傾向，結果的には実際の資産に比して過少資本であるという傾向があったのである。これは激しい競争により淘汰を受けた支配的な経営者（製鉄業家族——当時の言葉でいう「製鉄王たち」——）が繊維工業資本家の場合より一段上の水準でフランス企業周知の——あるいは悪名高い——家族的・財閥的性格を現しはじめていたものとみてよいであろう。

　なおフランス全体としてみても株式会社の利点は前記注30でみたように，早期から認識されており，15年から48年までに342社，その後株式会社の設立自由化が行われた67年までに237社が，おもに保険，運河・鉄道などの運輸，水道・ガスなど都市公益，鉱山，製鉄，化学などの分野で設立された。しかしいまみた製鉄業においてだけでなく，一般に株式合資会社がその数と資本金量で株式会社を大きく上回っていたのであって，とくに20〜40年代は株式合資会社の熱狂的設立時代とされているが，第二帝政期もそうであった。しかも株式合資会社の場合はもちろん，株式（匿名）会社の形式を採用していたとしても，一般工業企業の場合，家族的・同族的所有あるいはオート・バンクを含む共同支配という特色が色濃くまとわりついているケースがかなり多く，また株式形態による社会的資本の糾合という機能は利用されたものの，その社会的範囲と資金量にはなお大きな限界があったといってよいであろう。

　67年の自由化以降，たしかに株式会社設立数は，70年代にかけて年平均100社ほどに急増するが，それは必ずしもその質と量からみて爆発的なものではなかった。おりからの景況と戦争という次章で述べる事情はあったものの，自由化立法自体がすでに既成事実追認的な意味合いをもっていたし，フランスの資本家には株式会社形式採用の利点についてはなお躊躇がちなところがみられたという。結局，少なくとも第二帝政期のフランス工業においては株式会社の普及という面では限界があったとみなければならないが，しかし広く中産階層以上層の資金を統合・吸収・利用していったのは，次節以降で説明するようにとりわけ鉄道，そして政府・都市自治体であり，裾野の広いフランスの手工業親方（パトロン）を含む中産上層および地主・貴族・富農層の資金は，そこを満たしてなお溢れ，国外へ流出したのであった。

第4節　株式銀行の登場

　第二帝政の20年間は，銀行業においても近代化への革新をみた時代であった。現在なおフランス銀行制度の中枢を占める一握りのパリの大株式銀行のほとんどすべてが第二帝政期（および70年代前半）に設立され，また地方においても合資銀行が簇生した。これら株式銀行の当初の活動には多かれ少なかれクレディ・モビリエ的，すなわち投資銀行的あるいは兼営銀行的な性格が濃厚であった。しかしこのフランスの大銀行の初期については，クレディ・モビリエが他の金融グループと鉄道支配その他で競争した企業設立ブーム期の50年代と，3, 4行のパリ株式銀行が創設されて発展の道を模索した60年代とに分けてみておいたほうがよいであろう[31)32)]。

　ヨーロッパ大陸型投資銀行あるいは兼営銀行の祖型をなしたと普通いわれ，有名なペレール兄弟の名前と切り離しえないクレディ・モビリエの歴史は，学術研究論文的にはまだ解明されていない。しかし，できるだけ広く大衆的に資金を集め，鉄道をはじめとする諸産業企業の発起と育成およびその経営管理を行う金融（持株）会社をつくろうという，サン・シモニズムの色彩も濃かったペレール兄弟の大胆な企画は，彼らの発明ではなくてその前例があったこと，フランスの40年代以降の鉄道建設ブームの渦中からのある意味で当然の産物であったことは指摘することができる[33)]。

　クレディ・モビリエの投資活動分野は，①鉄道，大洋海運，②中部の重工業，③パリ，マルセイユの都市開発，不動産，④政府への金融的援助（一時貸付と国債引受け），の4部門に分類できるが，またそうした性格の金融活動を自らと類似した銀行・産業企業の設立をともないつつ中東部ヨーロッパ，地中海沿岸諸国においても展開していった。その攻撃的行動は，クレディ・モビリエに参加しなかった既存勢力——オート・バンク（とくにパリ・ロスチャイルド），有力商工業者，政治家——の対抗的なグループ的金融活動を引き起こし，ときには両陣営間のメンバーの移動や両グループの場合によっての協調を含みながらも，フランス内外で激しい競争を展開した。ナポレオ

ン3世は，その「自由」競争に基本的には高みの見物を決め込んだ。なかでも主戦場は鉄道であって，国内ではクレディ・モビリエは南部鉄道（52年），東部鉄道（53年），西部鉄道（55年）の設立あるいは運営に参加したほか——念のためにいっておけば，これら鉄道会社には対抗グループに属する勢力ももちろん参加していた——，とりわけ南部鉄道を起点にフランス中部を横断してスイスに達する「大中部鉄道」（53年）設立構想をもって前進し，マッシフ・サントラル工業地帯へのくい込みに努めたが，これはロスチャイルド（北部鉄道）とタラボ（地中海鉄道）のグループ側に，パリ・オルレアン（P.O.）鉄道および中部地元の商工業者たちの多くを追いやることになり，結局，大中部鉄道の解散とその対抗的グループによる P.L.M. 鉄道会社（パリ・リヨン・マルセイユ線。地中海鉄道とパリ・リヨン鉄道の合併，57年）の設立となって，クレディ・モビリエ側の敗北に終わった[34]。またこの国内での闘争が決着をみはじめる50年代後半頃から，両グループの争いは，もちろんフランスだけでなくイギリス，オランダ，ベルギー，ドイツの諸資本がからまりつつ，スペイン，イタリア，スイス，オーストリアなどにおける鉄道，銀行，不動産その他の事業をめぐって国外でも展開されたが，ここでも概してロスチャイルドを含むグループのほうが優勢を維持した[35]。

ところでこのクレディ・モビリエの資金的基盤は脆弱であった。確定的にはいえないが，それが企画した短期社債（いわば利子付銀行券）・長期社債・新株式発行という資金集め策は，投機の行過ぎとインフレ的混乱を恐れる政府（およびフランス銀行）により禁止ないしは拒否され，その資金源は資本金（6000万フラン）と短期性預金（1855年で1億300万フラン）とに限られたからである。そこで同行は短期借りの長期貸し——預金の見返りに関係企業証券を保有——というきわめて危険な財務内容をもつことになり，いきおい創業者利得を投機的に求め，利潤をすべて配当にまわしてしまうとともに，株式市場で自社株を含む自らのグループの株式・社債の価格操作をはかることにもなった。この実情はたやすく相手方にみすかされ，その投機的，対抗的行動を誘った。そこで57年恐慌は，おりから大中部鉄道の解散ということとも重なってクレディ・モビリエに最初の大打撃を与え，その短い最盛

期を終わらせることになった[36]。

クレディ・モビリエの活動は，その投機性への反省と批判をも含めて，株式銀行の創設を促す機縁となった。たとえば，ペレール兄弟に対抗したロスチャイルドを含む「投資連合」という金融シンジケートは，積極的な投資活動のかたわら56年以降株式銀行設立の努力を重ねたのち64年に「フランス商工業勧業のための」ソシエテ・ジェネラルを創設した。それより早く，どちらかといえばクレディ・モビリエ系に近いグループが59年に商工信用銀行(C.I.C.)の設立認可を得ることに成功した。また63年には，株式会社設立の部分的自由化をまってクレディ・リヨネが設立され，ただちにリヨンからパリに進出した。これら新株式銀行設立とほぼ機を一にして，パリ割引銀行もその発展を開始した。

ソシエテ・ジェネラル その創立には，①クレディ・モビリエに対抗した一群のオート・バンク（ただしロスチャイルドは結果的には同行設立に参加しなかった），P.L.M.-P.O.鉄道グループ（ポーラン・タラボがその代表，それに製鉄のシュネーデルとバートロニーが入る）が中心となり，それに，②パリ割引銀行とオランダ銀行（のちにパリ銀行と合併して72年にパリバを形成する）グループ，③イギリス金融家グループ（おもに63年にロンドンでジェネラル・クレディット会社設立に参加したグループ）が加わり，その他，④政界，フランス東南部の実業界などのおもな代表者も株主となった。資本金1億2千万フラン（その1.5倍までの預金と短期社債による資金調達が可能）で，当時フランス最大の銀行になりえたはずの同行は，預金集めと証券売捌きのための支店開設政策をただちにとった（70年までに33支店）が，他人資本はそれほど伸びず，70年においても自己資本のほうが大であった。発足当時の営業は，①同行の有力経営者であったポーラン・タラボの事業（P.L.M.鉄道およびその関連のスペイン，イタリア，スイスの鉄道，フィルミニィ製鉄工場とラ・グラン・コンブ炭鉱およびアルジェリア鉄鉱石を結びつけること，北部のドナン・アンザン製鉄会社にアルジェリア鉱石でベッセマー製鋼法を導入すること），その他の製鉄企業

(テールヌワール，マリーヌ，ディートリヒ，マルタン〔マルタン法発明者〕)，および機械，非鉄金属，都市（パリ）不動産事業への貸付，投資，②アルジェリア，イタリア，トルコ，ロシア，極東での市場調査と当面比較的限られていた貿易金融活動，③スペイン，ポルトガル，オーストリア，トルコ，エジプトなどの諸外国政府への貸付と公債発行，に大別できる。しかしそれらの量的ウェイト，質的意義については正確な評価はできない。ただ60年代末には外国市場により多く向いており，しかもそれは全体として停滞的であった[37]。

商工信用銀行 パリ，ロンドン，ベルリンの銀行家とボルドー，リヨン，ライプチヒの商人計6人とにより資本金6千万フランで設立された。パリに5支店を開いたが，地方支店開設よりも子会社設立に進み，63年「預金・当座勘定銀行」を設立したほか，「リヨン預金銀行」(65年)，「マルセイユ商工信用銀行」(65年)，「ノール工業信用銀行」(66年) などの地方銀行の設立に参加した。同行の設立目的はイギリス風の商業銀行をフランスに移植することにあったが，実際には市債，都市事業証券などの発行引受けも行い，やがてクレディ・モビリエ系のローマ鉄道の事業にも乗り出し，63年にはイタリア信用銀行 (Credito Italiano) の設立にあたるなど国外へも発展した。

クレディ・リヨネ 資本金3千万フランの同行は，創立後すぐにパリ本店を設置したとはいえ，かなり長い間，リヨンとパリの双頭銀行であった。創立にはリヨンの絹産業関係者を中心とした有力者（銀行家，絹商人，その他実業家，リヨン市行政関係者）のほか，中央高地の製鉄その他の工業家，ジュネーヴおよびパリの金融家が参加した。それにマルセイユからピエモンテ，ミラノ等に及ぶリヨン商圏の関係者，ソシエテ・ジェネラルの場合と同じようにフランス各界の有力者たちが株式引受けに応じた。当面，支店はパリのほかマルセイユに設置したのみであったが，ソシエテ・ジェネラルに比べて小ブルジョアからの預金集めにも柔軟かつ熱心に努め，したがってまた商業信用にもかなりの重点をおいていた。しかしおもな利潤源泉をやはり大口取引 (grandes affaires) に求めていった。①化学工業や地方

鉄道,スペインのガス企業への投資,②中部とくにロワールの製鉄企業への貸付とサービス,③スペインその他の外国政府への大口貸付と外国証券の取扱い,などがそれである[38]。

パリ割引銀行　クレディ・モビリエと同様,パリ割引銀行の歴史もまだ解明されていないほうに属する。だが同行は50年代には低迷しており,クレディ・モビリエとは競争関係になかったようである。その初期の経営陣には,ロスチャイルドとクレディ・モビリエ関係者が同席していた。

　60年が同行の発展の大きな転機となった。同年に内外での支店設置を政府から許可されて定款を変更し,資本金を4000万フランに倍額増資し,またクレディ・モビリエからほぼ完全に離脱した。その発展はまず植民地(マルチニクとレユニオンに支店,62年に植民地不動産信用銀行を設立),アジア(カルカッタ,ボンベイ,サイゴン,上海,横浜に支店),ついでアレクサンドリアとロンドンに向かった。その後,国内にもどって,ナント,リヨン,マルセイユに支店を開いた。66年に資本金8000万フランとなり,60年代末の預金高は1億7000万フランでフランス第1位であった。

　なお上述のように,パリ割引銀行はソシエテ・ジェネラル創立の主要メンバーの一員となり,パリ割引銀行のピナールはタラボやオート・バンクのアンチとともにソシエテ・ジェネラル初期の主要な指導者の一人であった。しかし両銀行の関係はよくわかっていない[39]。

　このようにパリの新しい大株式銀行にはそれぞれに特徴があり,純粋あるいは典型的な例はなかったといってよい。それにいま紹介したところからもわかるように,これら諸銀行の初期の活動について十分なことはなお解明されていないのであるが,このことを措いても,もちろん1860年代のフランスでクレディ・モビリエを含めて上述のパリ株式銀行だけが金融業務を行っていたわけではない。フランス銀行は別としても,パリ株式諸銀行に積極的に参加したオート・バンクも,参加しなかったオート・バンクも,それぞれ自らの商会単独であるいはグループをなして金融活動をなかば並行的かつ競争的に行っており,また地方の合資銀行と個人金融業者もそうしたパリ金融市

場の地方小型版を展開していたのである。したがって安易な一般化や簡単な総括は現在なお困難であるが，それでも次のような諸特徴は指摘しうるように思われる。

　すなわち，これら大株式銀行の創立に参加したのは，オート・バンク（地方の有力銀行家を含む），商工業大資本家およびイギリスその他の国際的金融業者であった。なかでも主導的な役割を果たしたオート・バンクについていえば，彼らは多分にクレディ・モビリエ的活動から衝撃を受けたとはいえ，根本的には鉄道や重工業および内外公債などへの投資には個人的な銀行家の資金力だけでは不足する時代を迎えて，19世紀前半来の活動を強化し会社組織の銀行および諸企業のなかに入り組んだ無数の枝を拡げていくという形で，時代への適応力を示した[40]。大商工業者については，第二帝政期のフランス資本主義の発展のなかで彼らの力が増大したことをうかがいうる。なかでも重工業関係資本家であって，ソシエテ・ジェネラルに参加したタラボやシュネーデルは例外的としても，リヨン周辺の絹工業と重工業関係者が主体となって設立したクレディ・リヨネの経営陣においても，まもなく絹関係者よりもロワールの製鉄資本家の勢力が相対的に増大していった[41]。もっともすでにみてきたように，オート・バンクももともと銀行家＝工業家という面がかなり濃厚であり，一部の有力工業家も金融家という性格を元来併せもっていたのであって，19世紀前半から公益事業や重工業の創設や発展に活躍してきた銀行家＝工業家が組織的金融活動の時代を迎えたということでもあった。第3に，イギリス，スイス，オランダ，ドイツなどの外国金融業者の参加については，60年前後はヨーロッパの各地で国際的シンジケートによりヨーロッパから近東にかけて銀行設立および投資活動をみた時期であったということを考え合わせれば，ヨーロッパ自由主義の絶頂期における資本のインターナショナリズムを表現するとともに，フランス資本主義の対外発展をも示すものであったといえよう。もっとも60年代末には早くもそうした国際的銀行にも国民化傾向が現れはじめる。

　またこのような創立者たちの顔ぶれは株式銀行の初期の業務の性格をも示唆している。第1に，これら株式銀行はクレディ・モビリエへの批判もあっ

て多かれ少なかれイギリス風の預金・割引銀行となることを公表目的としていたが，この商業銀行としての面での発展は当面限られていた。商業信用組織の面では，オート・バンクが支配するフランス銀行が，第二共和政下の割引銀行，クレディ・モビリエそしてパリおよび地方の株式銀行の発生に刺激されながらその業務を発展させていった。フランス銀行は69年までに74の支店を設置し，同年の割引高は66億フランに達した。しかもその間，同行は，割引条件の緩和，国庫証券・鉄道証券・パリ市債に対する担保貸付の開始，クレディ・フォンシエ社債・鉄道社債の発行引受けも行いはじめるなど，その営業政策を柔軟にしていった。むしろフランス銀行のこの営業政策が，パリや地方の株式銀行の商業銀行としての側面での発展の地ならしを，競合しつつ行っていたのである[42]。

そこで第2に，これら株式諸銀行はさしあたり実際にはクレディ・モビリエ的な事業銀行としての性格が濃厚であり，フランス国内についていえば，創立者たちが関係していた巨額な資金を要する諸事業（鉄道・海運・鉱山・製鉄・重機械・化学・ガス照明などの諸産業，都市不動産，銀行・保険）への資金援助，経営参加，発起を行った。それら諸会社の運転資金の管理（預金と割引），大口貸付，株式・社債の引受けと販売，証券保有と経営参加といった銀行業務がそれである。しかし，この産業との関係については若干の注意が必要であろう。ひとつには，鉄道の投機的建設・集中時代はすでに終わっており，鉄道証券は国債に近い評価を受けるにいたっていた。株式銀行はその社債引受け，販売を行ったが，大鉄道会社のほうは仲介者として以上の銀行の役割を期待しなくてもよくなっていたのである。いまひとつには，製鉄業など重工業との関係では，とりわけソシエテ・ジェネラルとクレディ・リヨネは中（南）部の諸製鉄会社，炭鉱会社のほか重機械製造会社，造船会社，鉄道建設請負会社などの資金管理，それら会社への大口貸付，株式・社債の発行引受けなどを行っていたが，銀行の側では貸付には慎重で証券あるいは工場施設などの担保を求め，証券発行もたんなる仲介者としての性格が強かった。工業企業の側でも，すでにみたように，第二帝政期にはすでに多くの大企業は経営基盤を確立しており，銀行への依存を小さくするた

めできるかぎりの努力を払う傾向が強かった。また銀行と工業企業との間に重役の相互派遣ということもみられたが，そうした兼職は必ずしも銀行と重工業との有機的な結合関係を意味するものではなかった。たとえば，クレディ・リヨネの重役会には中部の石炭・鉄・ガス企業の経営者が列席していたが，彼らは競争企業の代表も出席しているその席で自らの企業の秘密を銀行に引き渡すようなことはしなかったという[43]。

1860年代のフランスでは，かなりオーバーな表現によればわずか183人の金融家が実に200億フラン以上の資金を管理（コントロール）し，金融・工業「帝国」を形成していたといわれる。それが早期的な金融寡頭制といってもいい様相をたしかに帯びていたことは否定できない。しかしこれをもって銀行と産業企業との組織的結合が形成されていたとまではいえず，また工業企業間，銀行（パリ・地方の株式銀行，個人銀行家）間にも協調の反面で対抗的な競争関係も強く，自由競争時代の資本主義の「無秩序」がまだ存在していたとみるほうがよいと思われる。第二帝政期の新しい株式銀行はたしかに大企業のいっそうの発展を援助した。フランス史家のいう「大資本主義」，「高度資本主義」の時代を準備していった。しかしパリの諸株式銀行はすでに出来上がっていた経済構造の上に，しかもそのなかから登場したのであって，時の景気変動にも影響されながら経験主義的に自らの方向を，次章にみるようにまだこれから模索していかなければならない状況にあった[44]。

第3に，これら諸株式銀行は発足当初から国際的であり，対外業務も重要な柱であった。ひとつにはフランスの対外貿易の発展があったからであって，原料の確保と輸出市場開拓のための活動が，南北戦争による棉花飢饉とスエズ運河開通が間近いという刺激要因も加わって，オリエントからロシア，極東へと拡大した。パリ割引銀行の植民地，近東から極東への発展がそれを代表し，貿易（金融），為替取引業務の開拓に努めたが，ソシエテ・ジェネラル，クレディ・リヨネもそれに続いていた。いまひとつは資本輸出で，ヨーロッパ大陸および地中海方面での鉄道（建設）など産業への投資とそうした公共事業的利権と多分に結びついていた対外国政府借款を重工業関係資本家および請負業者などとともに展開していった。スペイン，ポルトガル，スイ

ス，イタリア，オーストリア・ハンガリー，さらには北アフリカから近東，ロシアにいたるまでの鉄道，都市公益事業，鉱山，重工業およびそれらのための銀行などの開拓に，またそうした経済近代化の波に洗われてはいたがそのための財政資金に窮していたヨーロッパ，近東の後進諸国政府への浮動（短期）貸付と公債発行に，フランスの株式銀行はオート・バンクおよびイギリスその他外国の金融業者あるいは銀行と，競争的にあるいは協調的に参加していった。イギリスのマーチャント・バンカー，フランスのオート・バンクが以前から得意としていたこのような国際金融投資分野への割込みは当初必ずしも容易ではなかったようだが，フランスの株式銀行はイギリス資本などとともにその後を追う形で進出していったのである。こうしたオート・バンクおよびパリ株式銀行の対外業務に，ナポレオン3世の外交政策がその影をある程度落としていたことはいうまでもない[45]。

第5節　フランス経済の対外発展

　以上みてきたように，第二帝政期のフランス資本主義は，中小企業および小農業の圧倒的部分の上に比較的少数の大企業が存在するという二重構造，その上層の一部における多分に早熟的な金融寡頭化傾向という特質をもって確立した。国家とその上からの政策の役割も大きかった。わが国における明治時代の財閥形成史とあい通じる面がかすかながらある（フランスではブルジョア王朝＝Dynastie）。またここでは立ち入らないが，二月革命，パリ・コミューンという，他の国ではあまりみられなかった近代資本主義成立後の革命を現出したのも，そうしたフランス資本主義の特性とけっして無縁ではなかったであろう。

　さらにそうしたフランス全体の膨張――それはたんに貿易の増大や対外進出あるいは侵略という意味だけでなく，指摘するまでもないかもしれないが，世界の資本主義化に影響力をもったような膨張，さらには帝国主義を準備していく発展――にもめざましいものがあった。この面については，いままで言及してこなかった数字を中心に，いくつかの特徴を摘記するにとどめよう。

まず，1860年のコブデン・シュヴァリエ条約（英仏通商条約）は，まさにフランス資本主義が確立したことの内外への宣言であった。フランスは翌年以降，ヨーロッパ近隣10ヵ国と最恵国待遇条項を含む通商条約を結び，関税引下げと自由貿易体制をヨーロッパに一般化していく核としての役割を果たしたのである[46]。

　フランスはそれまで工業製品に対する禁止的高率関税，輸入禁止策，小麦・家畜など農産物に対する強い保護による厚い保護貿易体制のもとにあったが，19世紀前半から棉花，原羊毛，繭・生糸，油脂，木材，石炭などの原材料と，穀類・家畜・砂糖といった農畜産物を輸入し，繊維およびその製品，それにぶどう酒（アルコールを含む）を輸出するという当時としては工業国型の貿易構造をもっていた。地理的にはもちろん商品種類によって違いがあるが，総じて輸出入とも近隣ヨーロッパが60～70％，アメリカが約20％であった。ヨーロッパのうちとくにイギリスとの関係では，イギリスの工業製品の対仏輸出も関税障壁を突破して増大しつつあったが，それよりフランスがイギリス本国およびイギリスを通じてのアメリカおよび英帝国への輸出（ぶどう酒，フランス的繊維製品，趣味的雑品などで，50年代でフランスの輸出の25％内外を占めた）を増大させ，対英貿易は大幅な黒字であった。すなわち，フランスは世界の工場としてのイギリス本国およびイギリスの世界的な輸出市場でも軽工業品とぶどう酒とで一定の補完的あるいは便乗的役割を果たすとともに，近くのヨーロッパ諸国では，工業製品輸出国としてイギリスにつぐ地位を占めていたのである。これに加えて，50年代に繊維工業，製鉄業，機械工業がいっそう近代化され，産業基盤整備も進み，イギリスに比べれば格段に矮小だったとはいえ，これら近代的大工業が競争力を次第に蓄えてきていたことが，自由貿易政策への転換を可能にした条件であった。また保護貿易体制下にあったとはいえ，大陸国であると同時に海洋国でもあったフランスの貿易依存度[47]は，その強い保護主義が与える印象からすれば意外に高く，大革命および第一帝政時代には18世紀より低下して7％前後だったのが，それ以降高まり，60年前後には約20％，それから20年後の80年前後には29％に達する。この事実もまた自由主義政策を可能かつ必然にした背景

であった。

　フランスでは1840年前後に諸繊維，炭鉱，製鉄などの近代的工業において業界組合が設立され，主としてイギリス製品に対する保護貿易を維持するために活動した。なかでも活発だったのが製鉄業であって，40年に「金属工業利益擁護協会」が生まれ，おりからベルギーの重工業資本から提唱されていたフランス＝ベルギー関税同盟プラン——もし成立すれば「ドイツ関税同盟」の向こうを張ることができるに近いものになったであろう——は陽の目をみないことになった[48]。しかしそうした反面で同じ頃から西ヨーロッパ大陸での産業革命の進展とイギリスの自由貿易運動に触発されて，パリおよび主要港湾都市（ボルドー，マルセイユ，ナントなど）の大商人，ぶどう栽培・醸造業者，リヨンの絹工業関係者などの間から，貿易自由化運動も発生した。加えてそうした輸出関係利害者にとってだけでなく，広くフランス工業・金融界にとって，石炭や繊維原料，鉄など少なくとも原材料の輸入価格引下げは望ましいことであった。50年，56年の関税改革案はいずれも議会で否決されたが，それでも53～55年には，主として原材料の関税引下げと，農産物価格の上昇という背景のもとで一時的ながら農産物スライディング・スケール制停止とが，実現された。

　皇帝＝大統領の条約締結特権によった1860年通商条約は，たしかにフランス工業界にとって「通商上のクーデタ」という面をもっていた。長い間，保護貿易に慣れてきたフランス工業，とくにノルマンディからノールにかけての繊維工業および木炭製鉄業にとって，それはショックであった。そこで条約の発効には2年近い猶予が与えられ，4千万フランの近代化設備資金貸与の措置もとられた。また自由貿易といってもイギリスのように完全なそれではなく，工業品は10％から25％の関税でなお保護されていたが，それでもフランス工業資本家の条約およびナポレオン「自由」帝政への反感は一般に強かった。しかし上述の自由化賛成者たちのほかに，たとえば綿工業でアルザスのそれは競争力を有して自由化に賛成であり，製鉄業でも力のあった企業は，政府の資金貸与をいささかの自尊心をこめて断るというような事情もあった。とくに国際性の強かった「金融貴族」たちは貿易自由化に反対ではな

かった。大局的には，保護貿易への復帰運動が主として中ブルジョアジーによってこれ以後執拗に続けられたものの，長くとれば92年のメリーヌ関税まで30年間は自由貿易時代が続いたのである。60年条約の直接的影響は，アメリカ南北戦争その他の攪乱要因もあって確定しがたいが，フランス工業はその試練に耐ええて，イギリス工業製品の輸入急増といったこともみられず，フランス工業品の輸出は続伸したのであり（既掲の図 0-3 参照），これは，フランス資本主義の確立と，それにともなう自由貿易政策採用の必然性およびその根拠を物語っているといえよう。19世紀の世界通商史上で画期的といってよい出来事を生んだフランス側の事情は，大略以上のごとくであった。

このことと併行して，フランスはイギリスにつぐ資本輸出国として急速に台頭した。対外投資残高は50年の約20億フランから70年の約130億フランへと激増した。証券発行でみると，52〜65年の総発行高228億フランのうち91億フラン（うち48億フランが鉄道など外国産業証券，42億フランが外国政府証券）が資本輸出に向けられ，60年代後半には外国証券の比率は新発行高の5分の3にまで達するにいたっていた[49]。すなわち，第二帝政時代のフランスで資本輸出は時を追って高まったのであって，このことはいうまでもなくフランスの資金形成の潤沢さ，およびそれが動員されはじめたことを示すとともに，他面ではフランスの産業革命が一応完了し，国内工業の産業設備が当時として飽和点に達し，フランス全体として工業および経済の発展率が鈍化・停滞しはじめたこと，それにしたがって資本の過剰傾向が早熟的に現れはじめたことを意味していた（60年代にすでに，オート・バンクたちはフランス産業の発展を犠牲として資本輸出に血道をあげているという新聞キャンペーンが存在した。クレディ・モビリエはそれをしているのは当行だけではないと答えた）。

国際収支の面からみても，60年代末のフランスは，貿易収支の赤字を対外投資の黒字で埋めてなお余剰をみるという，先進国イギリス型の成熟した構造を示すようにすでになっていた[50]。

対外投資を行っていた主役がオート・バンクであり，また彼らが主となって組織したクレディ・モビリエを含めた株式銀行であったことはすでに指摘

表 1-7 フランスの対外投資（地理的・分野別分布，1852～81年）（単位：百万フラン）

	政府証券		運輸		産業・銀行		計	
	額	%	額	%	額	%	額	%
地中海（イタリア，スペイン，ポルトガル）	2,200	14.7	2,450	16.3	735	4.9	5,385	35.9
近東（オスマン帝国，エジプト）	2,850	19.0	400	2.7	200	1.3	3,450	23.0
中欧（オーストリア・ハンガリー，ドイツ，スイス）	800	5.3	1,450	9.7	550	3.7	2,800	18.7
東欧（ロシア，ルーマニア，ギリシャ，セルビア）	990	6.6	240	1.6	100	0.7	1,330	8.9
北西欧（ベルギー，オランダ，ルクセンブルク，イギリス，スカンディナヴィア）	100	0.7	285	1.9	200	1.3	585	3.9
植民地	100	0.7	350	2.3	200	1.3	650	4.3
その他の世界（おもに西半球）	700	4.7	75	0.5	25	0.2	800	5.3
計	7,740	51.6	5,250	35.0	2,010	13.4	15,000	100.0

（資料）　R. E. Cameron, *France and the Development of Europe, op. cit.*, p. 88.

した。その資金源泉は，大ブルジョアジーのほか，内外の公債や鉄道証券など堅い証券を投資口として選好しはじめた農・商・工の「豊かな」中小ブルジョアジーにあり[51]，こうしてフランス経済はその二重構造をもったまま，むしろその二重構造ゆえに資本輸出国となっていったのである。

　その地理的・産業的分布については70年代を含めた数字であるが，表 1-7 を参照されたい。ここにみられるように，対外投資の主要舞台は地中海諸国，近東，中・東欧であり，内容的には外国公債が約半分を占め，ついで鉄道，その他産業・銀行であった（すなわち，外国企業の経営権にも関係する直接投資的性格もかなりあった）。最初はイギリス資本に従い，次第にそれと角逐するようになっていったフランス資本の流出は，さきの自由貿易政策とともにヨーロッパ自由主義＝インターナショナリズムの盛時を現出せしめると同時に[52]，金融的利害の網の目を地中海のまわりに張りめぐらせ，金融的・経済的・物的利害にもとづく外交の時代を準備していった。英・仏，さらにはベルギー，スイスなどの資本がドイツ[53]，オーストリア，イタリアの産業革命を促進し――ただしドイツ，オーストリアなどの資本の逆輸出および英・仏資本との協力ということももちろんあった――，これら諸国の民族意識が刺激されて，ヨーロッパ諸列強による帝国主義の時代への状況がつ

くり上げられていく。あたかも1870年の普仏戦争とドイツ帝国の成立，1873年以降の大不況は，新しい時代を必然にしていったのである[54)55)]。

注
1) 1860年の通商条約のほか，60年代には政治的には議会の権限の拡大，労働者結社あるいはストライキの容認（64年）などの譲歩が行われ，いわゆる「自由帝政」に移行する。63年，ロンドン博覧会見学を望んだ労働者200人に国費が与えられ，それも契機となってインターナショナル（万国労働者同盟）が設立された（64年）。その後フランスではいくつかのストライキが続発し，時には軍隊が出動して発砲するというようなことも起こった。一部から「皇帝社会主義」——ビスマルクの社会政策にやや先行——と呼ばれる時代であった。
2) 念のため指摘しておけば，フランス第二帝政末期はわが国の幕末＝明治維新期にあたる。
3) 以上および以下の第１章とだいたい同じ時期を対象としたわが国の経済史家による概観あるいは特徴づけ——わが国で行われてきたフランス産業革命論——としては，とりあえず次の３論文を参照されたい。①吉田静一「フランスの産業革命」（大塚久雄編『西洋経済史』経済学全集11，筑摩書房，1968年，所収），②遠藤輝明「フランス産業革命の展開過程」（高橋幸八郎編『産業革命の研究』岩波書店，1965年，所収），③中木康夫「第二帝政＝ボナパルティズムとフランス資本主義」（川島武宜・松田智雄編『国民経済の諸類型』岩波書店，1968年，所収）。しかしわれわれの理解の仕方とはかなり差がある。
4) フランス繊維工業の産業革命については，わが国においても多くの論文があるが，服部春彦『フランス産業革命論』（未来社，1967年）が最も包括的でかつ優れている。同書および同書で取り扱われている内外の諸文献を参照されたい。
5) ただフランス綿工業は1860年代初頭にアメリカの南北戦争による「棉花飢饉」の影響を受け，かわって羊毛工業の発展がより加速された。60年代末からは絹工業も東アジアからの生糸供給増による価格低下，イタリア・スイス・ドイツ絹工業との競争激化により苦況に陥りはじめる。このような変動をともないつつ全体としてフランス繊維工業は60年代以降それまでの高い生産増加率が屈折し，いわば安定成長期に入る。すなわち，イギリスに比べればなお後進性を残したまま成熟してしまう傾向をみせるのである。
6) 中部の諸炭田はマッシフの東側に北から南ヘル・クルーゾ＝ブランジィ炭

田，ロワール炭田，アレ炭田，西側にはやはり北から南へブルボネ地方の小炭田群，ドゥカーズヴィル＝オーバン炭田，カルモー＝アルビ炭田などが散在していた。北フランスではアーヘンに発し中部ベルギーを東西に走る鉱脈がノール県でフランスに入り，ノール炭田（のちにパ・ド・カレ炭田が接続する）となっていた。

7) フランス民法では土地の所有権と心土（表土の下層）の所有権が区別され，心土のそれは国家に属した。1810年法により探鉱と採掘は行政当局の認可のもとに置かれることになった。

8) ロワール鉱山会社はその独占性が地元の消費者諸産業と炭鉱労働者の反対を招き，採掘権の売買（合併）もそれ以降は政府の許可のもとに置くという1852年の政令を触発したこともあって，のちにみるような鉄道建設をめぐる諸グループの抗争のなかで，1854年に同社名をついだ会社を含む4社に分割された。Pierre Guillaume, *La Compagnie des Mines de la Loire 1848-1854*, 1966, 参照。

9) ロワール，グラン・コンブ，アンザンという3会社への集中については，Bertrand Gille, *Recherches sur la formation de la grande entreprise capitaliste (1815-1848)*, 1959, 参照。

10) パ・ド・カレ炭田は1878年まで21鉱区に細分され，それより前の第二帝政期末には18社もの炭鉱会社が存在していた。これにはあまりに強力な石炭会社の形成を嫌う52年政令（前記注8参照）の含意と規定が作用したという。しかし50年代に許可された主要な鉱区＝会社は経済的な経営に十分な規模を有していた。ラン，ドゥルジュ，クーリエール，リエヴァン，ペチュン，ヴィコワニュ＝ニュ（これはノール炭田で30年代に許可），ブリュエ，マルルなどの鉱区＝会社がそれである（Jean Bouvier et al., *Le Mouvement du profit en France au XIXe siècle,* 1965, pp. 119-120; N. J. G. Pounds and W. N. Parker, *Coal and Steel in Western Europe*, 1957, pp. 147-150）。

11) 以上のほか，ロレーヌにおいてもザール炭田の延長のボーリングと開発がとくにド・ヴァンデルなどロレーヌ製鉄業の手によってはじまっていたが，ロレーヌ炭田はさしたる成果をみないままやがてドイツ領となった。

12) フランス製鉄業の産業革命について詳しいのは，Jean Vial, *L'Industrialisation de la sidérurgie française 1814-1864*, 1967, のちの時期まで通して概観するには，Pounds and Parker, *op. cit.*, それに経済史的に利用するにはやや難があるが見逃せないものとして，ルードウィヒ・ベックほか，中沢護人訳『鉄の歴史』全5巻（米子市，たたら書房，1970～86年）がある。わが国においてはい

わゆる大塚史学的特徴がやや濃すぎるが，遠藤輝明「産業革命期のフランス製鉄業」（川島・松田編，前掲書，所収）および同氏のその他の諸論文がある。

13) シャチヨン・コマントリとコマントリ・フルシャンボはその成立過程，初期集中過程において差があった。前者の場合，1815年頃からシャチヨン・シュル・セーヌ地域の鉄工場主と鉄商人たちが付近の木炭製鉄所の集中・統合を開始し，45年にコマントリの一炭鉱会社と融合した。すなわち，わが国の経済史家の好む「下から」の道である。フルシャンボの場合は，パリの鉄商人2人が21年にフルシャンボにパドル炉ついで圧延装置を建設し，ニヴェルネ地方の木炭高炉を賃借，購入の形で支配下に置いていき，ついでコークス銑と石炭を求めた結果，53年にコマントリ炭鉱と合併してコマントリ・フルシャンボとなった（表1-5の注4参照）。なおのちにみるように，ここではもともと鉄鉱石，石炭が十分ではなく，これらの会社はのちに工場の主力をロレーヌ等に移していく。すなわち，シャチヨン，フルシャンボ→コマントリ→ロレーヌと移転し，会社名に残る発祥の地には工場もろくに残らないことになる。

14) 1836年，おもにパリの銀行家＝工業家セイエールと冶金工業家ボアグ（フルシャンボ設立者）の資本で資本金400万フランの会社として再出発した。もとセイエール銀行の使用人であったユジェーヌ・シュネーデルが経営にあたり，40年代末頃には早くも会社を事実上シュネーデル家中心の合資会社とし，セイエールとともに金融業にも進出した。のち，兵器製造にも優れ，いわばフランスのクルップとしてドイツのクルップとバルカン等で角逐する。その間，第二帝政末期，立法院議長であったユジェーヌ・シュネーデルはル・クルーゾの大ストライキに軍隊を向けた。

15) 正式社名はラ・マリーヌ・エ・ド・シュマン・ト・フェール（船舶〔ないし海軍〕・鉄道機材用）製鉄・精錬・製鋼会社，1854～70年頃までに会社組織を整えた。

16) 1829年スルト元帥により設立，36年パリの銀行家グループが賃借した。スルトと関係のあったタラボ（兄弟）がロスチャイルドの資金援助も得つつ，鉄道を中心にこの地およびサンテチエンヌの製鉄業と石炭業に，アルジェリアの鉄鉱石を結びつけようと企画するにいたるその舞台であった。

17) 1826年設立，180万フランの株式の大部分はパリの諸銀行（おもにのちのパリ・オルレアン会社グループとなるシンジケート）が引き受けた。以上，注13～17は主として，B. Gille, *op. cit.*, その他による。

18) 主として，Maurice Lévy-Leboyer, *Les Banques européennes et l'industrialisation internationale dans la première moitié du XIXe siècle*, 1964. ドナン・アンザ

ン会社設立はロスチャイルド・タラボ（兄弟）の手による（表 1-5 の注 3 参照）。

19) Pounds and Parker, *op. cit.* ミネット鉄鉱石床はその端をルクセンブルクおよびわずかながらベルギーにものぞかせていた。その近くにザール炭田、ベルギーの炭田があったから、この国境線の集まる一角は、より遠くのルール工業地帯の興隆とならんでヨーロッパ大陸重工業のひとつの中心地となる気配をみせはじめていた。本格的発展はいうまでもなくミネット銑からの燐分除去という長い間待望されていた技術革新——トーマス法、1879年——以降のこととなるが、その「前史」もあったのである。

20) なお、広く金属（加工）工業という点からいえば、以上3地帯のほかパリ地方とアルザス、ノルマンディを付け加えなければならない。パリは重機械も製造する冶金業の一大中心地であったが、重製鉄は欠いていた。アルザスも繊維工業の発展にともない、おもにドイツからの鉄で機械製造業の発展をみたが、ここでは製鉄・精錬も量的にはわずかながら行われた。スイス・アルザス資本による大企業としてオーダンクール会社（オート・サオーヌ）とディートリヒ会社があった。

21) フランス近代製鉄業が確立したメルクマールとして、1864年の「製鉄業主協会」(le Comité des Forges. 次章以下では「鉄鋼協会」と呼ぶ) の発足がよく指摘される。シュネーデルを会長とし、初年度で125工場、石炭製鉄のほとんどすべてと残存木炭製鉄の半分くらいを糾合し、貿易自由化と技術革新の嵐のなかで業界情報センター、対政府交渉のための業界利益組合として発足した。これをもってフランス経済史上の画期（自由競争→独占）とみる見解は行き過ぎであるが、フランスの場合少数の主要会社間のアンタント（協調）はすでに40年代からおもに鉄道への機材供給などをめぐって散見されるところであった (J. Vial, *op. cit.*)。

22) ベッセマー製鋼が行われるにつれ、ヘマタイトに欠ける中部の製鉄業は以前より強くエルバ島、コルシカ、スペイン、アルジェリアに鉄鉱石を求めていった。タラボはすでに1840年代からアルジェリアの資源開発に努力していたが、68年、モクタ・エル・アディ鉄鉱山会社を設立した。アルジェリア鉄鉱石は量的にはさしたることがなかったが、その後フランス本国だけでなく、むしろ半分近くがイギリス、ついでドイツへ輸出されることとなった。またロワール製鉄業の一部は60年代末ロシアにおける製鉄工場建設にもすでに食指を動かしていた。

23) のちに古典的帝国主義時代の主役となるライン・ヴェストファーレンある

いはルール重工業の創世記——そこではフランス資本もベルギー，イギリスのそれとともに一定の役割を果たした——については，戸原四郎『ドイツ金融資本の成立過程』(東京大学出版会，1960年) を参照されたい。

24) 以上については，C. Fohlen, *L'Industrie textile au temps du Second Empire*, 1956; F. Capronnier, *La Crise de l'industrie cotonnière française*, 1959; M. Lévy-Leboyer, *op. cit.* および服部春彦，前掲書，とくに第2章第3節，参照。

25) 前節ですでにある程度紹介したところであるが，なお，M. Lévy-Leboyer, *op. cit.*, pp. 699-707; J. Vial, *op. cit.*, pp. 187-189 を参照されたい。

26) 1856年にパリ株式市場上場の製鉄業証券は額面で1億8000万フランに上った。これは相当な数字ではあるが，それら工業証券の株式市場におけるウェイトおよび評価はなおごく限られていた。証券市場では内外の公債，ついで鉄道証券がなお圧倒的だったのである。

27) 製鉄業の「(個人) 銀行からの解放」については，J. Vial, *op. cit.*, pp. 436-437, 参照。

28) シュネーデルが早期から金融的独立とそれによる行動の自由を社是としていたことは有名であるが，たとえばジャン・ブーヴィエによると，フィルミニィ社は資本金300万フランで1859〜73年に340万フランの償却を行い，テールヌワール社は1865〜81年の間の配当を583万フランにとどめ，留保利潤その他で新投資を1700万フラン行った。このように大工業企業の自己金融傾向はきわめて顕著であった (Jean Bouvier, *Le Crédit Lyonnais de 1863 à 1882*, tome I, 1961, pp. 390-396)。

29) J. Vial, *op. cit.*, pp. 387-394.

30) ヨーロッパ大陸諸国への模範となったといわれるフランスの株式会社法の経緯を概説しておこう。1807年のナポレオン商法典は商事会社に合名，合資，株式 (匿名) の区別を設け，このうち株式会社だけは国 (国務院) の許可・監督制度のもとに置いた。しかし企業の自由な設立と運営に向けての商工業者の希望は，合資会社の一変形である株式合資会社という形がとくに明細な法的規定もないまま民間の自由にまかされるということで，いわば妥協的に満たされた。このような制度は，一方では，株式会社設立許可権をもつ政府あるいは支配的政治グループの支配力を強め (とくにフランス銀行に結集していたオート・バンクが競争者の出現を恐れて株式銀行の設立を極力抑制したことは有名である)，他方では，株式合資会社の自由主義がその濫用と弊害を生み出した。

1850年代の熱狂的企業設立ブームはこの制度がもつこの両面での問題性をいっそう無視しえないものとした。またおりからイギリスとベルギーで株式会社

の自由化が行われたことも制度改定を促した。そこでまず56年，株式合資会社の運営にいくつかの点で制約を与える準則主義が適用された。また株式会社設立の認可も緩和されはじめ，63年には資本金が2000万フランを超えない株式会社の設立を自由とした。67年にいたって株式合資会社を規定しなおすとともに，その多くの規定を株式会社に準用するという形で株式会社設立の自由化──いわゆる準則主義──が完成された（以上，主として，山本桂一『フランス企業法序説』東京大学出版会，1969年 による）。──もっとも株式銀行についての制約はなお部分的ながら残り，完全に自由化されたのは70年代に入ってからのことであった。

31) 設立年次順に主要な銀行名を略称または便宜的な邦訳名で列挙しておこう。
　　パリ割引銀行（Comptoir d'Escompte de Paris, 1848-1854）
　　クレディ・フォンシエ（不動産銀行，Crédit Foncier, 1852）
　　クレディ・モビリエ（動産〔証券〕銀行，Crédit Mobilier, 1853）
　　商工信用銀行（Crédit Industriel et Commercial, 1859. 略してC.I.C. あるいは
　　　クレディ・アンデュストリエル）
　　クレディ・リヨネ（リヨン信用銀行，Crédit Lyonnais, 1863）
　　ソシエテ・ジェネラル（商工勧業銀行，Société Générale, 1864）
　　以上の諸銀行がコントワールあるいはクレディあるいはケスの名を冠したのは，バンクの名をもつフランス銀行（Banque de France）を憚ってのことであったという。なお，設立は70年代に入ってのことであり，また性格をやや異にする3行を付け加えておこう。
　　パリバ（パリ・オランダ銀行，Banque de Paris et des Pays-Bas, 1872. 略して Paribas）
　　パリ銀行（Banque Parisienne, 1874）
　　インドシナ銀行（Banque de l'Indochine, 1875）

32) なお，第二共和政がフランスの銀行制度に与えた革新について一言しておくべきであろう。恐慌と革命による混乱のなかで臨時政府は，①正貨支払停止のもとでフランス銀行による地方発券銀行9行の強制的吸収を認め，同行にフランス全土にわたる完全な発券独占権を与えた。他方，②主要都市にフランス銀行と実業界との間に立つ手形割引銀行（Comptoir d'escompte）の設立を命じた。これは国とコミューン（地方自治体）とその地における商工業者・金融家の3者の寄金による設立であって，全国に67のコントワールが創設されたが，そのほとんどはまもなく──個人銀行家の競争の復活により──消滅し，54年に民間の私的株式銀行に改組したパリ割引銀行のほか，リヨン，リールなど先

進工業地域の2, 3のコントワールが組織変更をしながら生き残った。
33) 世界で最初の株式投資銀行はベルギーのソシエテ・ジェネラル（1822年）であり，ベルギー銀行（1835年）とともに鉄道，炭鉱，製鉄などを主要舞台として企業発起と産業への長期金融を行った。

　フランスにおいては19世紀前半，たしかに公信用と貿易に活躍していたパリのいわゆるオート・バンクの優越が目立ち，また彼らが支配していたフランス銀行は制限的な割引政策をとるほか，株式（投資）銀行の設立を妨害していた。しかしそれゆえに，オート・バンクがフランスの工業化を遅らせる障害になったとし，クレディ・モビリエをもって金融が「民主化」されたとのみみる理解はあまりに一面的である。オート・バンクの少なくとも一部は，1825年に「産業合資会社」を設立するという試みを行ったし，国債，保険，貯蓄金庫，貿易金融などの業務から，次第に鉱工業および鉄道への金融，経営にも乗り出していった。如上のベルギーの鉱工業および投資銀行にも，ロスチャイルドその他のオート・バンクが北部の工業家たちとともに関係していた。また，30年代後半からフランスでもケスまたはコントワールと名乗る一群の合資会社組織の銀行が一部の個人金融家と大工業家たちによって設立され，フランス銀行の敵視にあいながらも企業発起と短期・長期双方の金融を行う兼営銀行として活動しはじめていた。これらの株式銀行は，40年代末の恐慌と政治的不安定のなかでそのほとんどが消滅したが，オート・バンクのシンジケート的活動とともにクレディ・モビリエおよびその後の株式銀行の先駆形態であったといってよい。

　このような大陸型投資銀行の祖型は，なによりもイギリスに比べれば所詮後進的であったヨーロッパ大陸の鉄道およびその関連の鉱工業が，巨額の投資額を必要としたところから生まれた。周知のように鉄道業は，株式会社制度を普及させる重要な一因となったが，以下にみるように，投資銀行の発展にも大きな影響を与え，個人金融家たちのシンジケート，さらには株式銀行の形成による大衆的資金の糾合を導いたのである。

　フランスの鉄道建設は，中部その他の鉱工業地帯およびパリ近郊の小鉄道建設をみたのち，30年代後半には各地に鉄道発起の動きが高まり，徐々に認可会社が出はじめていたが，42年に待望されていた政府の基本政策の決定をまって本格化した。すなわち，国と地方自治体とが土地買収，路盤・建物建設などの基礎的工事部分の経費あるいは工事を負担し，入札等によって政府認可を受け政府と長期契約を結んだ民間会社が政府の監督のもとにレールと車輛などいわゆる流動的固定資本部分を調達して経営にあたるという基本方針がそれであった。この方式はそれまでの部分的な小鉄道の場合にすでにみられた政府補助金

制度を再集成したものであって，認可問題とともにフランスの「上からの」産業化政策を象徴するものであった。これによりかねて政策決定をまちかねていた諸政商グループ，すなわち，オート・バンク，地方の名士，政治家，銀行家，有力商工業者，それにイギリスやスイスの銀行家を加えた諸金融グループ（それらがすでに組織していた会社）が競争的に設立した数多くの大小鉄道会社が誕生した。またパリを中心に放射線状に予定されていた幹線を中心として，ただちに認可路線利権の合併・集中運動が有力グループを中心に展開された。それが鉄道株式ブームを随伴した1840年代の第一次鉄道ブームであるが，しかし40年代には離合集散をともないながらの競争的な集中運動は決着がつかず，とくに早くに覇権を確立したロスチャイルド系の北部鉄道と，ロスチャイルドと密接な関係をもちつつマルセイユ近辺の鉄道，鉱山，製鉄業で力のあったタラボ兄弟とに挟まれた中部工業地帯とその西方は未解決であった。

　ロスチャイルド，タラボ，ペレール兄弟が「パリ―（ディジョン経由）―リヨン鉄道会社」を設立しようとしたのに対して，バートロニー（スイス出自）を中心とする銀行家たちと中部の産業家からなるグループは「パリ・オルレアン（P.O.）会社」（1838年設立）に集まり，オルレアンからその南部を経由してリヨンに達しようとして対抗していた。その意味合いだけを指摘するのはやや憚られるが，パリおよびマルセイユ方面への重要性を別とすれば，ディジョン経由はとりわけル・クルーゾがその恩恵を受け，オルレアン鉄道はそのル・クルーゾを含めて，マッシフ・サントラル製鉄・石炭業者にボルドーにいたるマッシフ・サントラルの西方の市場（結果的にその一帯はボルドーとロワール河口のナントなどを除けばその後も長い間フランスの後進地帯となる）の開拓の可能性を約束していた。なお，それ以前からオート・バンクのなかでロスチャイルドのグループとバートロニー・グループは一般的になにかと対抗関係にあったようである。

　このあとのグループは1846年に「中部商業・鉄道中央金庫」（通称ボードン金庫）を設立し，パリ・オルレアン鉄道やロワール鉱山会社の株式・社債発行を行った（バートロニーはロワール鉱山会社の重役の一人でもあった）。これはまさにクレディ・モビリエを予告する特徴的な事業銀行だったといえる。リヨンからサンテチエンヌを中心とした中部地方は，すでにみたように繊維（絹）・石炭・製鉄業で先進的工業地帯であり，重工業分野では集中・合併の動きが同じ頃盛んであったが，鉄道をめぐっても40年代から50年代にかけてフランスの投機的産業革命の台風の目となったのである。

　二月革命，第二共和政の鉄道建設中断期およびルイ・ナポレオンのクーデタ

前後に，ペレール兄弟は一部のオート・バンク，外国銀行家，政治家などを糾合して，鉄道建設のための「公共土木事業銀行」を設立しようと企てていた。そのねらいはフランスの鉄道の統合・支配であり，その中心問題はいきおいパリ・リヨン・マルセイユというフランス縦断鉄道をどう形成するかであった。またナポレオン3世は，その政権初期に必ずしも向背が定かでなかったオート・バンクを掣肘するため，また政権の基礎を固める政策のため，自らの金融機関をもとうとして，ペレール兄弟のグループの企画に支持を与えた。ここに1852年11月，設立認可を受けて資本金6000万フラン（当初払込み2000万フラン）の新しい銀行クレディ・モビリエが発足した。

なおそれより少し前，農業振興のための抵当銀行となることを目的としたクレディ・フォンシエが，政府補助金を得て設立された。長期債発行によって資金を得る同行は，しかし農業よりむしろ都市再開発および鉄道など多くの公共事業への融資機関になっていき，クレディ・モビリエと協力関係に入ることになるのである。

以上および以下の第二帝政期の銀行業については多くの研究があるが，既出のものも含めておもにつぎの諸労作が参考になる。

    M. Lévy-Leboyer, *Les Banques européennes et l'industrialisation internationale dans la première moitié du XIXe siècle, op. cit.*

    L. Girard, *La Politique des travaux publique du Second Empire*, 1952.

    J. Bouvier, *Les Rothschild*, 1960（井上隆一郎訳『ロスチャイルド　ヨーロッパ金融界のなぞの王国』河出書房新社，1969年）

    ditto, *Le Crédit Lyonnais de 1863 à 1882*, tome I, II, 1961.

    ditto, *Un Siécle de banque française*, 1973.

    R. Cameron et al., *Banking in the Early Stages of Industrialization*, 1967（正田健一郎訳『産業革命と銀行業』日本評論社，1972年）

    ditto, *France and the Economic Development of Europe, 1800-1914*, 1961.

    B. Gille, *La Banque et le crédit en France de 1815 à 1848*, 1959.

    ditto, *La Banque en France au XIXe siècle*, 1970.

    ditto, *Histoire de la maison Rothschild*, tome I, II, 1965-67.

    R. Bigo, *Les Banques françaises au cours du XIXe siècle*, 1947.

    D. S. Landes, Vieille banque et banque nouvelle: la revolution financière du XIXe siècle, dans: *Revue d'Histoire Moderne et Contemporaine*, 1956.

34）　このようにして北部，東部，西部，南部，P.O.，P.L.M. という6大鉄道会社の形成をもってフランスの鉄道建設投機時代が終了した。6大会社は1858年

以降政府との一連の協定によってその勢力範囲を確認されるとともに，新路線投資への利子・償却費に対する政府保証を与えられた。鉄道証券はこれにより国債に近い評価を受けることになり——すでに52年から大鉄道会社の株式と社債はパリ市債とともにフランス銀行の証券担保貸付の指定銘柄となっていたが，この前後から鉄道証券のフランス銀行引受けも全面的ではないが開始された——大鉄道会社は公益事業として安定した。残るところは地方路線の整理と新設という問題だけとなったのである。もっとも鉄道敷設マイル数は60年代がピークである。

35) ドイツをもその舞台とした国外での争いについては，R. E. Cameron, *France and the Economic Development of Europe, op. cit.* にかなり誇張は多いが興味ある叙述がみられる。同書はフランスの現代の民族意識をくすぐり，1970年に仏訳された。

36) 1860年代前半，クレディ・モビリエは再興し，関係する鉄道会社，大西洋汽船（ルアーブル—ニューヨーク，サン・ナザール—西インド諸島），パリやマルセイユの不動産とガス事業への投機，保険，国外関係会社（オットマン銀行を含む）などの事業に携わるほか，フランスに併合されたサヴォアの発券銀行を買収してフランス銀行の発券独占に挑戦したりした。しかしその活動はすでに皇帝の愛顧の減退ぶりをなげくなど受身になっており，60年代後半の不況的状況とくに証券市場の停滞のなかで都市不動産とイベリア半島の鉄道事業が不振に陥り，それまで連携の強かったクレディ・フォンシエに融資を願ったが断られ，67年に破綻し，ペレール兄弟の退陣となった。クレディ・モビリエはフランス銀行などのかなり厳しい条件つきの援助があって，その後71年に再組織され，なお1930年代初頭まで細々と生存するが，もはや積極的な役割を果たす力と事情はなかった。

なお，最初にふれたように，クレディ・モビリエの歴史は不明なままであり，われわれにとって興味ある中部その他の重工業企業との関係もまったくわかっていない。ドゥカーズヴィル製鉄とロワール鉱山は「大中部鉄道」に協力したといわれるが，ロワール鉱山は既述のように1854年に4社に分解した。ドゥカーズヴィルは50年代後半に経営不振に陥り，その株式はパリ市場で額面を割っていた。

以上，クレディ・モビリエの活動については，G. P. Palmade, *Capitalisme et capitalistes français au XIXe siècle*, 1961 における叙述をひとつの柱とし，既掲の他の諸論文を参照して述べた。

37) 以上，B. Gille, *La Banque en France, op. cit.* による。

38) J. Bouvier, *Le Crédit Lyonnais de 1863 à 1882*, tome I, *op. cit.* による。
39) 主として，B. Gille, *La Banque en France, op. cit.*; R. Bigo, *op. cit.* による。
40) これまで取り上げた諸銀行のほかに，オート・バンクのグループ活動は次のような銀行を生んだ。1863年に数行のオート・バンクが「オランダ預金信用銀行」（のち「オランダ銀行」と改称）を設立し，フランス，オランダ，ベルギーで営業した。また外国投資専門の「パリ銀行」も個人銀行家たちによって設立され（68年），72年にオランダ銀行と合併して，自己資本中心に金融を行う投資銀行「パリ・オランダ銀行」（略称パリバ）となった。
　　また1870年代に入ってからのことになるが，普仏戦争によるフランスの50億フランに近い賠償支払いをめぐる争いのなかから，74年には一群のオート・バンクにより「バンク・パリジエンヌ」（「パリ銀行」）という投資機関が設立された。同行は1904年の「パリ連合銀行」の前身となる。なお，オート・バンクたちはパリ割引銀行（サイゴンに支店をもっていた），パリバ，商工信用銀行などとともに1875年にフランスのアジア植民地で発券権をももつ「インドシナ銀行」を設立した。
41) J. Bouvier, *Le Crédit Lyonnais, op. cit.*
42) フランス銀行については，ごく簡単には，前掲の R. キャメロン，正田訳『産業革命と銀行業』を参照されたい。当時の地方銀行については全体的になおあまりにも不明であるが，第二帝政期の繊維工業地帯（アルザスとノール・フランドル）や中部工業地帯（リヨン）など，およびマルセイユやボルドーなどの貿易都市では，フランス銀行の発展とともに商業信用組織が当該地域の商工業資本家たちの手によって徐々に形成されていったという（ただし情報源は複数かつ不確実）。
　　なおここでおおかたのフランス経済通史で指摘されるフランスにおける金退蔵量の豊かさ——その「毛靴下」貯金量についてはまだ誰も確定しえていない——と流通面における正貨＝金貨・銀貨の優位およびフランス銀行の金準備の豊かさという特徴も指摘しておいてよいであろう。ただし，手形，小切手その他の信用貨幣の発達がフランスにおいて遅れたのは事実だとしても，一般に信用・金融機構の発展は産業のそれに遅れるし，また国ごとの特徴も多いのであって，そのことの意味をフランスについて確定するのはむずかしい。ただその金選好＝金本位制擁護的正統主義が，その後長く現在にいたるまでフランスの特徴のひとつとなることは否定できない。資本主義的な原則に忠実な国であるといってよい。
43) 以上の銀行と産業との関係については，主として，J. Bouvier, *Le Crédit*

Lyonnais, op. cit. に拠った。しかし，クレディ・リヨネの例からの一般化はやや危険かもしれない。同行よりソシエテ・ジェネラルは工業との関係がいっそう緊密であったといわれているが，その点に関する研究はない。

44) フランスの早期的な金融寡頭制的性格には世人が早くから注目していた。1845年にトゥスネルは『ユダヤ人たち，現代の王侯 金融封建制史』というパンフレットでユダヤ人＝金融家たちの批判を行った（ジャン・ロム，木崎喜代治訳『権力の座についた大ブルジョアジー』岩波書店，1971年，参照）。マルクスもまた二月革命を分析した『フランスにおける階級闘争』の冒頭で次のように総括した。「ルイ・フィリップの治下でフランスを支配したものは，フランスのブルジョアジーではなくて，ただその一分派であった。すなわち，銀行家，取引所王，鉄道王，炭鉱，鉄鉱，森林の所有者，彼らと結ぶ一部の地主――いわゆる金融貴族であった。これが王座について，両院で法律を口授し，内閣からタバコ専売局にいたるまでの官職を授けた。／本来の産業ブルジョアジーは，公然の反政府派の一部をなしていた。……／小ブルジョアジーの全階層ならびに農民階級は，政治権力から完全に締め出されていた」（中原稔生訳，国民文庫版，32-33頁）。

第二帝政期においてその「金融貴族」たちは株式会社制度を利用して鉄道，重工業，不動産，都市公益事業，金融業などの発展と支配をより組織的に展開していったということができる。帝政期後半，デュシェーヌは種々のパンフレットで，クレディ・モビリエ関係者ももちろん含んで，オート・バンク，大商工業資本家など200人足らずの大ブルジョアたちが，有力諸大会社の重役を兼務し多額の資本額を牛耳っていることを世間に暴露した（ジャン・ロム，前掲書，参照）。

ただこのことの意味づけはなおかなりむずかしいと思われる。本文でのわれわれの評価はなお究究すべき諸点を含んでいるであろうが，これまで叙述してきたフランス産業構造の特質の問題と合わせて，ここで詳論は避けるが，さしあたりわが国を含めて後進国――世界史的には先進資本主義国――についてよく指摘される「二重構造（論）」の意味合いの評価という問題に関連するであろう。他方，次章以下でふれるように，問題はフランス経済の停滞性，その帝国主義の特質，その変化という，いずれもかなり厄介な諸問題にも関連していくことになる。

ただともかく，ドイツの場合とは，①株式銀行の形成より少し前に重工業のかなりな発展があった――ドイツの場合，株式銀行がルール重工業の発展を誘導していく面がフランスより明らかに強い（戸原，前掲書，参照）――という

点で違い，②その早熟的金融資本形成の傾向は，それ以降（古典的帝国主義時代において）必ずしもそのまま発展しないという相違があった。——もっともドイツの場合もそのまま金融資本に発展していったわけではない。
45) 株式銀行の対外発展については，B. Gille, *La Banque en France, op. cit.*; J. Bouvier, *Le Crédit Lyonnais, op. cit.*; ditto, *Un Siècle, op. cit.,* 参照。
46) 1861年から67年にかけてベルギー，ドイツ関税同盟，イタリア，スイス，スウェーデン，ノルウェー，ハンザ諸都市，オランダ，スペイン，ポルトガル，オーストリアと最恵国条項を含む通商条約（期限は通例10年）が結ばれた。近隣諸国もフランス市場でのイギリス産品の一方的優越を避けようとしたからである。これによりドイツ関税同盟との長い間の紛争も終わった。アメリカを除いて当時のヨーロッパ「世界」がイギリス中心の多角的自由貿易時代を迎えることとなったのである。また，植民地との関係におけるフランスの「航海条例」も68年に廃止された。

なお，1860年の英仏通商条約の骨子は，最恵国待遇という原則のもとで，イギリス側からみればぶどう酒および一部の奢侈品には引き下げた関税をなお課するが，ほとんどすべてのフランス品の輸入は自由とし，イギリスからの石炭の輸出は禁止せず輸出税も課さないというところにあった。フランス側はそれに対して，輸入禁止を廃止し，工業製品には最高25％の従価税にとどめることを約した。結局，フランスの関税は工業製品のほとんどが10～15％，食糧，原料は無税とされた。交渉上の関心品目はフランスにとってはぶどう酒，イギリスにとっては鉄およびその製品の輸出であった。同条約締結には両国の時の政治・外交情勢が多分に影響していたが，しかしまた双方ともこれがヨーロッパ一帯に自由貿易を拡大する引金になることを意識し，意図していた（1860年英仏通商条約については，A. L. Dunham, *The Anglo-French Treaty of Commerce of 1860 and the progress of the industrial revolution in France*, 1930; F. A. Haight, *A History of French Commercial Policies*, 1941; P. Ashley, *Modern Tariff History*, 3rd ed., 1926; Marcel Rist, Une Expérience française de libération des échanges au XIXe siècle: le traité de 1860, dans: *Revue d'Économie Politique*, nov.–dec. 1956）。
47) 国内総生産に対する輸出一般の比率。したがってこれには通過貿易が含まれており，フランス自体の輸出（「特殊」貿易と呼ばれる）比率は1860年前後で13％，80年前後で22％であった。それでもなお信じがたいほど高い数字である（Paul Bairoch, *Révolution industrielle et sous-développement*, 1964, pp. 331-340）。なおここで紹介はしないが，そこに掲げられている数表を参照されたい。
48) すでにある程度指摘したところであるが，ノール国境を通じてのフランス，

ベルギーの通商, 資本, 人的関係は深かった。またフランスは, ベルギー, オランダとは他の国にとって差別的となる特恵的協定を結んでいた。近代的重工業で大陸のトップに立っていた小国ベルギー (人口約400万) にとって, フランス市場, ドイツ (関税同盟) 市場は死活の意味をもつ重要な輸出市場であって, ドイツ関税同盟を前にしてベルギーがフランス市場をとくに求めたのは, 1830年代末の恐慌下ということもあって当然のことであった。しかしフランス工業にとっては, ベルギーとの関係は (とくにノールにとって) 深かったとはいえ, ベルギーに進出しているイギリス資本, ベルギーを通過して浸透してくるイギリス製品は脅威であった。フランス・ベルギー関税同盟プランは, とりわけフランス中部の重工業資本家および武器を手にすることも辞さないというイギリス資本の反対で実現しなかった。なおスイスやイタリアなどとの関係史は省略する。

49) J. Bouvier, *Le Crédit Lyonnais, op. cit.*, tome I, pp. 187–188.
50) H. D. White, *The French International Accounts, 1880–1913*, 1933. ただしこの研究も, 資料上・方法論上の諸制約から十分なものではなく, フランス国際収支のマチュリティ時点を1870年代前半に置く説もある。しかし大差はない。
51) なお下層ブルジョアジー, 中間層の小口の貯蓄は, やはりオート・バンクたちが1810年代から設立し国家規制を受けていた貯蓄金庫に集まり (その資金のほとんどは中央の預金供託金庫に集中された), おもに国債などの証券投資に充てられ, フランスの資金動員機構の基底をなしていた (Roger Priouret, *La Caisse des Dépôts*, 1966)。
52) この資本のインターナショナリズムに労働のインターナショナリズム (いうまでもなく第1インターナショナル) が対応する。
53) フランス資本がドイツ (とくにルール) の工業化に果たした役割については, すでに指摘したように叙述にやや誇張があるが, R. E. Cameron, *France, op. cit.*, 参照。
54) 第二帝政の外征や植民地侵略については省略するが, この点も含めたこの時期の歴史的意義に関する参考史書は数点ある。ここでは江口朴郎『帝国主義時代の研究』(岩波書店, 1975年), とくにその第II部までの参照を薦めておきたい。
55) なお説明はやはり省略するが, スエズ運河の完成 (1869年) とラテン通貨同盟の結成 (1868年) は, 以上のようなフランスの対外発展を象徴している。

第2章　帝国主義段階のフランス資本主義

第1節　概　況

　1873年恐慌にはじまる長期的不況（大不況）のフランスへの本格的波及は，やや遅れて80年代に入ってからのことになるが，しかし70年代後半から80年代初頭にかけて，フランス資本主義が帝国主義時代への移行を開始したことを告げるいくつかの現象が集中的に現れた。

　普仏戦争での敗北は，パリ・コミューンとその仏独合作による圧殺という副産物のほかに，アルザス・ロレーヌの割譲，約50億フランの賠償という負担をフランスに課した[1]。そのため70年代初頭の世界的好況——とりわけ戦勝した新生ドイツ帝国では賠償金流入もあって50年代につぐ熱狂的な第二次「設立」ブームが展開された——にフランスは十分には参加できなかったが，そのためか73年恐慌の影響も弱く，それ以降78年までの持続的な国際的物価下落で工業は不況状況に陥ったものの，反面で復興需要もあって他の国に比べれば軽いものに終わった。フランスは，敗戦とアルザス・ロレーヌ喪失の経済的打撃から当面すばやく立ち直りつつあったのである。そのうえ，ようやくスタートした第三共和政が自らの基礎を固めるため，不況脱出も兼ねて打ち出した大公共土木事業政策（フレシネ・プラン）[2]が呼び水となって，80年から82年1月まで，会社設立ブームをともなった短いが活発なブームを経験した。ドイツやイギリスではさほど明瞭にはみられなかったこのブームが，株式市場の大暴落と新設企業の数多くの破産で終わったのち，フランスは長期的な不況に本格的に落ち込んでいったのである。

　だが，この80年代初頭の好況前後には，時代の転換を示す新事態があいついでみられた。海外市況を反映して，75年以降フランスの輸出はまったくの停滞に陥り（輸入は70年代末の好況まで持続的に上昇した），また卸売物価

が下落した70年代末には、ヨーロッパ一円のいわゆる農業恐慌がフランスにもはっきりとその姿を現した[3]。その反面で、約50億フランの賠償金をドイツに支払ってもなおフランスの貯蓄形成は旺盛で、70年代後半には早くも金融市場における過剰資金の重圧が目立っていた。工業からの資金需要は弱く、海外投資面では、スペイン、トルコ、エジプトの政府破産が、外国債恐慌を引き起こしていたからである。フレシネ・プランもひとつにはそこから登場した。そうしたことからこの好況では、鉄道業とおりからのトーマス法発明でやや活気づいた鉄鋼業を除けば、工業における固定資本形成は比較的に弱く、いきおい過剰資金は、事業銀行の簇生にみられるような泡沫的な企業創立と資本輸出に向けられた。両大洋運河会社の設立がパナマ・マニアの開始を告げたのは、このブーム初期である。また保守的なカトリック系の資金を糾合してボントーに主導されたユニオン・ジェネラル銀行は、オーストリア・ハンガリーの鉄道、重工業、銀行を中心に、大がかりな投資活動をヨーロッパ一帯に展開したあげく、ごく短期間に崩壊したが、それはクレディ・モビリエ的な内外での鉄道投資主導時代がフランスにとって終わったことをあらためて確認させた[4]。

　またこの間に農業、工業双方から保護主義の動きが高まり、81年には微弱ながらも保護貿易への復帰傾向が現れた。それにさきのエジプトの財政苦境が英仏のエジプト共同支配をもたらしていたが、つづいてチュニジアの財政危機は、ドイツのビスマルクの政策もあって81年にフランスの出兵とチュニジアの保護領化に帰結し、輸出された資本の利益擁護を一因とする武力外交と新植民地・保護領獲得の時代の序曲となった。もっとも念のためにいっておけば、70年代は、ヨーロッパ大陸諸国の工業化の進展と大不況の到来に刺激されてイギリスの対植民地・後進国活動が再興する年代であり、対プロシャ敗戦で一時虚脱していたフランスがそれにやや遅れて続くことになる[5]。イギリスは対外投資の面ではヨーロッパ大陸から70年代に撤退し、そのあとを金融力の強かったフランスと新興のドイツが埋めていくことになる。

　さらに時点はあとになるが、恐慌下の84年の各種職業組合の設立・運営の現実追認的な合法化あるいは自由化も、諸工業での業界組合的活動、農業で

の共同販売・購買などの諸組合形成，それに職人・労働者階層における労働組合形成など，諸階級の集団的利害防衛の主張・活動を活発化させることとなった。それら職業組合の発展は，ドイツなどに比べてさほど急ではなかったが，それでも84年の自由化は新しい時代到来のメルクマールのひとつであった[6]。

　1882年恐慌は，85年まで続く工業生産の大幅な落込みと，それ以降も続く工業生産の回復のはかばかしくない長い不況の到来を明確に告げた。大不況下，80年代フランスの工業発展は，ドイツとはもちろんイギリスと比べてさえ緩慢だったといってよい面があり，95年以降の長期的好況という世界経済史的転換はもちろんフランスにも影響を及ぼしたが，その19世紀末のフランス経済の発展テンポはドイツのそれにはるかに及ばなかった。世紀末までにフランス工業は，大不況下に進行したいわゆる第二次産業革命という点でドイツに決定的に追い抜かれると同時に，自由主義段階で大きく水をあけられていたイギリスとの差も必ずしも詰めえなかったのである。とくに鉄鋼業と機械工業では立ち遅れ，新興の化学，電機の2大分野では，ドイツその他外国資本の植民地と化していく感すらあった。

　とはいえ，フランス経済がこの間まったく停滞していたわけではない。綿と石炭と鉄の時代から，鋼と電機と化学および石油の時代への発展において，フランスは時に技術的に，部分的に——たとえば化学の一部と自動車製造で——先端性すら示すことがあった。ただ重工業の発展は，全体としてドイツに比してきわめて緩慢なものにとどまったのである。ところが逆に繊維・衣料を中心とした軽工業，流通・サービス業は国民生活の上昇による内需増大と部分的には植民地市場への輸出によって，世界的不況のなかにあって重工業のそれをかえって上回るかのような拡大をみせた。もっとも大不況下でその発展のテンポは高いものではなかったが，結果としてフランスの中小企業は増大し，他方で中小農経営が「農業恐慌」を生きのびうる根強い生存力を示したこととあいまって，小企業と小農民からなるバランスのとれた豊かなフランスという特徴やイメージが定着し，前章で述べた二重構造の底辺が，のちにみるように就業構造でみれば拡大したともいえる状況が現出した。こ

のような傾向を，保護関税制度への復帰が促進した。80年代に農業関税が数回にわたって引き上げられたのち，92年のメリーヌ関税にいたって，フランスは保護関税競争の面で他国より時期的にはやや遅れたものの，関税率の高さとその保護性においてはヨーロッパ一のシステムを採用し，同時に植民地市場も自国工業のためできるかぎり囲い込んでいこうとすることになるのである。

このような国内経済の重化学工業化での退嬰的状況とは対照的に，フランスは対外面では植民地領有と資本輸出とでめざましく発展した。チュニスの保護領化に続いて，アンナン・トンキンを占領して仏領インドシナ植民地の基礎を確定し，マダガスカルからタヒチにも手をのばしたほか，周知のようにアフリカ大陸の分割では本国の20倍の広さをもつ地域を属領とした。資本輸出では，80年代にはさすがに不況下でその絶対額は多くなかったものの続行されており，80年代末に，一方でパナマ運河建設会社の破産という事件がありながら[7]，他方でロシアとの政治的接近にともなうロシア債の発行で新しい時代が開かれた。ロシアへの資本輸出は1900年までですでに70億フランの巨額に達した。本格的帝国主義時代への移行期において，フランスは主役のひとつをこの面でも果たしたのである[8]。

1890年代半ばに訪れた世界的な景気好転はフランスにも明確な印を残し，フランスの経済成長は序章でもみたように回復した。しかし世界史的な生産力発展からいって中心となるべき重化学工業の急成長は，フランスの場合には世紀がかわってから，1901～03年の軽い不況ののち，05年以降に訪れた。このような遅れと同国経済の既述のような特徴のため，フランスでは景気変動がマイルドで，1900年，07年の恐慌にもフランスだけはあたかも免疫があるかのような状況さえみられた。

世紀がかわってからのフランス国内経済の再高揚は，ロレーヌ鉄鋼業の急成長の開始を中心とし，それと同時に世紀末から興りつつあった電機・電気冶金・アルミ，化学・人絹・ゴム，自動車などの新産業の発展によるものであった。それを当時の軍備拡張政策が加速したが，加えて世界的軍拡好景気もその背景をなしていたことはいうまでもない。しかしこの遅ればせの重化

学工業の発展は，第一次大戦までの期間が短かったがゆえに，その意義と諸影響を確定するのには現在なお困難がある。それに第一次大戦までに達成しえたフランスの工業生産力は，数字でみれば明らかに二流国のそれにとどまっていた。対外経済面でも，軽工業を中心とした商品輸出の基本的構造は，第二帝政期以来基本的には変わっておらず，自動車の輸出がわずかに注目される程度であり，むしろ03～04年頃から一段と増嵩した資本輸出が目立っていた。すなわち，重化学工業の発展が緩やかで軽工業が繁昌し，農工両産業が均衡している国，中産階級が重きをなす国，その中産階層の貯蓄が外へ溢れ出る豊かな資本国，という印象のほうがなお勝っていたのであり，ここにこの第一次大戦前のフランス資本主義がのちにフランス国民からいわゆるベル・エポック（よかりし時代）として追想される根拠があった。

　しかしこの19世紀的フランスも，実は05年前後から20世紀への道に明白に入りはじめていたことには留意しておく必要がある。第1に，19世紀中葉につぐ第2の重工業化の波とそれにともなう新しい生活のはじまりとは，第一次大戦の惨禍をつうじながらも，戦後復興の20年代へと続く経済成長の再開始を意味していた。第2に，労働運動の高揚とその変質が生じた。05年以降，炭鉱，鉄道，郵便などの労働者による大ストライキが続発したが，これは19世紀的フランス資本主義に基礎を置くいわゆるアナルコ・サンジカリズムのピークをしるすものではあったが，他面では労働運動の主力部隊が，旧来の職種別組合から重工業，公益企業あるいは下級官公庁などの大衆の組織労働者の産業別的組合に移っていくことになる少なくとも端緒をなしていた[9]。07年の西南部ぶどう栽培小農民の実力行使的騒擾も，労働運動による国論分裂のほかに農業問題も存在することを社会的に示した。政党次元では，社会主義諸流派が05年に統一社会党（第2インターナショナル・フランス支部，頭文字 S.F.I.O.）に合流し，14年，大戦直前の選挙では140名の下院議員の当選をみるにいたった。第3に，フランスをとりまく国際情勢の急変があった。画期としてはやはり日露戦争──ロシア第一次革命──とタンジール（第一次モロッコ危機）事件という05年をあげることができる[10]。1890年頃からロシアと結び，ファッショダ事件以降はイギリスとも協商するにいたったフラ

表 2-1 世界の工業生産・貿易に占める主要諸国の比重(1870〜1910年) (単位:%)

	工業生産				貿易			
	フランス	ドイツ	イギリス	アメリカ	フランス	ドイツ	イギリス	アメリカ
1870	10	13	32	23	10	13	22	8
1880	9	13	28	28	11	11	20	11
1890	8	14	22	31	9	11	20	10
1900	7	16	18	31	9	13	19	12
1910	7	16	14	35	8	13	16	11

(資料) J. Kuczynski, *Die Geschichte der Lage der Arbeiter unter dem Kapitalismus*, Band 33, 1967, S. 78-79, 176-177.

ンスに対して、ドイツの勢力圏拡大・植民地再分割要求が、経済的にはたいした重要性をもたなかったモロッコをめぐって突出した。これ以降、第一次大戦にいたる国際政治的プロセスはここでは省略するが、ひとつには、イギリスの支援でフランスがとりあえず勝利しえたアルヘシラス会議に、対日戦敗北と第一次革命をみたロシアが影を落としていたほか、アメリカがヨーロッパ諸列強紛争の場への参加者として初めて登場し、それ以降20世紀の国際的舞台を予告したこと、いまひとつには独仏経済関係が、一方では19世紀末からの好景気のなかで発展ないし密接化しながら、他方ではフランスにとってドイツ工業力の優越をみせつけられたがゆえに、またドイツにとってはここにきて重工業発展をはじめたフランスが、その資本輸出力とともにイギリスの副官として目の前に立ちふさがっていったがゆえに、その両者間の軋轢を増していったこと、この2点を指摘しておこう。第一次大戦までの数年間、フランスは重化学工業の発展、労働運動の高まり、対ドイツ・ナショナリズムの再高揚といった諸熱病のなかで、フランスなりの戦争準備をしていったのである。

　以上みてきたようなフランス資本主義の概況を、総括的にいくつかの面から数字で確認しておくと、まず古典的帝国主義時代におけるフランスの工業と貿易の、主要諸国との比較における地盤沈下は表2-1に明らかである。あるいはより直截には、表2-2における石炭と鉄鋼の生産量の推移が、とりわけドイツと比べた場合の絶望的な較差をより生な形で印象づける。次節でみるように軽工業の中心をなす繊維諸工業でも、綿・羊毛については生産力で

表2-2 ヨーロッパ主要諸国の石炭と鉄鋼の生産（1871～1913年）
1. 石　炭（褐炭を含む） (単位：百万トン)

	イギリス	ドイツ		フランス	ベルギー
		石炭	褐炭		
1871	118.0	29.4	8.5	13.3	13.7
1880	149.0	47.0	12.1	19.4	16.9
1890	184.5	70.2	19.1	26.1	20.4
1900	228.8	109.3	40.5	33.4	23.5
1910	268.7	152.8	69.5	38.4	23.9
1913	292.0	191.5	87.5	40.8	22.8

2. 鉄　鋼 (単位：千トン)

	イギリス		ドイツ		フランス		ベルギー	
	銑鉄	鋼	銑鉄	鋼	銑鉄	鋼	銑鉄	鋼
1880	7,873	3,730	2,729	1,548	1,725	1,354	608	596
1890	8,031	5,301	4,659	3,164	1,962	1,407	788	716
1900	9,103	5,981	8,521	7,372	2,714	1,935	1,019	927
1910	10,172	7,613	14,794	13,149	4,038	2,850	1,852	1,857

（資料）J. H. Clapham, *The Economic Development of France and Germany 1815-1914*, 1936, pp. 281-285.

表2-3 工業生産指数(試算)に占める諸部門のウェイト(1855～1913年) (単位：%)

	1 鉱業	2 冶金	3 金属加工	4 化学	5 食品	6 新工業[1]	7 繊維[2]	1～4プラス6 重化学工業	5プラス7 軽工業
1855～1864	4.6	5.2	19.0	7.0	6.5	1.0	56.5	36.8	63.0
1865～1874	6.4	5.8	22.2	6.7	8.7	1.4	48.9	42.5	57.6
1875～1884	7.0	6.1	27.0	6.9	7.1	2.0	43.7	49.0	50.8
1885～1894	7.2	5.1	22.9	6.8	9.2	3.5	46.8	45.5	56.0
1895～1904	8.5	6.0	29.2	6.0	6.9	3.7	39.6	53.4	46.5
1905～1913	8.5	6.4	28.8	4.8	7.5	9.0	34.9	57.5	42.4

（注）1）粗ゴム，ガス，電力，セメント，自動車。
　　　2）図0-2の繊維（a）と同じ。
（資料）F. Crouzet, Essai de construction d'un indice annuel de la production industrielle française au XIXe siècle, dans: *Annales,* n°1, 1970, p. 97 から作成。

明らかにドイツに追い抜かれていた。重化学工業化の進展は表2-3に示されているが，その歩みは緩慢であり，1885～94年の10年間にはその傾向が逆転さえしていた[11]。

表 2-4 ヨーロッパ主要諸国の人口 (1871年頃, 1911年頃)

	住民数（百万人）		人口増（百万人, %）	
	1871年頃	1911年頃	絶対増	増加率
ヨーロッパ・ロシア [1]	80.0	142.6	62.6	78.2
ドイツ帝国	41.1	64.9	23.8	57.8
オーストリア・ハンガリー [2]	35.8	49.5	13.7	38.3
連合王国 [3]	31.8	45.4	13.6	42.8
フランス	36.1	39.6	3.5	9.7
イタリア	26.8	34.7	7.9	29.5
スペイン	16.0	19.2	3.2	20.0

(注) 1) フィンランドを除く。
　　 2) ボスニア・ヘルツェゴヴィナを除く。
　　 3) 大ブリテンと北アイルランド。
(資料) André Armengaud, La Population française au XXe siècle, dans: *Que sais-je?*, n° 1167, 1973, p. 8.

表 2-5 鉱工業における就業者数 (1906年)　　　　　　　　　　　(単位：千人)

	総計	内訳				
		企業主	使用人	労働者	失業者	単独従事者
鉱　業	281.0	8.1	8.2	256.5	1.9	6.2
鉱　山	205.9	0.4	7.2	197.1	1.1	
採　石	75.1	7.7	1.0	59.4	0.8	6.2
製造業	5,979.2	804.5	219.8	3,168.6	127.3	1,659.0
食　品	476.3	139.0	39.7	251.9	8.5	37.2
化　学	127.4	6.3	20.7	98.5	0.3	1.4
紙・ゴム	84.7	3.1	5.6	72.2	1.1	2.6
印　刷	107.5	8.6	9.2	81.4	3.0	5.3
繊　維	914.0	71.9	37.1	631.7	10.8	162.4
衣　服	1,551.1	193.2	28.3	414.0	25.6	890.1
ワラ加工	42.6	8.8	0.8	18.8	0.6	13.7
皮　革	327.0	50.0	8.1	143.1	5.8	120.1
木　工	711.9	127.7	10.3	355.4	15.7	202.7
冶　金	69.8	0.2	4.5	65.0	0.1	—
機　械	758.4	96.0	34.0	515.1	19.7	93.7
宝石・貴金属	33.7	4.5	2.2	21.6	0.7	4.6
石　材	46.6	6.5	0.7	23.3	3.2	12.9
建　築	550.1	78.0	11.6	331.6	24.4	104.7
陶・土器	166.8	10.7	6.8	144.8	1.5	3.0
その他	11.3	0.2	—	0.1	6.3	4.6

(資料) Charles Rist et Gaëtan Pirou (éd.), *De la France d'avant guerre à la France d'aujourd' hui*, 1939, pp. 82-83.

就業構造での変化の特徴は（前出表0-2参照），①総就業人口の増大が鈍かったこと，②鉱工業従事者の増大が弱かったこと，③伸び率としては鉱工業より運輸・商業・自由業などが高かったこと，④そうしたなかで農業従事者およびそこから供給される家事奉公人がゆっくりと減少していったこと，などの諸点にあった。そのうち①については，人口停滞（表2-4）と年齢構成の老齢化，外国人労働

表2-6 鉱工業における就業者規模別の構成（1906年）

	経営数	総従業者数*
1人（単独経営）	1,661,426	1,661,426
2～　　5人	596,811	1,650,259
6～　 10	35,879	307,380
11～　 20	19,125	306,174
21～　 50	12,782	427,035
51～　100	4,530	328,172
101～　200	2,502	358,036
201～　500	1,448	446,308
501～1,000	404	281,129
1,001人以上	207	461,308
自営（1人）	1,661,426	1,661,426
零細（2～5人）	596,811	1,650,259
中小（6～100人）	72,316	1,368,764
大（101人以上）	4,561	1,546,781
計	2,335,114	6,227,227

（注）＊パトロンを含む。
　　　下段の「自営」以下の分類は引用者の再区分。
（資料）Ibid., pp. 169-170.

力への依存度増大ということも指摘しておかなければならない[12]。そうしたなかで②以下の諸特徴も生じていたのである。また②に関連して06年における鉱工業の就業構造を，前出表1-2との比較において表2-5でみておくと，まず機械製造業や化学ではさすがに従事者数はかなり増加しているが，鉱業・冶金も含めて重化学工業全体としてその増大は鈍く，軽工業では繊維工業人口は微減した反面で衣服製造業が膨張して150万を超す就業者を抱えるにいたったことがわかる。ついで同じ表2-5で身分別にみると，労働者に比してパトロン（企業主）および他人を雇わない個人（家族）企業主がおびただしく，そうした小経営の舞台はとりわけ衣服製造業を筆頭とし，アルコールを含む食品，家具，貴金属，印刷などのフランスが伝統的に強い軽工業分野および建設業であった。同表には現れていないが，その他に農業とならんで商業・サービス業も小経営の場として付け加えることができることはいうまでもない。それに自転車や自動車，電機も新しい中小企業の場を提供しはじめていた。従業者数による企業規模を表2-6でみても，自営・零細・中小

表 2-7 フランスの輸出入商品構造（1913年）[1]（単位：%）

輸　　入		輸　　出	
総額（百万フラン）	8,421	総額（百万フラン）	6,880
食　糧	18.4	食　糧	10.0
原　料	53.6	原　料	23.2
羊　毛	8.0	羊毛・綿花	6.0
棉　花	7.0	生　糸	2.0
生　糸	4.3	皮　革	2.6
亜　麻	1.3	燃　料	2.6
石　炭	7.0	化学品	3.0
石　油	1.6	その他	7.0
銅	2.2	製造品	66.8
鉱石等	3.0	紡　糸	2.1
油種子	4.6	絹織物	6.0
木　材	2.4	綿織物	6.0
ゴ　ム	1.4	毛織物	3.2
皮　革	2.9	衣　服	3.6
その他雑	7.9	紙・書籍	2.5
製造品	12.2	仕上げ皮革	2.2
機　械	3.8	自動車	3.3
織　物	2.0	玩具, 小間物	2.9
紙	1.1	機　械	1.8
その他	5.3	金属製品	1.7
その他雑品	15.8	小包郵便[2]	8.0
		その他雑	23.5

(注)　1) 手を加えない再輸出は除く。
　　　2) その中味は軽量かつ高価なパリ製品が中心であった。
(資料)　A. Fontaine, *French Industry during the War*, 1926, p. 421.

表 2-8 フランスの国際収支推計（概数値, 1910～13年平均）(単位：百万フラン)

貿易赤字	1,420
外国人労働者送金	22
支　　払	1,442
観光収入	625
諸サービス収入	370
対外投資収入	1,608
受　　取	2,603
国際収支（黒字, 資本輸出を含む）	1,161

(資料)　Charles Bettelheim, *Bilan de l'économie française 1919-1946*, 1947, pp. 59-63 の記述から作成。ただし1フラン＝5ポアンカレ・フランで換算。

といった企業が圧倒的であり，かりに100人以上を大企業とすると，その数は約4500，従事者数は全鉱工業就業者数の約25%にとどまっていた。第二帝政期に比べて大企業の発展はもちろんあったが，それより小企業および職人的労働者数の増大のほうが目立っていたのである[13]。

フランスの貿易は1900年頃から増勢に転じたが，その構造は第一次大戦にいたるまで第二帝政期末ないし大不況期のそれと大差なかった。すなわち，商品構造からするともちろん主として原料を輸入して製造品を輸出する先進国型であるが，製造品輸出の主力は繊維，衣服，絹製品・レース・香水・手袋などの贅沢品――いわゆるパリ製品――およびぶどう酒であり，重工業製品は機

械のなかで自動車がやや目立つ程度で輸出余力をほとんどもっていなかった（表 2-7 参照）。また地理的構造も特徴的にいえば，輸入ではおもにヨーロッパ外（総輸入の約半分）から原料を輸入し，輸出ではヨーロッパ（総輸出でみて70％弱）向けが圧倒的で，そのブルジョアジーを顧客とするということになっていた。ただ海外フランス（植民地・属領）が輸出で15％，輸入で11％を占め，けっして無視しえぬ大きさに成長してきていた。

　表 2-8 にみるように，貿易収支はほぼ恒常的に赤字であったが，対外投資収入に加えて外国人観光客が落とすカネおよび海運収入等でそれを埋めて，国際収支は大幅な黒字であった。マクロ的にいえば，この黒字額から金正貨流出入分を引いた額が資本輸出に向けられていたことになる。すなわちフランスは自ら生産する以上に消費しえただけでなく，そのうえになお対外投資残高を累積させうる構造をもっていたといってよい。こうして対外面では周知のいわゆる寄生的性格が，国内での重工業化の遅れのうえに定着していたのである。

第 2 節　工業の発展

　本節では，まず軽工業のうち繊維工業とくに綿工業を瞥見したのち，重工業を鉄鋼業中心にみていくこととしたい。

繊維工業

　フランスの繊維工業は第三共和政に入っても概して着実に発展し[14]，国内工業に占める地位を後退させたとはいえ，なお全体としてフランス最大の産業としての座を保持していた（前出の表 2-3 参照）。しかしその発展は，機械制工業化を完成させつつ緩やかに生産と生産性を増大させていくというものであり，業種によって差はあったが，一般に紡績部門での企業規模はイギリス，ドイツに比べて小さく，成熟あるいは老成した産業という様相をみせはじめていた。また織布部門では機械化が進展したとはいえ，大きく発展した衣料品工業が要求する製品や品質の高級性と多様性に規定されて，紡績に

表 2-9 英・仏・独の繊維工業力（1913年）

	綿　工　業		羊毛工業
	紡錘数 （百万錘）	機械織機数 （千台）	紡錘数* （百万錘）
イギリス	57.0	725	7
ドイツ	10.5	230	5
フランス	7.7	140	3

(注) ＊ごく概数である。
(資料) A. Viallate, *L'Activité économique en France de la fin du XVIIIᵉ siècle à nos jours*, 1937, pp. 238-239.

おけるよりもはるかに多く中小企業が残存し，関連する衣料製造業における多数の零細企業とあいまって，中小企業の国フランスの最たる分野となっていた。

また原棉はもともと輸入原料ではあったが，そのほかに生糸，原毛，亜麻などの諸繊維原料の輸入依存度も大きく高まっていた。しかしごく大雑把にいって繊維原料輸入額と繊維品輸出額とがほぼ見合っていたから，繊維工業は加工貿易型産業としてまずは満足しうる状況にあったといえる。もちろんその前提として国内市場は，メリーヌ関税もあってほぼ完全に制圧していたという事情があった。加えてその名声が世界的に高い衣料品の輸出がかなり多額にのぼっていたことも考慮すれば，広義の繊維工業はフランスにとって最も重要な輸出産業であった[15]。

このようにしてフランスは，綿工業や羊毛工業の生産力においてイギリスにはもちろんドイツにも追い抜かれていたが（表2-9参照），なお内外両面においてイギリスにつぐ繊維工業の国であった。もっとも以上の概況は4大繊維工業のそれぞれに特有な事情や違いを無視しているので，つぎにその材料の多い綿工業についてやや詳しくみておこう。

綿工業　第二帝政期までに確立していたフランスの綿工業は，それ以降20世紀初頭にかけて地固めをし，体質を完成した。

生産の発展を原棉消費量でみると，1860年前後のピークにまで回復した70年代央（その間に南北戦争による悪影響と，普仏戦争によるアルザス綿工業の喪失とがあった）から第一次大戦までの約40年間に，それは2.5～2.7倍の伸びを示した。雇用力は紡織の直接的なそれだけでも約20万人に達し，4大繊維工業のなかでも首座を維持した（羊毛工業をやや抜いていたが，絹工業との比較は正確にはできない。それにたいし亜麻工業は相対

的地位を大きく落としていた)。しかしさきにみたように紡錘数は800万弱にとどまり、ドイツの1050万錘に追い抜かれていた。

この綿工業の発展はもはや革命的な技術変化をともなわなかったから、企業規模の漸次的拡大と合理化——その意味での集中の進行、新規参入と破産のいずれもが稀になるなかでの綿工業資本家家族の同族的な安定的発展を意味していた。そこでは、冒険は避けて利潤を設備改良と拡張のために再投資するという、家憲的経営方針が確立していた。合資会社、株式合資会社の形態が発展し、株式会社の創設もわずかながらみられたが、その場合でも株式・社債を引き受けさせる者の範囲は同族および懇意な知人のあいだに限られていた。

商業面でも近代化が進行した。60年代以降ルアーブルの棉花取引所は近代化し、定期取引も行われるようになって、ヨーロッパ大陸向けの供給センターに発展した。綿糸布の販売においても従来の委託販売のウェイトが減少し、独立した商業資本の役割が増大した。綿工業家と遠方の顧客との中間に入る問屋が販売面の主人公となり、また部分的ながら百貨店の発展によっても流通過程の促進が行われたからである。また手形割引＝商業信用の役割もフランス銀行および大信用銀行の支店網の発展によって高まったが、綿工業資本家たち自身がその地方の他の有力商工業者とともに設立した、いわばかれら自身の銀行であった地方銀行の発展もそれに大きく作用した（たとえばノール銀行、ミュルーズ銀行）。

輸出依存度は生産量の20～25％であったが、主力を占める綿布では主として植民地市場に依存し、その他の外国市場では染色綿布のみが相当量に達していた。むしろヨーロッパ諸国およびアメリカにたいしては、綿布とほぼ同額に達していた綿雑品（レース、チュール、刺繍品、リボン、モールなどのほか、綿と他の繊維との混織品もあった）の輸出が好調であった。

なお主要生産地帯は、フランスではこの時代にも単一地域には集中せず、以前からの3大中心地がやや変化をみせつつ並存した。①東部は、独領に編入されたアルザス（ミュルーズ中心）綿工業主の一部が近接の仏領ヴォージュの谷に工場を移転・分封したのをきっかけに再発展を開始し、ふた

たび北部（ノール）に匹敵しうる綿工業地帯に成長した。このヴォージュ地方は，かつてのアルザスが高級綿糸布を得意としていたのに対して，中糸・普通綿布でフランス海外帝国にも市場を求めるという形の発展を遂げた。②ノール（リール・ルーベ・トゥールコワンという三角地帯）では，紡錘数にして全国の3分の1強を占める紡績業に特化しつつ，上・中級の綿糸生産において大きな地歩を占めていた。ここではカトリック系の綿業貴族＝財閥のカースト的な閉鎖性が東部におけるよりも鋭角的であり，そのサークルは同地方で発展していた羊毛工業あるいは亜麻工業の家族とも混合しないほどであった。③ノルマンディは綿工業の全工程を擁していた点ではヴォージュに似ていたが，綿工業の近代化においては第二帝政期までと同様に他の2地方に劣り，ルーアン近辺に集中しつつ国内市場向けルーアン織と植民地向けキャラコ生産を特徴としていった。以上の3大中心地のほか，織布，二次加工を中心とした綿工業は，ノールに近いピカルディ，パリ，リヨン近辺など数地域においても発展し，加工を含めた広義の綿工業はフランス全土に存在し，綿業のない県はない状況であった[16]。

鉄鋼業

　大不況の20年間は世界的に製鋼革命の時代であった。フランスにおいても，1860年に開始され70年代末のトーマス法発明で加速された製鋼革命の時代を迎えて，19世紀末までに中部，ノール，ロレーヌの製鉄業が，それぞれ立地条件に応じて新たな鉄鋼業に再編成されていった。

　できあがった結果からすると，まず東部（ロレーヌ）は，普仏戦争により当時の鉄鉱山と製鉄工場のそれぞれ約8割を失うという打撃を受けたものの，その後の復興とブリエ鉱床の発見およびミネット鉄鉱石の利用を可能にしたトーマス法により脚光をあび[17]，鉱石立地でトーマス銑・鋼および重量半製品の基地となっていった。それまで先進地帯であった中部は，石炭（とくにコークス）の不足，鉄鉱石（とくにヘマタイト）の枯渇という悪条件に，ロレーヌの安価な鉄鋼との競争が加重されて苦境に陥り，製銑を放棄して技術の蓄積を生かした良品質の製鋼とその高度加工に特殊化していった。石炭

立地でしかも周囲に需要者たる諸工業の発展をみていた北部は，外国からの輸入鉱石とロレーヌのミネット鉱石を使用して各種の製銑，製鋼，加工を行う多角的な鉄鋼業を発展させ，ロレーヌと中部とのいわば中間的な性格を帯びることになった。

　しかしこの中部の地盤沈下をともなった製鉄業の再編成については，まず第1に，ロレーヌのミネット資源と製鉄工場を台風の目とした諸企業の新設，合併，提携の複雑な動きをともなっていたことに注意しなければならない。ロレーヌの諸製鉄資本相互の関係が強まったほか，中部や北部の製鉄資本がロレーヌの鉱山または製鉄所を入手しようとして進出ラッシュをみせたからである。もっとも，資源不足に悩む両地方はロレーヌだけを目指したわけではなく，80年前後には並行的に輸入鉱石・石炭・銑鉄を利用してベッセマー法あるいは平炉法による製鉄・製鋼を行う，広い意味でのいわゆる海岸立地方式にも努力したが[18]，一部の企業を除いては積極的な成果が得られず，結果としてロレーヌ進出が中心となったのである[19]。

　第2に，そのような構造転換過程における鉄鋼生産の増大は，フランスの場合，緩やかなものにとどまらざるをえなかった（前出の表2-2参照）。鉄鋼業内部の事情だけからいえば，仏領ロレーヌ最大の埋蔵量をもつ新発見のブリエ鉱床の開発が困難で，本格的な採掘は世紀がかわるまでまたなければならなかったこと，北部のコークス生産にも量的な制約があったことが大きな阻害要因となった。この点，ドイツの手に移ったミネットを利用するロートリンゲン・ザール・ルクセンブルクの鉄鋼業が，露天掘りもできるミネットに，ルール（それに少量ながらザールおよびベルギー）からの石炭・コークス供給を結びつけることによって，また同地方へ進出してきたルールの親会社にミネットと銑鉄・粗鋼・半製品を逆送するという関係を形成していくことによって，急成長を遂げえたのとは大きな差があった[20]。

　そこで以下，主要な企業の動きを判明しているかぎりで地方別に簡単に紹介しておこう。

中部地方（南部を含む）　①2大会社がロレーヌに進出し，そこに主力を移して，発祥の地には高質鋼，特殊製品の生産工場だけを残すこととなった。

すなわち，シャチヨン・コマントリ製鉄会社は1884年以降ロレーヌに進出し，やがてヌーヴ・メゾン製鋼所と鉱山を取得して，シャチヨン・コマントリ・エ・ヌーヴ・メゾン製鉄会社となった。またラ・マリーヌ会社は臨海方式（スペイン鉱石を利用するベッセマー鋼のブーコー工場をバス・ピレネに建設）とロレーヌ進出との両方法に努力したが，結局はロレーヌのオメクール工場を買収して主力をここに移し，1902年にマリーヌ・エ・オメクール製鋼会社（第一次大戦前，製銑・製鋼でフランス第1位）となった。②ロレーヌに手がかりは得たが主力は中部に残したケースとしてつぎの2例がある。兵器生産でドイツのクルップとならんで有名なシュネーデル会社（ル・クルーゾ）は，後述の1880年のド・ヴァンデル会社の設立に参加したほか，鉄鉱山を入手したり，オーブリーブ・ヴィルリュプト高炉会社をポンタムソン会社と共同支配したりする形でロレーヌに進出した。しかし同社はル・クルーゾでの各種の比較的少量ながら高級な鉄鋼生産，加工に中心を置き，フランス各地に造船所，機械工場を有するいわば一大コンツェルンとして発展した。コマントリ・フルシャンボ会社のロレーヌ進出もさしあたりは鉄鉱山を入手したにとどまった。しかし同社は北部への進出にも努力し，大戦直前にはランス石炭会社の協力も得てノール県に大製鉄所を建設中であった。またかねて斜陽化していた南部のドゥカーズヴィル会社をも大戦直前に吸収した。③いまの2社のほか，フィルミニィ，サンテチエンヌ，アレ（南部），バス・ロワール（中部ではなくナント所在）などの鉄鋼会社も少量の製銑・製鋼（特殊鋼）と鉄道資材・兵器・機械・船舶材料，工具製造で広い意味での中部地方で生き残った。④有力会社であったロルム，テールヌワール両社はそれぞれ1889年と95年に破産・解散に追い込まれた。ドゥカーズヴィルの衰退とともに中部鉄鋼業の大不況下の諸困難を象徴する事件であった。

北部地方　北部は三つのケースに分けられる。①ロレーヌと北部との双方に工場をもつ双頭会社（ロレーヌでトーマス鋼，北部ではおもに平炉鋼）のケース。ノール・エ・エスト（北東）鉄鋼会社はその名のとおりノール県のヴァランシエンヌに工場をもつほか，ロレーヌ（ナンシー付近）に工場

と鉄鉱山をもった。モーブージュ会社は1883年にロレーヌ（ロンウィ）のヌネルと合併してヌネル・モーブージュ冶金会社となり，両地に工場を有した。ベルギー資本も入ったプロヴィダンス鉄鋼会社はノール（オーモン）の工場（マルタン炉）とロレーヌのレオンのトーマス鉄鋼工場をもっていた。もっとも同社のレオン高炉は1866年にさかのぼり，ロレーヌ進出の第1号であった。②ロレーヌに鉄鉱山を所有するとともに，輸入鉱石をも使用して北部で生産するケース。ドナン・アンザンはロレーヌとノルマンディに鉄鉱山をもつほか，スペインでもオランダ資本などとの共同経営の鉱山をもち，転炉鋼，平炉鋼をほぼ同量生産した。パリ・オルレアン鉄道会社により1881年に設立されたフランス製鋼会社（カレー，イスベルク）は当初スペイン鉱石を使用したが，ロレーヌにも鉱山を獲得した。なおエスペランス製鋼会社は，鉱山は所有しなかったがロレーヌの協力鉱山から供給を受け，またノール・エスト会社からトーマス銑の供給を受けていた。③ロレーヌに頼らず輸入鉱石でおもにマルタン鋼を生産していたエスコー・テ・ムーズ会社のようなケースもあった。

ロレーヌ　ロレーヌでは，トーマス法発明とともに2大会社が設立された。第1に，独領内に編入されていたド・ヴァンデルが，1880年に中央地区のフランス領内にド・ヴァンデル会社（ジュフ工場）を分離した形で新設した（独領内はプティフィス・ド・フランソワ・ド・ヴァンデル会社）。これにシュネーデルが協力したことはすでにふれた。新発見のブリエ鉱床の開発とフランス内にかつて有した販路を確保することが，直接的な設立理由であった。また80年にドイツが併合したエルザス・ロートリンゲンのフランス会社のドイツ会社化を強制したことも影響した。ジュフ工場は当初独領内からの技術者，労働者および鉱石により運転された。第2に，同じ年，北のロンウィ地区に一群のロレーヌ製鉄業主たちの各種資産持寄りによってロンウィ製鋼所が設立された。ラベ，ダデルスヴァール両家のほかラティ，デュアール，サンティニョン，それにド・ヴァンデルも加わっていた。またのちに，ネルボ（第二帝政期のタラボ家の女婿）も参加したようであるが，はっきりしない。以上の2社については，それらがトーマス

法採用の先鞭をつけたこと（その他ではシュネーデル，ノール・エ・エストなど），またこの2社に関係したド・ヴァンデル，シュネーデル，ラティ，ラベ，デュアールそれにネルボなどの家族がフランスの鉄鋼業関係の寡頭的有力家族に発展していくこと，この2点で注目される。すなわち，ド・ヴァンデルは別として，第二帝政期まではさしたる発展も示していなかったロレーヌの旧来の製鉄家族のいくつかがここで台頭するのである。

また，その少し前にロートリンゲンからデュポン家が南のナンシー地区に移転してポンペイ鉄鋼会社を起こし，81年にはロンウィ地区にベルギー系のシェ高炉会社が設立された。これらロレーヌでの企業の新設に既述のノール・エ・エスト，ヌネル・モーブージュ，ドナン・アンザン，シャチヨン・コマントリ，ラ・マリーヌなど他地方からの進出企業による工場，鉱山および企業の吸収あるいは設立の活動が続いたのであった。

ロレーヌの有力独立企業としては，上でみた新設企業のド・ヴァンデル，ロンウィ，ポンペイのほか，なお北部地区のミッシュヴィユ，ゴルシィ，ラティ（製銑のみ），南部地区のポンタムソンなどがあり，それらがフランスの中部，北部およびベルギーから進出した企業とともにロレーヌ鉄鋼業を形成したのである[21]。

20世紀初めから第一次大戦まで，フランス鉄鋼業は一転してロレーヌを中心としてめざましい発展をみせた。この間の生産拡大のテンポはイギリスを大きく上回り，アメリカのそれよりやや低かったが，ドイツにはほぼ匹敵した。世紀の替り目頃，フランスは世界第4位の座をロシアに奪われそうであったが，第一次大戦直前ではふたたび水をあけていた。直接的な原因は，ロレーヌ中央地区におけるブリエ鉱床の開発成功であって，良質かつ安価な同鉱床の鉱石生産高は，世紀末のほとんどゼロから1913年には1514万トンに急増した（同年のロンウィ鉱床275万トン，ナンシー鉱床190万トン，したがってロレーヌ総計で1981万トン。ちなみにロートリンゲン・ルクセンブルクの鉄鉱石生産量は1900年1391万トン，13年2381万トン）。もちろんそのほかにおりからの一般的な好況のなかで機械工業（電機，自動車を含む）の発展と

軍需増大が鉄鋼需要を刺激したこと，およびその拡大する国内市場を高関税が保護していたという有利な条件もあった。1900年代半ば頃にはフランス鉄鋼業にとっても，一方では輸出市場問題が関心事になりつつあったが，他方では急増しつつある生産でも製品種類によっては国内需要をカバーしきれないほどであった。生産急増が当然もたらすはずの市場問題あるいは関連部門をつうじての波及効果ないし摩擦は，好況と軍備拡張経済のなかに吸収され，問題が深刻に出てくる前に大戦が勃発したのである。

　ともあれ，この鉄鋼ブームは前述の再編成の終了後に起きたものであり，したがってさしあたりは量的なブームであり，ロレーヌとノールにすでに地歩を築いていた比較的少数の銑鋼一貫メーカーのウェイトが高まるという発展を結果した[22]。それでも発展が急であったし，また1900年代という時代相のゆえもあって，とくにロレーヌ鉄鋼業にとっていくつかの摩擦的問題が生じた。第1は，石炭・コークスの供給確保問題であり，ノールやベルギーからの供給では不足するロレーヌは，従来以上にルールからの供給に大きく頼らざるをえなかった。ところが周知のようにルール炭は，1890年代以降ライン・ヴェストファーレン石炭シンジケートが掌握し，しかもそれを強力なドイツ鉄鋼カルテルが支配していた。そこでロレーヌ鉄鋼業はすでに1890年代からドイツのカルテルへの対策に頭を悩ませていたが，世紀がかわっていっそう安定的かつできるかぎり安価で十分な量のルール産コークスの入手に，受身で努力せざるをえなかった[23]。

　第2に，開発に成功したブリエ鉱床の発展が急であり，その採掘量は急発展しはじめたロレーヌ鉄鋼業の消費能力増をも大きく上回って増大した。ロレーヌは1890年代にはミネットのロートリンゲンとの相互交易において明らかに輸入超過であり，1905年にもフランス側の輸入がなお大であったようであるが，それ以降ロレーヌのミネットはロートリンゲン，ベルギー，ルクセンブルク，ザールへ，またこれら諸地域を経由して少量だがルールへも輸出された（第一次大戦直前で約1000万トン，すなわち採掘ミネットの半分強）。なおここで，仏独間の石炭・コークス・鉄鉱石の交易進展については図2-1を参照されたい。鉄鉱石の輸出価格は採掘原価の約2倍に近かったというか

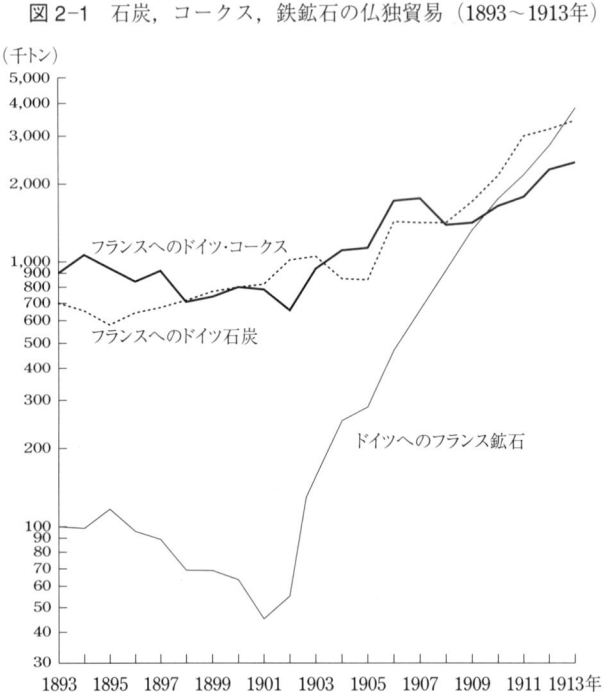

図 2-1 石炭, コークス, 鉄鉱石の仏独貿易 (1893〜1913年)

（資料） Raymond Poidevin, *Les Relations économiques et financières entre la France et l'Allemagne de 1898 à 1914*, 1969, p. 887.

ら, ロレーヌの鉱山会社＝鉄鋼会社にとっては大きな利潤源泉であり, 販路があるかぎりそのこと自体に直接問題はなかったが, モロッコ危機以降の仏独関係のなかで雑音を生むことになった。

それというのもつぎの問題がからまっていたからである。すなわち第 3 に, かねてから鉄鉱石資源のいっそうの確保を求めながら当時スウェーデン鉱石の輸出制限問題を抱えていたルール鉄鋼資本は, ブリエ鉱床の開発成功に食指を動かし, その「侵略」という問題が起こったことである。ドイツ, ルクセンブルク, ザールの鉄鋼諸会社は20世紀初頭から, とくに1906年から10年にかけて, ロレーヌ一帯の鉄鉱床コンセッションの買収あるいは鉱山会社への利権・経営参加を積極的に行い, 第一次大戦までにドイツ資本の進出は 1 万1678ヘクタール (うち完全所有3172ヘクタール) にまで及んだ[24]。その反面でロレーヌ鉄鋼業およびフランス資本もロートリンゲンの鉄鉱山にかねてから利権を有しており[25], またドイツ進出の見返りとしてルールあるいはロートリンゲンの石炭資源開発に進出することをドイツ側から認められるという交換取引もあった[26]。しかし全体としてはドイツの「侵略」のほう

が優勢であったとみられる。というのは，ロレーヌ重工業としてはルールからの石炭・コークスをどんな犠牲を払ってでも必要量だけ確保するため，ドイツ資本と受身の形で協調せざるをえない立場にあり，報復を恐れて，歓迎はしないまでもある程度は進んでコンセッションを譲渡せざるをえなかったのである。しかしこのことは，やはり20世紀初頭以来ドイツ鉄鋼資本がノルマンディの鉄鉱山利権獲得にも乗り出し，1910年にはカーン高炉会社が独仏合弁で設立されたこと[27]，またアルジェリアついでモロッコの鉄鉱石をめぐる仏独資本の抗争と協調が展開され，フランス国内の政治問題となっていたこともあって[28]，ドイツによるフランス天然資源およびフランス権益圏への「侵略」問題としてフランスの左右両翼から問題とされ，独仏関係の緊張を強める一因となっていったのである[29]。第4は，労働力不足問題であるが，近隣ににわかには労働力供給源をみいだしえなかったロレーヌは外国人労働者の輸入に努力した。イタリアのロンバルディアには常設求人機関が設けられ，1913年にはロレーヌの鉄鉱山だけでも9000人近いイタリア人鉱夫が数えられ，同地方鉱山夫の過半を占めていたほどであった[30]。

概略以上のような展開をみせたフランス鉄鋼業の特徴を，おもに企業のあり方，資本蓄積様式，カルテルなどの面から簡単にまとめておこう。
生産の集中・蓄積は，製銑・粗鋼・重量圧延品においては高度に進展していた。第一次大戦の直前において主要な基礎的鉄鋼業地域であるロレーヌとノールでは，1ダースばかりの銑鋼一貫企業が製銑高の80％弱，粗鋼の90％を占めて支配的な地位にあった（表2-10参照）。それらの企業が他地域にも工場をもったこと，その他企業と深い関係をもつこともあったことを考慮すれば，そのウェイトは実際にはもっと高かったとみてよく，この集中度はイギリスの場合より明らかに高く，それだけをみればドイツのそれに匹敵していたといえる。しかし同時に，ロレーヌには製銑専門企業，ノールや中部には平炉鋼，特殊鋼，単純圧延，鋼加工など鋼部門の中小企業がなお多数存在していたことも，指摘しておかなければならない特徴であった[31]。それにその一貫経営の規模は，ドイツのルールやロートリンゲンに比較すれば一段

表 2-10　製銑・製鋼結合工場の数とシェア（1913年）

	工場数	その地域での生産に占めるシェア（%）		
		銑鉄	転炉鋼	平炉鋼
北　部	5	81 [1]	95	42 [2]
ロレーヌ	10	72 [3]	100	88 [4]

(注)　1) 5工場が所属する企業レベルでの集中度は実際にはもっと高かった。
　　　2) その他の平炉鋼（58%）は12社以上により生産された。
　　　3) 残りの28%は9工場により生産された。
　　　4) 残りの12%は2工場により生産された。
(資料)　N. J. G. Pounds and W. N. Parker, *Coal and Steel in Western Europe*, 1957, p. 305.

表 2-11　製銑業者の規模別分布（1913年）

生産高（千トン）	ロレーヌ, ノール=パ・ド・カレ		ザール, ロートリンゲン, ルクセンブルク	
	企業数	生産に占めるシェア（%）	企業数	生産に占めるシェア（%）
0〜 149	9	15	1	1
150〜 299	7	38	—	—
300〜 449	4	33	2	8
450〜 599	—	—	2	12
600〜 749	—	—	3	26
750〜 899	—	—	1	10
900〜1,049	—	—	—	—
1,050〜1,199	—	—	2	29
1,200〜1,349	1 [1]	9 [2]	1 [1]	11 [2]

(注)　1) 独仏にまたがる両ド・ヴァンデル会社を1社とみなす。
　　　2) シェアは独・仏にそれぞれ分けてみた数字。なお表2-12参照。
(資料)　Pounds and Parker, *op. cit.*, p. 309.

と小さかった。表2-11の製銑量でみると，フランス（ノール・ロレーヌ）の大経営もロートリンゲンなどとの比較では中規模程度に当たり，かつ小規模高炉業者を残していたことがわかる。また，いわゆる混合企業（総合的一貫経営）という点でも，ルールとはもちろんのことロートリンゲン・ルクセンブルクに比べても弱体をまぬがれなかった。鉄鉱石には恵まれていたが，ごく少数の大企業を別にすれば石炭への十分な支配力を欠いており，ルールの場合にみられたような鉄鋼会社と石炭会社の統合の例はほとんどなかったし[32]，それにロレーヌ鉄鋼業では鋼加工部門に立ち遅れがみられたからで

ある[33]。なおロレーヌおよびノール゠パ・ド・カレの主要鉄鋼企業（工場）は表2-12のごとくであった。以上のような弱点をもちながらもフランスの第一次的な鉄鋼業は，それなりに高い集中度を達成していたといってよいであろう[34]。

　企業の組織形態としては，すでに第二帝政期のところで述べたことからも明らかなように，もちろん株式会社が基本であった。2大コンツェルンであったシュネーデル，ド・ヴァンデルが依然としてそれぞれ株式合資，合名会社のままであるといったことはあったものの，20世紀に入って大鉄鋼会社の株主数は，そこで働く労働者数と同じかあるいはそれ以上に万で数えられるようになり，いっそう近代的な大株式会社になりつつあった。しかし第1に，より小規模の会社ではなおのことであったが，大会社の一部でも単数あるいは複数の大株主（鉄鋼家族）の支配ぶりが目立っていた。第二帝政期の「製鉄王」たちに新興ロレーヌの数家族が加わってのことである。他方，第二帝政期以降比較的に早く経営の実権が創立者から近代的な意味での経営者の手に移ったマリーヌのような例もあり，また同族的会社のもとでも大番頭的な技術者゠経営担当者が成長しつつあった。第2に，企業間の結合・集中関係が，たとえばマリーヌとオメクールの合併やシャチヨン・コマントリによるドゥカーズヴィルの吸収のように組織上明確な形をとる場合もあったが，より多くの場合，「連鎖的参加」あるいは「相互参加」と呼ばれるような株式持合い，利権交換および人的結合にもとづく必ずしも明確でない共同支配の形をとっていた。有力鉄鋼家族たちは複数の企業の経営陣に，それも往々相互乗込み的に席をとっていた。そうした相互的参加の実態とその意義は現在なお全面的には明らかにされていないが，フランス鉄鋼企業の同族的色彩と，おそらくそれに由来する資本の相互的連携の曖昧さ，という2特徴は指摘しておいてよいであろう。つまり株式会社制度を利用した資本集中の諸形態，合併・参加・共同子会社などの諸方策は，利用されてはいたが，そこに曖昧さあるいは組織的な不徹底さがつきまとっていたのである[35]。

　設備資金金融の面でも，やはりよく指摘されるように，第二帝政期にみられた傾向そのままに自己金融が中心であった。企業は資本金額の増大をでき

表 2-12　北部，ロレーヌの主要企業（工場）の生産高（1913年）　（単位：千トン）

	銑鉄	転炉鋼	平炉鋼	備　考
北部（ノール）				
ドナン・アンザン	335	200	150	
フランス製鋼	239	150	50	
エスペランス	143	100	—	ベルギー資本も参加
ノール・エスト	173	200	50	ロレーヌにも工場あり
パリ・ウートロー	45	—	—	
ポンタ・ヴァンダン	—	—	—	建設中
ロレーヌ				
ゴルシィ	42	—	28	
ロレーヌ・アンデュストリエル	52	—	—	
ラ・シェ	81	1	—	ベルギー会社
ド・サンティニョン	173	—	—	
スネル・モーブージュ	285	277	—	北部にも工場あり
ロンウィ	365	276	38	
プロヴィダンス	190	185	—	ベルギー会社，北部にも工場あり
マルク・ラティ	94	—	—	
ミッシュヴィユ	389	309	—	
オーブリーブ・ヴィルルュ	65	—	—	シュネーデルとポンタムソンが支配，ドイツ資本も
ポンタムソン	279	—	—	自己の鋳造工場を別にもつ
マリーヌ・オメクール	377	324	39	北部，中部南西部に工場あり
ド・ヴァンデル	393	321	—	
モンタテール	95	81	—	
ノール・エスト	124	—	—	北部にも工場あり
マクゼヴィュ	63	—	—	
シャチヨン・コマントリ	252	224	22	中部に工場あり
ポンペイ	171	136	12	
グーヴィ	—	—	18	

（注）　なお，その他の主要鉄鋼企業を参考までに掲げておく。業態は雑多であり，企業名（所在地）のみにとどめる。
　　　中部：シュネーデル（ル・クルーゾ），フィルミニィ，アレ（ガール），サンテチエンヌ，バス・ロワール（ナント近辺），オルゼ・マレール（リーヴ・ド・ジェ）
　　　ピレネ地方：アリエージュ
　　　北部，ロレーヌ：エスコー・テ・ムーズ（アンザン），サンプル圧延，ヴィル・モラン（アルデンヌ），ヴィルルュプト・ラバル・ディユー，カプテン・ジェニー
　　　ノルマンディ：カーン鉄鋼（建設中）
（資料）　Pounds and Parker, *op. cit.*, pp. 368-370. ただし「備考」は引用者。

るかぎり抑制しながら，配当率も低位にとどめ，留保利潤によって設備改善，拡張その他の投資を行っており，一般的に過少資本の状況にあった。しかしこの事実から，よくなされるように，フランス企業家の家族的性格にもとづ

く退嬰性，それがゆえの鉄鋼業の停滞性を早急に結論してはならないであろう。19世紀末以来の成長期に自己金融が可能だったのには，高関税保護（たとえば棒鋼では従価換算で40％）と国内市場の活況に支えられて巨額の利潤をあげえていたという事実があり，また蓄積利潤だけでは不足した第一次大戦前の急成長の数年間には，フランス重工業も株式・社債発行による資金調達にかなり旺盛なところをみせていたのである[36]。とはいえ，銀行との関係については情報があまりにも断片的かつ不確実でよくわからない。鉄鋼会社が短期金融と証券発行において銀行の仲介を得ていたことはいうまでもない。それ以上に及ぶ銀行の金融活動と経営参加の問題については，のちに株式銀行のところで述べるように，1880年代のサンテチエンヌ鉄鋼業危機の際にクレディ・リヨネが鉄鋼会社から「離脱」したということは判明しているが，他の諸銀行が前述のロレーヌをめぐる再編成とその後の急成長の過程でどうかかわったのかは不明である。ロレーヌ，ノールにおいて商工信用銀行やその子会社のナンシー信用銀行，ソシエテ・ジェネラル，パリバ，パリ連合銀行などの株式銀行，さらにフール[37]その他のオート・バンクの名前が散見されるにとどまっている。そのため，当時のフランスの鉄鋼企業と銀行との関係についてこれまでの研究者の判断は，一方では，鉄鋼会社と銀行の協力関係は時とともに強まり，両社の取締役会にはますます同一の顔ぶれが集まるようになっていた，という積極的な，しかしあくまで暗示的なものから[38]，他方では，鉄鋼業を含む「大企業のレベルでは，20世紀初頭に支配的だったのは，大銀行からの産業企業の正真正銘の独立である」[39]という否定的なものにいたるまで，大きな幅とニュアンスをもっている。そこでここでは当面，銀行業と鉄鋼業との間には相互交錯があり協力関係も確かに存在したようであるが，そこにはあたかも鉄鋼会社間のそれに似た，あるいはそれ以上の曖昧さがあること，またドイツの場合のような銀行との密接な金融関係と組織的ないわゆる「癒着」関係があったという積極的な情報はない，ということを確認しておくにとどめよう。

　つぎにカルテルおよび独占形成の問題であるが，この点では鉄鋼業が他の業種に先行してフランス的なパターンを形成していった。事実上の販売シン

表 2-13　主要鉄鋼・機械会社（パリ株式市場上場上位100社のうち，1913年）[1]

	鉄　　鋼*			機械（電機）（非鉄）	
順位	会社名	資産(10万フラン)	順位	会社名	
10	マリーヌ・オメクール	1,204	7	サン・ゴバン（化学）[2]	
12	シュネーデル商会	1,102	8	トムソン・ウストン（電機）	
15	ロンウィ製鋼	960	13	サン・ナザール(Penhoet)造船・造機	
16	ミッシュヴィル製鋼	885	17	C.G.E.（電機総合会社）	
19	フランス製鋼	824	23	金属フランス商会（非鉄）	
20	シャチョン・コマントリ=ヌーヴ・メゾン	824	25	ロワール造船造機	
			26	地中海製鉄・造船	
			33	フィーヴ・リール商会（重機）	
			38	ルアーヴル製線・圧延	
			41	プジョー自動車・自転車	
			43	ガス器具製造商会	
44	ノール・エスト製鉄・製鋼	612	47	ジュモン橋梁	
48	ドナン・アンザン	549	49	ジロンド造船・造機	
55	カーン高炉・製鋼	455	56	ノール橋梁	
60	バス・ロワール冶金工場	412	62	プラチヌ工業商会（非鉄）	
70	スネル・モーブージュ冶金会社	376	64	機械製造フランス会社[3]	
76	ポンペイ高炉・精錬・製鋼	316	69	ディーヴ電機冶金会社	
78	エスペランス工場（Louvroil所在）	303	81	旧ディートリヒ・ロレーヌ社[4] (Lunéville 所在)	
87	アレ鉱山・製鉄・精錬	256	90	アルベル建設	
			94	鉄道機材フランス・ベルギー会社	

(注)　1) のちにフランス国鉄，パリ交通公社，フランス・ガス，フランス電力，フランス石炭公社を形成する100社．ただし在外フランス会社は含む．
　　　2) ガラス製造会社．機械に入れたのは原表のミス・プリントであろうが，参考のため載せておく．
　　　3) 機械製造アルザス会社のフランス分封会社．
　　　4) ド・ディートリヒ（アルザス）のフランス子会社．
　　　＊ド・ヴァンデル（合名会社）が抜けているのに注意．
(資料)　J. Houssiaux, *Le Pouvoir de monopole*, 1958, pp. 306-307.
(編者注)　注45を参照．

ジケートである「コントワール」（共販会計所）という形がそれであり，カルテル第1号はロレーヌの一部の高炉業者が1876年に結成したロンウィ製鉄業コントワールであった．その発足は，ドイツの最初のシンジケートであるロートリンゲン・ルクセンブルク銑鉄コントワールに3年，ロンウィ製鋼会社設立に4年先行したが，トーマス法導入以前のことであって，ミネット銑が低品質で消費者に十分に受け入れられなかったこともあり，おりからの不況のもとで，その販売促進と価格維持をはかるためのカルテルであった．ト

ーマス法登場ののち，このカルテルは柔軟な方針でロレーヌ全域の主要な製鉄企業をグループ化していった。組織的には法的規制を受けない合名会社の形式をとり，表向きは中間商人の排除，受注の適正配分による運賃の軽減，石炭（コークス）の共同購入，等による販売価格の引下げを目的として謳っていたが，その主要な機能は，参加各会社の自家消費分以上の銑鉄を対象とし，その一括購入と国内市場（のち植民地市場も含む）向け一手販売によって価格維持をはかるカルテルであった。自家消費分のほか輸出も自由としていたから，完全な生産統制までは行っていなかったが，20世紀初頭にこのコントワール・ド・ロンウィの共同謀議の合法性が問題となった頃[40]，その加盟各社の銑鉄生産能力は全フランスの60％以上に達していた。そして1905年，同コントワールは当時の同一メンバー11社からなる「メルテ・エ・モーゼル銑鉄輸出コントワール」を併設し，これはロレーヌ製鉄業の生産，販売の大部分をカバーするさらに強力なカルテルに発展した。この間，鋼とその製品については1892年にブリキ・薄板コントワール，96年にトーマス鋼コントワール（5社のみ）といった組合ができたが，20世紀に入って製品ごとのコントワールが，梁材（ガード），レール，車軸，スプリング，鋼管などについて結ばれ，上述のロレーヌ・カルテルの外陣を形成していった。その一部は，国際カルテルにも加入していた。これらのほか，各地域の業者間で主要商品について，なんらかの人的，資本的関係があればもとよりであるが，口頭でなされるようないわゆるアンタント（協調）が数多く存在したであろうといわれる。

フランスでアンタントとは，いまふれたルーズな形での協力関係を指すのみでなく，上述のコントワールはもちろん，いわゆるカルテル，トラストを含めてより広く使用される漠然とした概念であるが，この言葉の用法に，すでに市場独占化のフランス的な特徴が表現されていたといえる。ドイツ（カ

資産
(10万フラン)
1,358
1,353
1,020
883
801
769
761
676
648
631
614
551
538
436
405
395
377
289
241
239
会社を除いての

ルテル）やアメリカ（トラスト）のそれに比べて，「ラテン気質が正しい中道を選ばせた」などという当時の関係者の説明は別として，これまでみてきたような特性をもつフランス鉄鋼業には，緩やかで曖昧なカルテル（コントワールあるいはアンタント）が適合していたのである。その特性とは，要約すれば，上位企業の集中度は相当に進行しながらも独立あるいは半独立の中小生産者を多数残し，むしろそれを利用していたような企業集中の不徹底さ，株式会社といってもそのトップでは家族という意味も含めて個人的な諸関係が組織のもつ厳しさの上にかぶさっているような構造，その上に高い関税壁が築かれ，しかも鉄鋼業はいまだ輸出産業にもなっていなかったこと，などである。ドイツと比べた場合のフランス鉄鋼業カルテル化の遅れと組織的曖昧さは，そうしたところから説明づけられると思われる[41]。

　そこで問題は，アンタントの実際の強さと機能であるが，鉄鋼価格は景気変動にともなう騰落が激しく，また資料的にもカルテルの価格維持＝引上げ効果を実証的に計測することは困難である。フランスの鉄鋼価格は製品による差が大きいものの，1886〜87年まで下落したのち，他の諸物価にやや先行して数年間底打ちし，やがて微騰した。そこには，生産性上昇と内外の競争による価格低下傾向と，独占および関税保護による価格維持＝引上げ傾向とのたたかいがあったが，全体として大不況後の価格動向にはやや「緊張」がみられたという[42]。またフランスの鉄鋼業アンタントは，その曖昧さにもかかわらずドイツの鉄鋼カルテルとあまり変わらぬ市場支配力を有していたという説もある[43]。この点の評価についてはなお今後の実証的解明がまたれるが，それは別にしても，フランスの鉄鋼価格がその高い関税壁に守られて国際的に割高に維持され，それが造船，機械など加工業の高コストと国際競争力の欠如に影響していたことは確かなようである——鉄鋼業者はその工場渡しでの石炭・コークス価格の国際的割高をもってその不満への返答としていたし，鉄鋼加工業の一部とくに造船・重機関係が主要鉄鋼企業と密接な関係にあったことは割り引いて考えなければならないが。また詳細はわからないが，機械工業などの重要な鉄鋼需要者側からは，安価な供給を求めて中小鉄鋼企業へ手を伸ばすいわば逆の動きもあったようである。

ところで，以上のような鉄鋼業でのコントワール＝アンタントは，フランス風でしかもフランスとしては先行的なものであって，それ以外の明白なカルテルの例は多くなかった。石炭業ではノール＝パ・ド・カレが1903年にドゥエ事務所（Office de Douai）を創設した。これは，前章でふれた1852年政令に遠慮して，情報を伝達する事務所という名を冠した，いわゆる口頭でのアンタントであった。また実際，無関税での外国炭の輸入が消費量の3分の1にも及ぶという状況のもとでは，カルテル的活動は価格支配力をもちにくかったとみてよいであろうが，その実態は不明である[44]。化学では，のちのペシネーの名前で呼ばれるようになるアレ・フォルジュ・カマルグ会社を中心としたアルミニウムのカルテルおよび人絹の販売コントワールが目立つ程度であった。そのほか繊維関係では，たとえばノール綿糸輸出コントワール，リヨン・ベルベット・リボン組合といったものもあったが，カルテルにはほど遠いアンタントであった。もっとも第二帝政期以来の化学や新興の電機，人絹，ゴムなどの諸工業においては，ごく少数の企業が当初からフランスとしては大企業として抜きん出るという特徴を示していたから，明白なカルテルがなかったからといってただちにそれら少数企業に独占的行動がなかったと即断するわけにはいかない[45]。ただフランスの重化学工業発展の遅れと，さきに鉄鋼業について述べたような集中・集積の特質とが，フランスはドイツのようなカルテルが支配する国ではなかった——フランスはこの点で自由主義の国である——という印象を強めていたといえよう。

　しかし他面でフランスの重工業はプレッシャー・グループの役割を果たす強力な業界組合およびその連合会を形成していた。その核心となったのは1864年創立の鉄鋼協会であって，同協会は84年の職業組合設立自由化のあと85～88年にいわば合法的なものに組織を変更した。また88年には炭鉱協会が結成され，以降1903年の船主中央協会にいたるまで各工業界の組合あるいは会議所の設立をみた。その結果，1900年に鉄鋼協会のもとに，同協会と炭鉱協会とを核にして「鉄鋼・鉱山・機械・電機・関連工業連合会」（略して鉄鋼・鉱山連合会，U.I.M.M.）が設立され，重工業が結集した。この鉄鋼協会や連合会（両者の事務局は事実上同じであった）は，第1には上述のコントワ

ールあるいはアンタントを形成・補強するとともに，カルテル的行為を世間の目から遮るという役割を果たしていたが，第2に各業界間あるいは主要企業間の利害を調整しながら政府・議会へ働きかける機関であり，第3に労働組合対策および社会問題で結束する場でもあった。鉄鋼協会が国政を裏から，あるいは露骨に表から左右する独占体の機関として注目され非難される存在となるのは第一次大戦以降のことであり，いま取り上げている時代に果たした役割やその大きさについて明確な断定をくだすだけの研究はまだない。しかしそれが経済，政治，外交，社会に与える活動は世紀の替り目以降しだいに活発となり，その力を強めつつあったことは確実である[46]。

第3節 株式銀行の発展

1 大不況下の株式銀行

　第二帝政期の1860年前後に設立された一群のパリの株式銀行は，70年代には全国的な支店網の形成ないし子会社銀行の設立によって国民的な銀行に成長しはじめるとともに，国外での支店設立によって世界的な銀行への発展の道をたどった。それはさしあたり，国内外でのクレディ・モビリエ的な産業投資活動を大なり小なり含む兼営銀行としての発展であったが，73年以降の大不況の到来とともに前途に二つの面から問題が現れてきた。第1は，不況下で経営困難に陥りはじめた工業大企業，一般的にいえば停滞性を示しはじめたフランス工業との金融関係をどう展開するかという問題である。第2は対外業務の面であって，ひとつには近隣諸国のある程度の工業化とそれに触発されたナショナリズムの高揚によって，鉄道と銀行を直接コントロールする形でのクレディ・モビリエ的な発展の道がいっそう狭まったこと，いまひとつにはそれら諸国よりさらに後進的であった北アフリカから近東にかけての地域の諸政府が，それまでの外資導入の累積により財政破綻をみせるようになった，という問題であった。それに加えて，基本的には同じ問題に見舞われていたロンドン金融市場が貿易金融の面で支配的となりだし，パリはその道をふさがれたということもあった。これらの点は，さしあたり原理的に

いえば，経済停滞のうえに現れた資金過剰（金融用語でいうプレトラ）の問題に株式銀行が直面したということであり，その問題が過剰資金の溢出口をせばめる国際事情によっていっそう悪化したということである[47]。

このような状況が，70年代前半に登場したパリ・オランダ銀行（パリバ）やパリ銀行（バンク・パリジエンヌ）など，それぞれ一群のオート・バンク・シンジケートともいうべき新銀行にとっても，厳しいものであったことはいうまでもない。これらの銀行は預金がごく少なく，したがってその面からの重圧は少なかったが，他面で証券発行業務のウェイトが高く，その不振がこたえたからである。ところでフランスの場合，大不況は79〜81年の好況という幕間をもった。このブームは生産設備の過剰のもとで生じたから，投資先はいきおい内外でのさしあたり不生産的ないし泡沫的な企業（銀行，保険，不動産，鉄道，鉱山，都市公益など）の設立と証券発行に向かい，株式・金融の過熱をもたらして崩壊した。ユニオン・ジェネラルを筆頭にこの時期に簇生したクレディ・モビリエ的な諸銀行はすべて破産に終わり，また既存の諸株式銀行の動揺と長期不況下での苦境をあとに残した。そしてさらに80年代末，フランスの金融界は，パリ割引銀行とパナマ運河会社の破産という金融危機をいまいちど経験する。

このような大不況から生じた事情のもとで，フランスの銀行の業態は二つの点で次第に変化をみせることとなる。第1は，株式預金銀行が国内産業に対する中長期貸付の形での設備資金金融および株式保有によるそのコントロールから次第に手を引き（工業からの「離脱」），通常の短期商業信用業務に専念するという商業銀行化の傾向を強めたことである。第2は，国内の証券発行が少なかったことから，オート・バンクも加わって諸株式銀行が外国証券の引受け・発行に努力し，株式預金銀行が外国証券の大バザー（grand bazar）になっていったことである。もっともこのような銀行業務の変貌も，内外のその時々の環境ないし事情に応じて，個々の銀行ができるかぎりの利潤を求める「利潤法則」にしたがって経験的に長い時間をかけて展開したものであって，銀行によってその変化の明確さやその時期および事情には大きな違いがあった。それにその全貌は必ずしも明らかになっていないが，商業

銀行化の傾向を最も早期かつ代表的に展開したのはクレディ・リヨネであった。

クレディ・リヨネ　ジャン・ブーヴィエの研究[48)]にしたがって，その変貌の経緯を概述しておこう。

　第1に，クレディ・リヨネの国内産業投資活動には，設立後1860年代と80年代前後の好況期との二つの波があった。その最初の産業投資の波において同行は，染料化学のフクシン（Fuchsine）会社と東南部の一地方鉄道会社（Compagnie des Dombes et des chemins de fer du Sud-Est）の2件で手痛い失敗を経験した。63年設立のフクシン社は，石炭から抽出される化学染料の大量生産と内外市場の制覇をねらって，大胆な活動を行って70年に失敗したが，これはやがてドイツの染料化学工業がフランス市場を把握するにいたる遠因のひとつとなった。また上記鉄道会社は，いくつかの合併を経たのち69年に形成された地方鉄道網であったが，結局は81年にP.L.M.鉄道の傘下に入った。地方小鉄道が技術的・金融的・経営的に大鉄道会社に統合されざるをえないことをあらためて立証した事件であった。産業への固定的投資と参加におけるこうした失敗の教訓から，クレディ・リヨネはすでに70年代には産業投資，とくに問題のある「虫食い」産業への投資には警戒的になっていた。しかし79年からのブーム期に同行は再度クレディ・モビリエ的な産業投資を行った。保険会社，抵当銀行，不動産会社，水道・照明会社，電気機械会社など一群の企業を主にリヨン地方に設立し，アルジェリアやエジプトの不動産会社設立にも手を伸ばした。しかしユニオン・ジェネラルの崩壊を契機とした82年の株式恐慌は，それがリヨンから発生したものであっただけに，クレディ・リヨネの若い企業群の一部の清算と欠損，他方における預金引出しにより同行をも困難に追い込んだ。このことは，自己資本が大きいとはいえ短期性の預金を抱える銀行が長期かつ固定的な証券保有の形での投資や経営参加を行うことの危うさを，同行経営陣にあらためて鋭く示すことになった。

　第2に，クレディ・リヨネが設立当初から深い関係をもっていた大工業

企業，とくに中部の重工業会社との関係における変化があった。同行と大工業企業との関係は，通常業務の面では企業の運転資金を預金，当座勘定として管理し，株式・社債発行の仲介者になるという点にあったが，そのほかに証券その他の担保付貸付を3ヵ月ごとに更新するという形で，数十万から数百万フランの巨額の中長期信用を与える（当座勘定，ドイツにおける交互計算と同じ）ということにあった。また株主総会に向けて株式を集めてやるとか，銀行の海外派遣員からの取引ニュースを工業会社に伝えるとかといったサービスも行った。クレディ・リヨネの重役には，既述のように石炭・製鉄・ガスなどのロワールの工業企業の経営者もいたので，同行は重要な産業の動向をよく知るとともに相当に深い金融関係を有していたのである。

ところが70年代以降とくに80年代に入って中部の製鉄業はすでにみたように資源枯渇と不況とロレーヌの競争とが重なって苦境に追い込まれ，製鉄と重量品生産を捨てて高級鋼とその製品の生産に特化していったが，その過程でクレディ・リヨネはロワール鉄鋼企業との通常銀行業務を超える関係からは手を引いていくことになった。たとえば80年にロルム会社 (l'Horme) は，フレシネ・プランによる受注増からそれまでの200万フランに加えて500万フランの貸付を申し込み，結局は認められたものの，銀行側は貸付を渋るとともに利率引上げを希望した。同年，ロルム会社がフィルミニィ会社の吸収合併に失敗したさい，クレディ・リヨネの代表はフィルミニィの取締役会において合併反対の工業家グループに敗れ，以後フィルミニィとの関係を断った。また84年にテールヌワール会社に与えた貸付は，同会社に対してではなくクレディ・リヨネの重役でもあった社長個人への担保付貸付という形をとった。89年にテールヌワールが，ついで94年にオルムが破産したとき，クレディ・リヨネはすでに大口貸付は行っておらず，しかも両社が解散するのをあえて救おうともしなかった。破産時にテールヌワールにはリヨン預金銀行が関係をもっており，ロルムではソシエテ・ジェネラル，商工信用銀行が主要取引銀行となっていた。

第3に対外面では，①71年にロンドン支店を開設して手形引受け，外国

為替取引業務を行うようになった。70年代以降，貿易金融でのパリの地位が低下し，ロンドンの国際的な短期金融市場が一段と発展したことに対応したものである。②このロンドン支店のほか同行は70年代にジュネーヴ，ウィーン，ニューヨーク，さらにマドリッド，アレクサンドリア，コンスタンチノープル，ペテルブルク，それにアルジェリア，チュニジアなどに外国支店を設立した。不況による国内での資金需要減と低利率という事情のもとで，運用資金の過剰に苦しんだ同行は，外国政府と産業の動向に関する情報収集とそこでの投資に大いに努力せざるをえなかったのである。この点に関連して同行が71年にパリ店に「金融調査局」を設置したことにも注目すべきであろう。同局は世界の主要都市に契約通信員を置き，また官界とくに大蔵省と財界から協力者を得て，内外の，とくに外国の政府・都市の財政，銀行，鉄道，工業企業などに関する情報収集・整理と基礎的な研究を行い，同行の方針への材料とするとともに，顧客への情報サービスも行った（なおレーニンは『帝国主義論』〔岩波文庫版，71-72頁〕で銀行・産業と政府との人的結合の例としてこの「金融調査局」をやや強調しすぎて取り上げているが，その起源は1871年にまでさかのぼるのである）。

しかし同行の対外業務はそう簡単には発展しなかった。北欧・中欧ではドイツ等との競争に出会い，イベリア半島やイタリアでも他のグループやナショナリズムによる抵抗があり，アメリカその他ではイギリスに力が及ばなかった。同行は70年代にはさしあたり地中海から近東にかけての諸国政府との取引を中心とした。もっとも北アフリカでの植民地的事業，ロシア市場の開拓に努力したことには注目しておいてよい。

以上のような事情のなかからクレディ・リヨネの特色が次第にできあがっていった。ひとつは，82年の恐慌以降，短期性預金の短期貸しに徹するという，のちに頭取アンリ・ジェルマンの「黄金律」と喧伝されることになった方針にもとづき，他行に先駆けて意識的に商業銀行化の道を歩みはじめ，産業から「離脱」していったことであり，いまひとつは，併せて外国政府の公債に重点を置いた証券発行の引受け・売捌き業務のウェイトを拡大していったことである。

なお外国政府への借款や産業投資，国内での公債や大規模な社債発行など大口の証券発行業務においては，オート・バンク，株式預金銀行，株式事業銀行などが入り乱れて競争し，そのなかから有力な銀行を核とする金融グループまたはシンジケートがその時々にできていったのであるが，クレディ・リヨネがその核のひとつであったことはいうまでもない。

　以上がクレディ・リヨネについてであるが，その他の株式銀行の歩みは詳しくはほとんどわかっていないので，各行をエピソード的に紹介するにとどめる[49]。

パリ割引銀行　既述のように同行は1860年代には第1の商業銀行であり，貿易に関連した海外業務でも他行をリードしていたが，70年代には海外での取引は鈍った。その面ではロンバード街の発展におされ，ロンドン支店を活用するしかなくなっていたからである。アジアのいくつかの海外支店を閉鎖し，サイゴン支店は新設のインドシナ銀行（75年にオート・バンクほか諸銀行が設立）に譲った。また国内でも不振で，80年頃には預金額でみて，積極的な支店開設政策をとっていったクレディ・リヨネやソシエテ・ジェネラルに大きく水をあけられるにいたっていた。そこで証券発行と産業投資の面での業務拡大にも努力したが，80年代末に子会社の「金属会社」をつうじて銅の投機的な買占めを行って失敗し，取付騒ぎのなかで支配人は自殺した。

　大蔵大臣ルーヴィエ（後段のルーヴィエ銀行を参照）は，多数の預金者を救い信用恐慌の拡大を防ぐために乗り出し，フランス銀行は他の大株式銀行の協力を得て1億4千万フランの救済貸付を行った。資産整理のなかでパリ割引銀行はいちど事実上清算され，89年6月に前フランス銀行総裁の手で「ナショナル」の語を付け加えた新銀行「パリ国民割引銀行」（le Comptoir national d'Escompte de Paris，略称コントワール・ナショナル，あるいは従来どおりコントワール・デスコント）として再出発した。このあと同行は92年に「預金・当座勘定銀行」（91年に設立されたパリの預金銀行）を吸収し，クレディ・リヨネやソシエテ・ジェネラルのあとを追って積極的な支店拡張政策と地方銀行合併策をとり，慎重な商業信用業務重視政策とおり

からの景気回復によって急発展を遂げた。しかし同時に植民地その他海外へも進出し、証券発行業務も拡大していった。

商工信用銀行 この通称クレディ・アンデュストリエル（C.I.C.）は，1870年代に入っても60年代に続き子会社銀行の設立を進め，サンテチエンヌ C.I.（79年），ボルドー C.I.（80年），ナンシー C.I.（81年）の設立に参加した。それ以降は子会社への株式持分を売却していったが，それらとの業務上の関係は維持していた。自らはパリに集中してきわめて慎重な営業政策を採用し，預金銀行としての名声も高かったが，その反面で急発展はせず，営業規模は他のパリ大株式預金銀行3行よりずっと小さかった。しかし全国的支店網を形成していった他の大銀行と違い，数多くの地方銀行を育てて関係を保つという形で全国的な銀行に発展したのであり，その点に特色があった。

ソシエテ・ジェネラル 同行は1870年代にはクレディ・リヨネとともに支店開設に努めて発展したが，既述のように当初からクレディ・リヨネやパリ割引銀行よりはるかに兼営銀行としての性格が濃く，70年代から80年代頃のブーム期においても内外（とくに外国）への投資事業や証券発行業務を拡大した。とりわけロシアでの活動では他を引き離していた。しかし長期的不況のもとで預金は伸びず，保有投資証券あるいは事業も概して不振であった。83年には71年6％利付ペルー債（鉄道）で手痛い損失をこうむり，ペルーのグアノ事業やシシリーの硫黄会社もうまくいかず，80年代末にはドレフュス商会との取引で裁判沙汰になるなどし，経営方針も慎重にならざるをえなかった。こうしてクレディ・リヨネのあとを追った商業銀行的な形での同行の発展は，90年代後半以降のことになる（99年，それまでの政府からの制約——とくに預金高制限——があった定款を廃し，純粋の民間株式会社に組織変更した）。

パリバ（パリ・オランダ銀行） 1872年の発足後，営業所はアムステルダム，ブリュッセル，ジュネーヴに置いただけであり，また預金集めはしなかった。パリを中心にそれら諸都市の銀行家や資産家たちのシンジケートという性格が強い投資（事業）銀行だったのである（同行の半分の前身である

バンク・ド・パリ〔いまひとつはオランダ銀行〕の目的は，「自行のためあるいは第三者の勘定のために，フランスあるいは外国において，金融・工業・商業，さらには不動産に関するあらゆる業務を行い，またあらゆる公共的事業を行う」というものであった)。しかし当初の発展こそ急であったが，80年代に入ると企業設立はあまりできず，後進国，植民地での仕事の比重を高めていった。

クレディ・フォンシエ　政府監督下の特権的民間不動産銀行であった同行は，当初目的の農業金融ではあまり発展せず，都市不動産への起債による長期貸付と，1860年に許可されてから県，コミューン，公共団体に対するやはり起債にもとづく金融とで発展した。同行発行のクレディ・フォンシエ債券は額面が小さいこともあって中小貯蓄者層の人気と信頼を得，国債に近い評価を得ていた。しかし同時に同行は，制限つきではあったが預金の受入れ，証券担保貸付も行い，60～70年代には他の株式大銀行に勝るような資金力を有していた。そこで子会社銀行（農業信用銀行）をつうじてさらに一般銀行業務にも進出し，他の株式銀行と変わらぬ面をも有していた。活動はアルジェリアから近東にも及んでいったが，75年頃エジプトへの2億フラン近い浮動（短期）貸付の焦げつきが表面化して一時苦境に陥った。同行はエジプト債問題の立役者のひとつだったのである。世人からしばしば非難されたこのような本来の業務からの逸脱は，大不況期をつうじてかなり長く続いたようである。80年代までは，フランス銀行の組織をまねた半官的な同行も，投機性のある「事業」を外に求めるような時代だったのである。

2　銀行信用制度の確立

　大不況期に低迷していた株式銀行は，1890年代後半からの景気回復とともに新しい飛躍を開始するが，その第1に指摘すべき側面は，いくつかの株式銀行が支店網を全国にいっそう拡張するとともに預金と短期信用業務を発展させ，フランス商業信用制度の骨格を確立していったことである。すなわち，クレディ・リヨネの先例にしたがって商業銀行化傾向を強めていったソシエ

表 2-14 4大信用銀行*の発展
（1891〜1913年）（単位：10億フラン）

	資本金・積立金	各種預金
1891	0.705	2.054
1901	1.209	3.591
1913	2.983	9.556

(注)　＊クレディ・リヨネ，ソシエテ・ジェネラル，パリ国民割引銀行，商工信用銀行。
(資料)　Jean Bouvier, *Un Siècle de banque française*, 1973, p. 213. 原資料は Crédit Lyonnais, Études financières, Dossier 801.

テ・ジェネラル，パリ国民割引銀行，それに商工信用銀行の3大ないし4大銀行がそれであって，これらは預金銀行または信用銀行と呼ばれ，後述の「事業銀行」とは区別されるにいたるのである。もっともこの両銀行タイプの区別には後述のようにやや問題もあるが，ここではまずフランスの商業信用組織の発展という側面からみておこう。

支店の数は急増して，第一次大戦直前にはソシエテ・ジェネラルで560，クレディ・リヨネで411，パリ国民割引銀行で285に達していた[50]。商工信用銀行の支店はパリとその近郊に限られ，1913年で52支店にすぎなかったが，同行の場合は既述のように子会社的な地方銀行がいくつかあったことを考慮しておかなければならない。4大銀行の預金と自己資産の伸びは表2-14のごとくであって，20世紀に入っての発展が急であった。また表2-15によれば，4大銀行が全株式銀行に占めるウェイトは，世紀の交をピークにやや低下したとはいえ，1913年に自己資産で36%，預金高と商業手形保有でそれぞれ60%前後に及び，商業信用においては圧倒的な力をもっていた。4大銀行のなかでは，1890年頃にはクレディ・リヨネが手形割引で他を大きく引き離していたが，その後ソシエテ・ジェネラルとパリ国民割引銀行が，とくに後者がそれを急追している。

その反面で，「証券保有と参加」（産業企業へのかかわりの指標と考えてよい）の面では著しい後退をみせており，商業銀行化傾向を明らかに裏づけている。ただソシエテ・ジェネラルだけはその点でもなお相当の規模をもち，同行に兼営銀行的色彩がなお相当残っていたことを示唆している[51]。ともかく以上のように3ないし4の大銀行は，支店網ないしコルレス網と資金収集力の増大によってフランス全土に商業信用機構を形成していったのである。

しかし，銀行制度の発展については，なお地方銀行とフランス銀行とにふ

表 2-15　4 大信用銀行が全株式銀行に占める地位（1891～1913年）

		1891年	1901年	1913年
全銀行	銀行数*	42	64	132
	総資産（10億フラン）	3.156	5.470	14.638
	うち4大銀行のウェイト（％）	(60.2)	(65.8)	(50.6)
4大信用銀行	主要項目における4大銀行のウェイト（％）			
	1) 預金	68.4	72.1	59.2
	2) 資本金・積立金	40.9	53.4	36.2
	3) 商業手形保有	66.3	70.7	62.8
	4) 証券保有と金融参加	50.4	42.5	19.2
	5) 利潤	50.6	54.0	39.3
	商業手形保有におけるウェイト（％）	66.3	70.7	62.8
	うちクレディ・リヨネ	40.7	37.6	26.2
	ソシエテ・ジェネラル	11.0	14.1	16.8
	パリ国民割引銀行	8.7	15.9	17.4
	商工信用銀行	5.9	3.1	2.4
	証券保有と参加におけるウェイト（％）	50.4	42.5	19.2
	うちクレディ・リヨネ	7.8	2.3	1.1
	ソシエテ・ジェネラル	37.4	29.7	14.7
	パリ国民割引銀行	2.4	8.7	1.6
	商工信用銀行	2.8	1.8	1.8

（注）＊貸借対照表を発表している銀行。
（資料）*Ibid.*, pp. 122-123, 214-215.

れておかなければならない。第1に，第一次大戦にいたる長期的な好況のなかで，いまのパリ4大預金銀行と並んで地方銀行の発展あるいは覚醒がみられた。フランスには数多くの大小の地方銀行——営業範囲がコミューンまたは小地方に限られるごく地域的な小地方銀行（la banque locale）と県単位あるいは旧地方に及ぶ大地方銀行（la banque regionale, la banque de province）——が存在ないし残存していたが，そのうちとりわけ大あるいは中規模の地方銀行が支店増設あるいは小地方銀行・個人銀行の吸収による発展をみせたのである。その多くは，パリ国民割引銀行と同じく1848年に主要都市に設立された割引銀行（Comptoir d'escompte）の後身であるか，商工信用銀行が参加して各地に設立した既述の諸銀行であった。しかし小地方銀行から出発して大地方銀行の域に迫るものも現れた。そうした地方銀行発展の拠点はいうまでもなく主要商工業地域であり，したがってノール，東部（アルザス・ロレーヌ近

郊），中部（リヨン）の工業地帯のほか，マルセイユ，ルアーヴル，ボルドーなど港湾商工業都市であった。地方銀行の業態は一般的には兼営銀行的であったが，大地方銀行のなかにはやはり商業銀行化していく傾向をみせるものもあって，パリより少し遅れた形で小規模に銀行機能の分化と集中をみせていたのである[52]。さきにみたように20世紀に入って商業信用の面で4大銀行のウェイトがやや低まったのは，こうした地方銀行の発展によるものであった[53]。

第2に，フランス銀行は，パリおよび地方の銀行の発展によって最有力の商業銀行としての地位を弱めた反面で，諸銀行の銀行すなわち中央銀行としての性格あるいは役割を強めていった。大不況の開始と同時にフランス銀行のいわゆる生産的業務（手形割引と証券担保貸付）は停滞し，かつ上顧客はパリの大銀行に奪われていった。資金の重圧に悩む株式銀行が有力商工企業の関係する一流手形（業界用語で「プリマ」）に対してはフランス銀行の割引率より低い利率を適用して優遇したからであり，また株式銀行は大企業に対して他のさまざまな金融便宜を供しうる立場にあったからである。それと同時に当然のことながら株式銀行がフランス銀行に再割引を依頼することも減少し，フランス銀行からの独立とそれへの挑戦を誇るふうがあった。これに対してフランス銀行もやはり営業網の拡充——支店を増やすとともに，それより出張所あるいは派出所を各地に設けた——と，信用供与の便宜の改善あるいは「民主化」によって反撃することになった[54]。この努力は不況下にあって業務成績のうえでは実らなかったが，銀行制度の発展と確立という点では大きな役割を果たした。第1に，それまで銀行外にあった地方の商取引を信用機構のなかに取り込み，広く全国にわたっての貨幣市場を形成する尖兵となったからであり，第2に，ややその後を追う形でのパリ大銀行の支店網の展開と地方銀行発展の土壌を培っていったからである。そうしたことから，かつてその格式が高かったフランス銀行はその営業網によって，一面では地方の中小の商工農業者への銀行という性格をももつにいたり[55]，他面ではパリ大銀行の再割引依頼は少なかったとはいえ，全国のあらゆる諸銀行にとって再割引を依頼しうる銀行，とくに支払期限が近づいた手形を持ち

込むことによって手形取立を代行してもらう機関あるいは振替決済をしてもらう銀行[56]，そしていわゆる最後の救い手としての銀行[57]などの諸点において，中央銀行としての性格とその実を備えていったのである。

このようにしてフランスの商業信用組織が確立し，全国的統一資金市場が形成されていった。その特徴をまとめていえば，①全国的商業銀行網を生み出す銀行集中が，積極的にはパリ3大銀行の支店網形成によって行われ，地方銀行との連携（商工信用銀行の例），地方銀行の吸収合併（1890年代以降のパリ国民割引銀行および地方大銀行の例）もあるにはあったが，この後者の形の集中運動は比較的に弱かったこと，②そこで大中地方銀行が残存し，パリ大銀行を後追いする形でむしろ発展する余地をもち，小地方銀行も減少傾向にあったとはいえなお根強い生存能力を示していたこと，③したがって，もともと一般銀行業務も大きく取り扱っていたフランス銀行が，一面ではその地位を低めながらもなお1位の商業銀行であり続けようとしてパリ大銀行と競合する面を残しつつ，しかも他面ではパリ大預金銀行と地方銀行との中間に立つような形で信用制度の地位を固めることになったこと，以上の3点になろう。換言すれば，パリ大預金銀行，フランス銀行，地方銀行の3者の関係を，地方銀行および地方商工業者の立場からみれば，フランス銀行がなお最大の便宜を提供してはいたが，しかしパリ大信用銀行の支店を利用することも増えていったということであり，全国的視野からみれば，フランス銀行がなお一頭地を抜いていたとはいえ，パリ大預金銀行が商業信用業務の面ではそれに追いつき追い越すような発展をみせていたということである[58]。

このような銀行信用制度による国民経済への短期信用供与を，ある推算で確認したのが表2-16である。これによれば，第1に，諸民間銀行の信用業務がフランス銀行のそれを大きく追い抜くという発展をみせたこと，第2に，とくに20世紀に入ってからの発展が大きいこと，第3に，手形割引とならんで証券担保付の信用貸（これは大雑把には当座貸越とみてもよい）も増大していること，をみることができる。全国的に銀行組織が整備され，それがおりからの経済発展に乗るとともにその発展を促進していったことを示すと解釈してよいであろう。とくに当座貸越の増大は，それが更新により容易に

表 2-16　国内企業に対する短期信用の発展（1890〜1913年）　　（単位：10億フラン）

	民間短期（商業）手形保有						信　用　貸						総　計	
	諸銀行		フランス銀行		計		諸銀行		フランス銀行		計			
	金額	%	金額	%	金額	%	金額	%	金額	%	金額	%	金額	%
1890	1.12	35.0	0.87	27.2	1.99	62.2	0.95	29.7	0.26	8.1	1.21	37.8	3.20	100.0
1900	1.95	38.8	0.76	15.1	2.71	53.9	1.80	35.9	0.51	10.2	2.31	46.1	5.02	100.0
1913	5.37	42.5	1.53	12.2	6.90	54.7	5.00	39.5	0.74	5.8	5.74	45.3	12.64	100.0

（資料）　G.-F. Teneul, *Le Financement des entreprises en France depuis la fin du XIXe siècle à nos jours*, 1961, p. 39.

中・長期信用に転化しうる性格のものであるだけに，フランス銀行制度のこの時代の成長金融的発展をうかがわせていると解しうる。

だが，当座貸越の問題は別としても，地方銀行はもとよりパリ大預金銀行にしても，程度の差はあれ純粋な商業銀行とはいいがたかった。第1に，産業への投資および証券保有による経営参加という点でいわゆる兼営銀行的側面ももち，第2に，内外の（とくに外国の）各種証券発行と販売業務も大きな比重を占めていた。たとえばクレディ・リヨネでは，総利潤のうち短期信用業務からあがる「通常利潤」とは区別される「特別利潤」——証券発行・販売，市場操作と不動産，特別大口貸付，企業参加などの業務からあがる利潤——が20〜30％を占め，なかでもロシア証券を中心とした外国証券からの利潤が大きかった。既述のように大不況期における努力ののち，1880年代末のロシア公債発行を契機としてパリ大信用銀行の証券デパートの時代が開始されていたのである[59]。そこでそうした銀行業務にとりわけ特化していたいわゆる事業銀行をつぎにみることによって，フランス銀行制度のいまひとつの側面に接近しよう。

3　事業銀行の再発展

大不況からの脱出とともに上述の商業銀行とは違うタイプの銀行，かつてのクレディ・モビリエ的な動産銀行といえる面もあるが，預金銀行と区別して新たに「事業銀行」(banque d'affaires) と呼ばれるようになった諸銀行も発展した。預金——短期信用の面には消極的で，自己資本およびごく少数の顧

客の資金による投資および証券発行・引受業務を中心とした株式銀行の発展と，そうした性格の銀行の新設の動きがそれである。これはひとつには，同じような業態をもつパリのオート・バンク（イギリスでいえばマーチャント・バンカー）が第二帝政期から1870年代初頭にかけて組織化——シンジケート的株式銀行の設立——の動きをみせたのに続き，新しい時代への第二の対応を行おうとしたことを意味する[60]。しかし第2に，その活動の場は彼ら自身も参加していた株式預金銀行，地方諸銀行の発展によってすでに挑戦を受けており，それら諸銀行とのある程度の分業あるいは連携をともなった。第3に，事業銀行は国内での産業企業の発起，援助あるいは経営参加という点での活動が第一次大戦に近づくにつれ活発化してはいったが，それよりむしろ外国証券発行と後進国および植民地における金融活動のほうが中心であった。そこで，十分な紹介はできないが，事業銀行あるいは類似の主要な諸銀行をいくつかスケッチしておくことにする。

パリバ 大不況下の同行についてはすでに一言したが，第一次大戦までのパリバは「とりわけ一種の国際金融会社」[61]という性格をより強め，フランスの資本輸出と植民地経営において最も有力な事業銀行となっていった。20世紀に入ってからのパリバは，ソシエテ・ジェネラルやインドシナ銀行との関係を深めつつ，とりわけロシア，南アメリカ，植民地（とくにインドシナとモロッコ）などで子会社銀行を設立しつつ活躍した。他方，国内においては既存の重工業のほか，ガス，電機，石油，化学，航空などの新産業の発展に関係し，1913年の保有証券は120社に及んでいたが，しかしフランス工業に独自のグループといえるほどのたしかな足場を築いたわけでもまだなかった[62]。

パリ連合銀行（Banque de l'Union Parisienne） 既述の1874年創立のパリ銀行（バンク・パリジエンヌ）の後身であって，同行に参加していたプロテスタント系オート・バンク・グループは他の諸株式銀行の発展を前にして同行の強化をはかるため，ベルギー・ソシエテ・ジェネラル銀行の支援をも得て，1904年に増資するとともにパリ連合銀行に改組した。これにより同

行は，パリ銀行時代からの下地があってのことであるが，外債・外国産業企業関係の仕事を積極的に展開し——とくにロシアでは前述のパリバやソシエテ・ジェネラルなどとともに活躍した——，国内でも鉱山，鉄鋼業との伝統的関係をより密接にし，新重化学工業の発展にも関係した。パリバに比べて当初から商業銀行的側面への努力も強かったが，それにつぐ「事業銀行」であった。

インドシナ銀行 特殊な性格をもつ植民地銀行なので，ここで取り上げるのは不適当かもしれないが，1875年にオート・バンクと株式銀行によって設立され，フランス政府も参加するにいたった同行は，やがてフランス領インドシナ全域からさらに太平洋・インド・ジブチの植民地に及ぶ銀行券発行特権を与えられ，これらアジア植民地の為替取引銀行として貿易＝商業への金融業務を営んでいた。しかし同時に植民地プランテーションその他の企業への金融・投資にも手を染めていき，アジアからアフリカにいたる植民地における兼営銀行的性格をもちはじめた。設立時にわずか200万フランだった資本金は1910年までに1200万フランに増資され，50％にのぼる利潤を計上するにいたった。第一次大戦後に海外「事業銀行」として大発展する基礎を築きつつあったのである[63]。なおついでに付言しておけば，北アフリカ植民地（アルジェリアが中心）においてはフランス銀行とクレディ・フォンシエのそれぞれの子会社，アルジェリア銀行（1851年）とアルジェリア・チュニス不動産銀行（1881年）のほか，1877年創立のアルジェリア会社が兼営銀行として発展した。

スイス・フランス銀行 パリのスイス系オート・バンクたちにより1894年に兼営銀行として設立され，貿易，外国証券，工業金融（電機，化学など）に地道な活動を開始したが，1905年，日露戦争があってロシア証券が打撃を受けてからはむしろ商業銀行への道を求めた。のち17年にフランス商業銀行（Crédit commercial de France）に組織を替え，それ以降預金銀行として発展した。

フランス商工銀行（la Banque française pour le commerce et l'industrie：B.F.C.I.）ルーヴィエ銀行（Banque Rouvier）という通称のとおり，第三共和政の代表

的な政治家＝金融的事業家の一人であったモーリス・ルーヴィエにより，政府の援助も得て資本の海外流出傾向に抗してフランス産業の発展に資すべく1901年に設立された（ルーヴィエはフレシネ・プランを手がけ，パリ国民割引銀行の破綻を時の大蔵大臣として救済し，パナマ疑獄に巻き込まれたが，02年にはまた大蔵大臣，05年には首相となった人物。なかば潰れた状況にあった南アフリカ銀行とパリ国際銀行の資産の一部を合わせ，加えて諸株式大銀行および政府の協力を得て B.F.C.I. を設立したのである）。しかし新たなクレディ・モビリエたろうとしたこの新銀行の国内への産業投資は，「パリ新ガス会社」などごく限られたものにすぎず，その活動は設立趣旨に反してロシア（たとえばシベリア銀行，1912年），モロッコ，南米など外のほうが目立っており，先輩のパリバなどに似た国際的事業銀行となっていった。もっとも仏独関係が緊張するなかでアルザス・ロレーヌ方面の産業にも手を染め，つぎに述べる国民信用銀行の設立に参加し，22年に同行と合併した。金融（事業），政治（外交），新聞というフランス・ブルジョア社会の当時のトリアーデに乗って設立され，しかもおりからの独仏関係のなかでナショナリストたちからドイツとの「恥ずべき」金融関係を指弾されながら活動し，二流の存在にとどまったとはいえまさに時代を象徴する事業銀行であった[64]。

国民信用銀行（Banque nationale de crédit）　1848年に設立されたアルザスのミュルーズ割引銀行は独領に移ったのちも，とくに19世紀末からフランス領内に営業網を拡げていった。しかし1913年，対立が強まる2国間にまたがっての商売の困難さを避けるという政治的理由から，フランス領内の資産と営業を分離し，それを上述のルーヴィエ銀行も参加して新設された「国民信用銀行」に譲った。ミュルーズ割引銀行は兼営銀行であったが，新銀行はそれ以降むしろ事業銀行として急成長した。のち大恐慌で行き詰まって「国民商工銀行」として再建され現在にいたる（なお，この銀行設立にはいわゆる「グラーフェンシュタテン事件」も影響したと思われる。参考のため述べておけば，歴史の古い機械製造アルザス会社が，独仏会社であることをドイツの競争企業および世論からたたかれ，南ドイツ旅行中の皇

帝の言動もあってドイツ国有鉄道からの発注を止められかねない状況に陥って，1913年3月，フランス領内のベルフォール工場をついに分離してフランス会社とした。さきの表2-13の注記3がそれである。これにより親会社――繊維機械中心のミュルーズ工場と機関車製造などのグラーフェンシュタテン工場――は減資して純ドイツ会社たる身のあかしを立てたわけであるが，この分離は実際には見せかけであり，新フランス会社の資本の4分の3は本社が所有し，ミュルーズ工場は繊維機械をその後もフランスへ輸出した。ミュルーズ割引銀行はアルザス綿工業――そのフランス内への移駐についてはすでに述べた――および同会社との関係が深かったのである) [65]。

地方銀行中央会社（Société centrale des banques de province）　1885年，有力な地方銀行が中心となって地方銀行協会と呼ぶ組合が結成され，パリにおける証券発行その他の金融情報を組合員に知らせる調査機関となると同時に，パリ市場における発行に参加するシンジケートの性格をもちはじめた。同協会は1904年に「地方銀行中央会社」をパリに創設し，同会社は一方においてパリ市場での証券発行への参加とその売捌き，他方において地方的証券の発行引受けを行うかなり有力な事業銀行に急速に成長した [66]。

フランス動産銀行（Crédit mobilier français）　かつてのクレディ・モビリエの整理会社が1902年，クレディ・モビリエ・フランセとして再興され，残っていた旧来の外国投資資産管理に加えてロシアなどへの活動を復活させたが，その営業は上述のルーヴィエ銀行よりさらに二流の事業銀行としてのそれにとどまった。のち世界恐慌下の32年にパリ連合銀行に吸収され，かの有名なクレディ・モビリエの歴史に終止符を打つことになる。

以上の紹介からもわかるように，いわゆる事業銀行もその業態は種々雑多であり，既述の預金銀行との差は必ずしも明確ではなかった。実際，市中では株式銀行を呼ぶのに，第一次大戦までクレディ・モビリエ，金融会社，信用会社などという名称を明確に区別せずに使用していたという [67]。1900年頃から業界や学界で行われはじめた預金（信用）銀行，事業（投資）銀行と

いうタイプ分け[68]も，なるほど国内的にいって全国的な商業信用業務に意識的に専念しようとするクレディ・リヨネと，支店網はもたず産業投資・参加に努めるパリバとの対照には適しているが，その両行も内外の証券発行・引受業務の面になると差が明確でなかった。もちろん後者の点では，クレディ・リヨネのほうはその支店網によって証券販売能力をもつことで，パリバと異なっていた（パリバやオート・バンクの証券販売は少数の大ブルジョアに限られていた）。その他の諸銀行は地方銀行も含めて，この両者の中間に不規則に並んでいたというのが実情に近いであろう。たとえば大預金銀行とされるソシエテ・ジェネラルも，両者の中間でややクレディ・リヨネ寄りに位置していたのである[69]。だがここでは，産業金融からの離脱傾向をみせていた預金銀行はもちろんのこと，パリバやパリ連合銀行にしても，国内重工業との関係は少なくともドイツの大銀行の場合ほど明確あるいは積極的ではなかったこと，既述の短期資金市場とは区別される発行市場ないし資本市場においては諸銀行が混然としていたこと，したがって国際比較的にはフランスの金融制度はイギリス型とドイツ型との中間に，ドイツ的な側面をもちつつもイギリスにより近いところにあったことを[70]，とりあえず確認しておくにとどめよう。

4 有価証券の時代

すでに示唆してきたように，パリ発行市場は大事業銀行と大預金銀行，それにオート・バンクと地方銀行という諸タイプの銀行で構成されていた。それは，パリの主要銀行のいずれか1行あるいは複数行からなるシンジケートが発行引受け・保証の機関となり，その当事者銀行が中心になりながら，大口発行に関しては全国的販売網を有する大信用銀行と大地方銀行とが証券販売シンジケートを形成する，という構造をもっていた。大預金銀行はこのあとの面では，証券勧誘セールスマンを動員しつつ，その店舗の窓口で各種証券を売り捌くデパートあるいはチェーン・ストアであった。

このパリ長期金融市場の証券発行高の推移は，表2-17と図2-2, 図2-3とで概観できる。これによれば，第1に発行額は，1873〜91年の大不況期に

表 2-17 フランスの証券発行（年平均, 1873〜1913年）

		1873〜1891年		1892〜1913年	
		百万フラン	%	百万フラン	%
国内証券	株　　　式	200	14	506	22
	社債（除・鉄道）	200	14	357	16
	鉄　道　債	200	14	214	10
	地方公共団体	100	7	92	4
	政　　　府	250	18	40	2
	小　　　計	950	68	1,209	54
外国証券	株　　　式	75	5	221	10
	社　　　債	75	5	178	8
	政府・公共団体	300	21	644	29
	小　　　計	450	32	1,043	46
総	計	1,400	100	2,252	100

（資料）　C. Morrisson et R. Goffin, *Questions financières au XVIIIe et XIXe siècles*, 1967, pp. 128, 134.

すでに年平均14億フラン（国民所得の約6％）という高い水準にあったが，それ以降1913年にかけては年平均22億フラン強（国民所得の7.5％）に増大し，とくに大戦前の4年間には年額40億フランという巨額にのぼった。第2にその内訳をみると，総発行額に占める外国証券の比率が，大不況中の3分の1から90年代以降には半分近くに上昇した。第3にフランス証券のうちでは，90年代以降，株式・社債が発行高・比率とも大不況下より増大し，かわって政府・公共団体の起債は減少し安定的となった。なかでも株式発行の増大が19世紀末および1905年以降の好況期に著しかった。第4にこれを外国証券発行高の変化と重ね合わせてみると，大不況下では景気変動にともなう国内産業証券発行高の変動を内国公債が緩和する役割を果たしていたが（民間需要が弱く資金がだぶついて金利が低いときに政府が起債する），90年代以降ではその役割を外国証券がますます果たすようになった。もっとも外国証券は1903年から一段と増嵩し，かつ経済外的な理由で変動幅が大きいという特徴があり，10年代に入ってからはおりからの国際緊張のなかで高水準ながら低迷ないし乱調ぎみとなった[71]。

　以上は，フランス資本主義の「ベル・エポック」の一特徴たる有価証券の時代の到来を意味した。それは，フランス資本主義史上その前後との比較においても，また同時代のイギリス，ドイツと比べても目立つ特徴であったが，以上の概観からも推察できるように，この点をめぐる評価は全体としてかなり面倒である。そこで外国証券＝資本輸出については次項でみることにして，

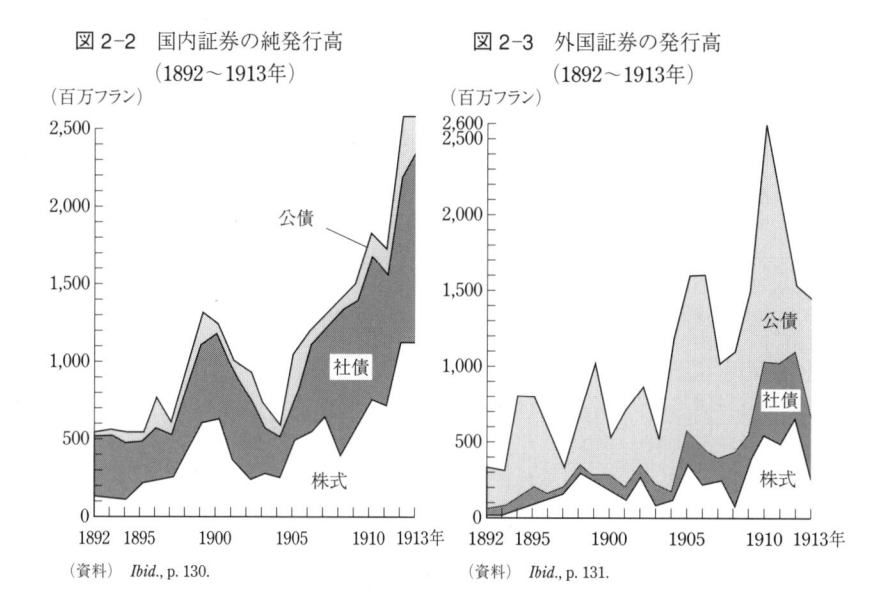

図2-2 国内証券の純発行高 (1892～1913年)
(百万フラン)
(資料) *Ibid.*, p. 130.

図2-3 外国証券の発行高 (1892～1913年)
(百万フラン)
(資料) *Ibid.*, p. 131.

まず国民経済にとっての証券時代の意義を2, 3の点で確認しておくこととする。

まず概数をあげておけば，フランスの有価証券保有高は1880年にすでに560億フラン（うち120億～150億フランが本土外にかかわる外国証券）という巨額にのぼったが，その後さらに増大して大戦直前には1050億～1100億フラン（うち外国証券は450億～500億フラン，内国公債は330億フラン，したがってその他の内国証券は220億～320億フラン）に達し，これは1913年の国富推計3000億フランの3分の1強に当たり，不動産とほぼ同額であり，推定国民所得360億フランの3倍のストックとなっていた。ちなみにフランスの貯蓄率は，第二帝政期までは13％以上であったのが，大不況期には7.5～9％に低下し，20世紀に入って11～13％に再上昇した。この貯蓄率そのものは，フランス人の勤倹貯蓄という通念に反して，たとえばドイツ人と比べて必ずしもとくに高かったわけではないが，ただその貯蓄の半分内外が証券投資に流れたことは注目に値する[72]。

1900～13年のフランスの国民貯蓄形成とその使途についての一試算（表2-

表 2-18 国民資本勘定の概要（1900〜13年の年平均）

(単位：10億フラン)

使　　途		源　　泉	
企業投資	2.25	家計貯蓄	4
うち自己金融	(1.6)	うち個人	(3.4)
金融市場	(0.65)	個人企業家	(0.6)
住宅建設	0.85	法人貯蓄	1
流動的貯蓄その他	0.3		
その他の有価証券純発行	1.6		
うち外国証券	(1.4)		
政府と在外仏会社	(0.2)		
計	5		5
誤差 （外国人への直接貸付／行政当局の純投資）	±0.5	誤差 （外国人の直接貸付／行政当局の純貯蓄）	±0.5

(資料) G.-F. Teneul, *op. cit.*, p. 102.

18）によると，年50億フランの貯蓄のうち22.5億フラン（45％）が証券投資に向けられ，このうち14億フランが外国証券であって，国内企業証券は6.5億フランに過ぎなかった[73]。これを企業投資の面からみると，22.5億フランの投資額[74]のうち資本市場からの資金調達額6.5億フランは30％弱に当たり，したがって全体としての産業投資の自己金融率は70％強であった。しかしどのような企業が長期金融市場から資金調達しえたかといえば，運輸（鉄道，電車，バス），海運，公益（ガス，水道，電燈，電力）および銀行といった第三次部門の大企業が圧倒的に多く，ついで本来の工業部門では重工業（鉄鋼，鉱山，造船，重機械）および新興重化学工業（電機，化学，アルミなど）における大工業会社に限られていた[75]。したがってこれらを除く諸企業と諸部門，とくにフランスで特徴的であった中小会社は，銀行信用を別とすれば100％自己金融だったわけであり，逆に公共的事業および重工業は外部資金調達を積極的にはかって——重工業の場合はもともと高い自己資金調達力に加えてのことであるが——成長しつつあったという姿が浮かび上がることになる。それは，国民経済の投資率が5〜6％という低位であったことをもちろん認めたうえでのことになるが，19世紀末以降，とくに1905年頃からフランス経済の再興隆がはじまったという，われわれのこれまでの指摘に照応

する。

証券の購入・保有先は，金額にして90％が個人であったと推定されている。大商工会社が二線準備として一流証券を保有することはあったが，それに

表 2-19　個人証券保有の分布（概数，1910年前後）

所有規模	所有者数		総所有高の割合（％）
	人数（千人）	割合（％）	
5,000フラン未満	4,000	50	5
5,000～10万フラン	3,840	48	45
10万フラン以上	160	2	50
計	8,000	100	100

（資料）　Morrisson et Goffin, *op. cit.*, pp. 102-103.

よって他の諸会社を支配するという意味での法人保有はまだ少なく，法人の所有はおもに預金供託金庫（後述）や宗教団体の公債投資に限られていたという。この判断を前提とすれば，証券の90％を所有した個人数は1908年に800万人にのぼった。ちなみに貯蓄機関における貯金口座数は1200万，選挙権所有者（男性のみ）は1000万人であった（人口は4000万人弱）。しかし，その実態を証券所有規模別の推算（表2-19）でみると，集中が著しかったことがわかる。10万フラン以上の大所有者が，わずか16万人で証券総額の半分を所有していたのである。しかしフランスの特色は，それでも中位の所有者層（5000～10万フランの所有者層。ちなみに当時の郵便配達夫の年収は1万1000フラン，炭坑夫が1万5000フランであり，したがってたとえば利回りを3％として3万～4万フランの証券を保有すれば，労働者なみの年収が得られる）400万人が全体の45％を持っていたことであって，ここには中小企業のパトロン，商人，自由業者，官吏など，第二帝政以降増大し上昇してきた中産階層（時代を象徴するランティエ——公債所有者・金利生活者あるいは小金持ちといった語感の言葉——が出るのはこの階層からである），一部の上層農民（パリを南からとりまく諸県と，どういうわけか下ピレネ地方で証券購入の習慣がとくにあったという）が含まれていた。それ以下の小額面の年金債1枚をもつような労働者にいたるまでの400万人は，証券所有高では実際には問題にならなかったわけであるが，しかしこの層もまた貯蓄金庫あるいは郵便貯金をつうじて間接的に公債等を支えていたことには留意しておいてよい[76]。

ところで中産階層が貯蓄を証券投資に向ける習慣は第二帝政期にはじまっ

表 2-20　1897年の利子率と証券利回り

(単位：%)

フランス銀行割引率	2.00
市中割引利率（年間平均）	2.00
フランス証券*	
公　債	2.97
クレディ・フォンシエ債 ⎤	
地方公共団体債　　　　 ⎦	2.91
鉄道債	2.88
産業会社社債	3.31
産業会社株式	3.62
外国証券（平均）	4.28
ヨーロッパ証券	4.05
アメリカ証券	5.00
金鉱・ハイチ・コンゴなどの投機的証券	7.00

(注)　＊1897年初め，鉄道債等には償還時プレミアムが付き，クジ付証券もあった。実際にはフランス公債が最良の，したがって最低利回りの証券であったことによる。

(資料)　R. Poidevin, *op. cit.*, pp. 5-6 から作成。

ていたが，普仏戦争による賠償支払いのための「国土解放公債」発行が愛国心の高揚もあってその普及への刺激となり，大不況期に確定利付証券価格が2倍強（物価を考えれば実質3倍近く）に騰貴したことが実地教育となった[77]。その間，銘柄としてはフランス公債，パリ市債，クレディ・フォンシエ債，鉄道債など「堅実な証券」[78]が選好されていたが，1890年代に入ると内国公債にかわってロシア公債が登場し，世紀末からは株式および外国証券への投資も活発になったという。すなわち高利回りとキャピタル・ゲインを期待する投資習慣が拡まりだしたのである。参考のため1897年の各種証券の利回りを表2-20に紹介しておくが，この19世紀末はすでに再三ふれてきたように世界的な好景気の再来に巻き込まれながらもフランス経済はまだ再始動を本格的には開始しえず，そこでそれまで20年以上に及ぶ大不況下の資金＝資本過剰が解消しないばかりか，他面での銀行制度の発展によって「毛靴下の貯金」が動員されたためにここへきて極限に達し，それが長期の資本輸出やドイツへの短資輸出の「再開」ともなって現れたが，これが当時の国際政治経済情勢のなかでは無視しえない役割を演じた，そういう時代の転換期であった。しかしとりあえずはまず同表によってフランスの資金過剰＝低利子率と，その利子率・証券利回りの秩序をよくみられたい。そこには金銭の，あるいは資本主義の論理の一面がよく現れていると思うからである。それは「プチ」の時代[79]の経済的な意味での主要な一側面であり，証券投資は20世紀に入って内外両面での新しい乱調の兆候のなかで，その最盛期を迎えたのである。

第 4 節　資本輸出の展開

　そこでつぎに本節では資本輸出の問題を，つづいて次節では植民地問題も含めて経済政策を概観しておこう。

　フランスの対外投資残高は1914年に450億～500億フランに達していた。それはイギリスの半分弱，ドイツより20～30％多い水準であった。この残高は国富概算3000億フランの6分の1に相当し，対外投資からの収入は国民所得の約6％にのぼった[80]。外国証券発行とその推移についてはすでに表2-17, 図2-3を掲げたが，その地理的分布は表2-21のごとくであった。

　この帝国主義時代のフランスの資本輸出については，つぎの四つの特徴を指摘できる。第1に，地理的にはロシアを筆頭にヨーロッパに比重がかかり（56％），これに近東を加えれば投資残高の7割近くに達し，南北アメリカ，アジア，植民地への投資は比較的に少なかった。イギリスの対外投資が半分近くは帝国内（植民地・自治領）に向けられ，ついで南北アメリカ，アジアへと世界的に拡がり，ヨーロッパ向け投資はわずか6％程度にすぎなかったことと，それは対照的である。そのヨーロッパ偏重は，大陸国家ドイツの場合（約53％）より少なくとも数字的には強かったのである。そのような結果を招いた投資活動を時期的かつ地理的に簡単に追っておくと，第二帝政期から1870年代にかけて中心であった地中海・中欧・近東向けが70年代後半には停滞し，80年代にはその初頭に中欧向けの復活（ユニオン・ジェネラル事件）や，南アの金鉱ブーム，パナマ・マニアがあったものの，全体として足踏み状態が続き，90年代にはロシアが巨額のフランス資本を吸収しはじめたことで，フランス資本輸出が復活し本格化した。20世紀に入ってもロシアへの大投資が続き（表2-22参照），またトルコからバルカン諸国が世紀末から投資先として復活した。北欧も90年代から新しい投資領域となった。

　以上がフランスの対ヨーロッパ投資の簡単な推移であるが，しかし他方，20世紀に入ってとくに1903～05年以降の資本輸出急増期には，ラテン・アメリカ（とくにアルゼンチン・ブラジル），フランス植民地，北米，アジア

表 2-21　フランスの対外投資（1882～1914年）

(単位：10億フラン)

投　資　先	新規投資(1882～1914年)	(％)	1914年の残高	(％)
東ヨーロッパ	13.4	38	14.7	29
ロシア			12.5	25
バルカン諸国			2.2	4
北西ヨーロッパ	2.9	8	3.5	7
オランダ，ベルギー			1.0	2
スカンディナヴィア			2.5	5
近　東	2.4	7	5.8	12
オスマン帝国			3.3	7
エジプト，スエズ			2.5	5
中央ヨーロッパ	1.1	3	3.9	8
オーストリア・ハンガリー			2.4	5
ドイツ，スイス			1.5	3
地中海	0.4	1	5.8	12
イタリア			1.3	3
スペイン，ポルトガル			4.5	9
西半球	7.4	21	8.0	16
ラテン・アメリカ			6.0	12
アメリカ，カナダ			2.0	4
植民地	3.8	11	4.5	9
その他	3.8	11	4.0	8
総　計	35.2	100	50.2	100

(資料) R. E. Cameron, *France and the Economic Development of Europe, 1800-1914*, 1961, p. 486.

（日本を含む）等へと投資が拡散されていき，大戦直前にはラテン・アメリカ諸国への資本輸出が他の地域より急伸していた。表2-23に明らかなように，20世紀に入ってからはヨーロッパ（より正確にはロシア・バルカン・トルコ）よりそれ以外への新規投資のほうが多くなっており，フランスもオールラウンド・プレイヤーになる傾向を明瞭に示していたことに注意しておかなければならない。

　第2に，投資の性格としては直接投資が少なく，ほとんどが外国公債・都市債・鉄道証券などを中心とした証券投資であった。上の第1の特徴とあわせると，まさにレーニンのいう「ヨーロッパの高利貸」という性格が濃厚だったことになる。しかしここでも，さきの図2-3にみられるように，19世紀末以降とくに1910年前後には外国産業証券，それも社債よりむしろ株式の増大がみられた。すなわち，植民地は別にして，おもにラテン・アメリカでの公益事業・銀行・商業・製造業・鉱業などの諸企業，ロシアでの石炭・鉄鉱山・石油・鉄鋼・繊維・化学などの鉱工業および銀行業などの数多くがフランスから金融され，それらのなかにはフランスの直接投資といえるものも増

大していた。もっとも直接投資・間接投資の区別は，政治的な意味合いまで含めれば明確にしえない面をもつが，一般にドイツでは外国産業企業への投資が大きく，またイギリスでも大宗をなす証券投資のなかで公債とならんで鉄道証券が大きく，20世紀に入ると世界各地で産業投資を増大させたのと比べると，その面でのフランスの立ち遅れは大きかったといえる。しかしそれでも，投資家の株式選好の発展と国内経済の活発化，重化学工業化のある程度の進展にともない，その遅れを取り戻す動きが強まっていたことは無視できない。

しかし第3に，資本輸出が商品輸出の拡大とほとんど結びつかないという特徴があった。上述の対外投資の地理的分布とその性格，他方でフランスの輸出品の主力が先進国向けの「高級」消費財であり，そのかぎりでは後進国の需要には適合せず，適合する場合でも競争力が弱かったこと，とりわけ後進国の工業化に必要な重工業製品で輸出競

表 2-22　対ロシア投資残高（1914年）
（単位：百万フラン）

ロシア公共証券[1]	
名目的累積残高	16,066
実質残高（推計）	10,123
対ロシア直接投資（総計）[2]	2,245
鉱　　山[3]	446
石　　油	162
冶　　金	836
繊　　維	127
銀　　行	278

（注）1）ロシア公債，大蔵省証券，政府保証付鉄道証券，都市債。
　　　2）ロシア私企業へのフランス資本額。ただし下記の5業種以外への投資は省く。
　　　3）石炭，鉄鉱石その他。
（資料）René Girault, *Emprunts russes et investissements français en Russie 1887-1914*, 1973, pp. 84-85.

表 2-23　1901〜14年の投資増加額
（単位：10億フラン）

ロシア	4.3*
トルコ	1.3
スペイン，ポルトガル	−0.6
オーストリア・ハンガリー	−0.3
バルカン諸国	1.8
イタリア	−0.1
スイス，ベルギー，オランダ	0.5
その他ヨーロッパ	0.7
（ヨーロッパ合計）	(7.6)
フランス植民地	2.5
エジプト，スエズ，南アフリカ	0.3
アメリカ，カナダ，オーストラリア	1.2
ラテン・アメリカ	4.0
アジア	1.4
総計	17.0

（注）＊キャメロン（表2-21参照）は，このフェイスの原表を修正しているが，それはロシアおよびその他ヨーロッパのなかでの北欧への投資が，フェイスの算定よりもっと多かったという推定による。
（資料）H. Feis, *Europe, the World's Banker 1870-1914*, 1930, p. 51 から作成。

争力も輸出余力も小さかったこと，などを考えあわせれば，それはむしろ当然の結果であった。たとえばロシア借款100億フランを与えた間のロシア向け輸出額は貸付額の8％にしか相当せず，在露フランス系企業でさえ設備財はドイツ，イギリスから輸入するという有様であった。20世紀初頭から第一次大戦まで，フランスはロシアからバルカン諸国にかけて金融的にはドイツに勝っていったのに，貿易面ではその努力にもかかわらず不思議にドイツに敗北したのであった。

　第4に，このようなフランスの資本輸出には，当時の国際政治経済問題が当然のことながら濃厚にまとわりついていた。「フランスの対外貸付の歴史をたどることは，フランスのある著述家が述べたように，（外国への）フランスの政治的な共鳴，接近，影響力行使への漠然とした夢想，そして軍事的同盟の歴史を書くこととほとんど同じである」[81]といえるほどであった。

第5節　経済政策の新展開

　周知のように帝国主義時代には種々の経済・社会問題が内外両面で発生し重大化し，他方で大衆民主主義の進展がそれへの政治的対応として経済・社会政策をより積極的に発動させることになる。以下にみるようにフランスでもそうであったが，ただドイツの場合のようにそれを支配的な「金融資本」の政策であったという形で単純に把握できないところに基本的な特色があった。また帝国主義的対内宥和策（社会政策）の採用がイギリスやドイツに比べて遅れ，そのことがこの面での自由主義の根深い残存，階級諸利害のあらわな相克となって現れる傾向があった。すなわち，フランスのブルジョアジーはその経済的既得権をあからさまに最大限守ろうとしたのである。それは対外面での高関税，植民地政策にも現れていた。こうした特徴は，基本的には工業化の一定の遅れからくる表現とみてよいであろうし，他方，中小ブルジョアジーが政治舞台の前面に次第に大きく登場し，それらの利害主張がむしろその陰に大ブルジョアジーのそれを擁護していったという，第三共和政の政治構造もそこに影響を与えていたといえよう。

問題の発生とそれへの対処の時間的な順序は，行政組織におけるつぎの3省の設立が雄弁に物語っている。1881年の農業省新設（農商務省の分離），94年の植民地省新設，1907年の労働省新設がそれである。以下，農業問題は割愛し[82]，関税，植民地，社会政策，財政の4問題を素描しておこう。もちろんそれらをめぐる多分に議会主義的な政治闘争の事情については省略せざるをえない[83]。

1 関税政策

1892年関税定率法（いわゆるメリーヌ関税）によってフランスはロシア，アメリカにつぐ世界で最高率の保護関税国に30年ぶりに復帰した。これにいたる経緯を簡単に述べれば，関税引上げ運動の最初の波は普仏戦争直後に訪れた。1860年の英仏通商条約以降も根強く残っていた工業界，とくに繊維工業（絹工業を除く）の保護関税要望に加えて，賠償金支払いと戦後処理で膨張した財政のために，関税収入を増大させたいという事情が働いたからである。しかし国内的には絹工業関係者，ぶどう栽培＝ぶどう酒醸造業者，貿易業者，さらには金融界からのかなり強い反対があり，国際的にもイギリスおよびベルギーの強い通商条約改定反対に出合って失敗した[84]。なおフランクフルト条約第11条に，仏独の通商は相互的な最恵国待遇を基礎とするという規定が入り，それに拘束されるようになったことは，のちにフランスで保護主義が高まり，ドイツ製品の競争も目立つようになってから，「産業戦のセダン」(Sedan industriel)，関税自主権の喪失として，フランスの保護主義的経済界で長く論議の種となった。しかしこの11条問題には，対独民族感情を利用する以上の積極的意味はなかった。

第2の波は，大不況の影響が出はじめた1877年から81年にかけて繊維・鉄鋼業界の主唱下に現れ，これに農業恐慌を予感しはじめていた一部の農業者，とくにパリ盆地の大農の小麦耕作の利害関係者を中心に結束した大土地所有者の貴族的クラブ「フランス農業者組合」が共鳴して，工業と農業との同盟が一応形成された[85]。この時点では主として工業の側から保護主義復活の動きが登場したのであって，81年関税法は，①製造品の大部分について外国

との協議の基礎となるべき関税率を約24％引き上げる，②それまでの従価税率を従量税率にかえる，③農産物・原料については従来どおり協定関税率表から省くという形で完全な関税自主権を保持する，④家畜・畜産物の関税引上げ，という内容を含んでいた。しかしこのうち関税引上げ条項は，政府が諸外国との交渉過程で条約締結権を行使してほとんど放棄してしまい，結局ごくわずかな引上げにとどまった。この政府の処理がさして問題とならなかったのだから，この当時のフランス商工業全体ではまだ自由貿易支持のムードが強かったといってよいであろう。しかし，②，③の項は保護主義への道を事実上開いていた。なぜなら第1に，従量税方式は80年代に出現した技術革新と長期不況とによる価格低下傾向によって自動的に関税の保護性を強めるとともに，従量制に必然的にともなう関税率表の精細化は，品質問題などにかこつけた保護主義的策動に便を提供したからであり，第2に，農産物に関して通商協約に明記しないという形での関税自主権は，つづいて述べるように農業不況が深まるにつれ十分に利用されたからである。ともあれ，81年関税法は，当面その産業保護の実効がドイツの79年新関税法よりさらに限られていたとはいえ，やはりいわゆる新重商主義復活への一転換点になったと評価できる[86]。

　80年代はなによりもまず，農業不況の深化につれての農産物関税のあいつぐ引上げで特徴づけられる。85年，87年，89年，90年と，小麦を中心に穀類，肉類・家畜，ぶどう酒（アルコールを含む）などの主要農産物すべての関税が段階的に引き上げられた。このような形での農業保護については，政治的には左右を問わず全員賛成であった。また同時に長期的不況はフランス工業の保護関税要求をいっそう高めた。いうまでもなく価格低下と輸出不振，内外市場でのドイツ製品その他との競争の激化に対して「防衛的」に反応したのである。農業においても，かねて自由貿易派だったぶどう酒関係者が，60年代末以降のぶどう根油虫による大被害やアルジェリア，スペイン，イタリアからのぶどう酒の大量流入に当面して，ついに保護主義派に転向したことによって，全農業者が保護要求に足並みを揃えるにいたった。こうして農工同盟の条件は整い，保護貿易制度への復帰の障害はすべて除去された。89年

の選挙で農民票を獲得するため,自ら農業保護主義者をもって任じた代議士が大量に進出したことによって,自由貿易から保護貿易への再転換は決定的となった。そして89年末に商務省が各地の商業会議所,各種の業界組合に対して行ったアンケート調査では,大部分の団体が既存通商協約の廃棄を要求していた。またその大半は新協約の締結に反対し,政府が関税面で全面的な行動の自由をもつことを希望していたが,しかし主要な商業会議所,すなわちパリ,ボルドー,マルセイユ,ルアーヴル,リール,ルーベイ,アミアン,リヨン,ランスなどのそれは,なんらかの形で通商条約方式がなお必要であろうとしていた。加えて当時オーストリア・ハンガリー,スイス,イタリアなどの周辺諸国やアメリカが関税壁の強化をはかりつつあったという事情も促進的に働いた。関税戦がすでにたけなわであり,フランスもイタリアと関税戦争に入っていた。以上に対して議会内外には自由貿易支持者――おもに貿易関係者や金融界の利益を代弁――がもちろんいたが,すでに敗色濃厚であった。

　1892年1月11日に公布されたメリーヌ関税法[87]の主要な項目は以下のごとくであった。①最低関税率表とそれより15％高い一般関税率表とからなる二重関税率制度を導入し,より高い一般関税率の適用を原則とし,最低関税率は交渉上の武器とすることをねらいとした。②工業製品関税はかなり大幅に引き上げられ（正確な数字的表現は困難であるが,当時の物価で概して25％以上),81年に続き従量税であって,関税品目分類はヨーロッパ一の詳細なものとなった（表2-24参照)。③農産物も一般に関税対象品目とされ,80年代の農業関税引上げを事後追認し,一部では強化する形で,10～25％の従量関税率が規定された[88]。④原料の関税対象からの除外原則も放棄されたが,実際にはほとんどが無税となって工業の利益は守られ,そのかわり大麻,亜麻,繭,生糸および頁岩油など輸入品と競合する国内生産者には「助成金」制度が設けられた。⑤植民地関税の本土なみ化（assimilation＝同化）の原則が,これまたのちに述べるように追認的に確立された。⑥最後に建前としては関税自主権を保持し,諸外国との協約には期限を定めず1年前の事前通告で破棄しうる（したがって延長も1年限りでの更新とする）短期協約とし,

表 2-24　フランスの関税率（1892年前，1892年）

(100kg当たりフラン)

品　目	1892年前の協定関税	1892年最低関税
リンネル糸（未漂白）	13～100	16～100
リンネル・大麻布（未漂白）	22～375	24～500
綿糸（未漂白）	15～300	15～310
綿布	50～540	62～620
絹織物	0	400
銑鉄	1.5	1.5～3.5
棒鉄	6	5
鋼レール	6	6
ブリキ	7	7.5～10

(注)　同一品目についての最低・最高関税率を示す。同一品目内の品質別分類は複雑かつ詳細であった。
(資料)　P. Ashley, *Modern Tariff History*, 3rd ed., 1926, p. 383.

しかも交渉過程で最低関税率表の適用を譲許した場合でも，最低税率は保証するがその水準の変更権は留保することとした。みられるように相当に微に入り細をうがったほぼ全面的な保護体制が考案されていたのである。

しかし実際には関税法起草者の意図に反して，諸外国との交渉過程で（とりわけスイスやイタリアとの交渉は長引いたが）最低関税率が一般的に譲許され，最高税率は報復関税とされることによって二重関税制度はほとんど無意味となり，また関税の自主的変更権も一部の農産物の場合を除けば実際には発動されず，結局実質的には従前どおりの，ヨーロッパで普遍的だった長期的一般協定関税制度と大差ないものとなった。

ともあれ，このようにしてフランスはヨーロッパ諸国のなかで保護関税制度への転換では大幅に遅れたが，内容的には最も高率かつ硬直的な保護貿易国となった。P. アシュレイはこの間の事情を総括して，フランスではドイツの場合と違い，①その経済が不振であり，設備投資と合理化によるコスト切下げを積極的に行わないことから，受動的な保護要求という意味合いが強く，②農業関係利害がより優越し，③メリーヌ関税法の税率は，ドイツのカプリヴィ新通商諸条約（1891～94年）のそれよりも高くなった，と判定している[89]。しかしこの評価は，とくにドイツの関税政策の推移（1879年関税法，90年代初頭の「新コース」，1902年関税法）と比較した場合，フランスの政策の特徴を正確には表現していない。第1に，フランスでは農業保護という性格がより前面に出ていたというが，ドイツでも現実政治的にはユンカーの要求に工業資本家が従うという形でその実工業の利益を守る関税政策が

実現されてきたのであって，1892年までのドイツの農業保護関税の推移は，関税率まで含めて驚くほどフランスのそれと相似的であった。またフランス農業の守護神とされたメリーヌの言説をみても，フランスの生産者の約半分を占める農業関係者のために，せめて商工業関係者なみの保護を要求したいという，受動的な発言が目につくのであって，フランスでも諸工業の保護が結局は問題の核心であったといえそうである。第2に，その工業利害であるが，繊維工業を中核として多数の中小ブルジョアジーが保護要求に走ったことが，フランスの特徴であるように思われる。鉄鋼業などの「カルテル関税」要求の側面はもちろんあったが，その利害の主張がさほど前面に出ず，軽工業の保護要求の高まりの陰でこっそり抜け目なく実現されるという特徴が，フランスではドイツより強かったからである。

なお1910年の関税改正では，新産業，新製品の登場にともなう関税分類表の精細化と，全体的にみて小幅な関税率の再引上げが行われた。もちろん関税の保護性を強めたわけであるが，それは外国品とくにドイツ製品に対する対抗措置であり，たとえばドイツで大量生産される粗悪な製品が流入して「質」的に高い伝統的なフランス製品の市場が荒らされるというような，ドイツとの緊張が強まるなかでの中小ブルジョアジーのかまびすしい叫びの伴奏のなかで実現されたのである[90]。

2 植民地政策

すでに指摘したように，普仏戦争での敗北に触発されたナショナリズムの昂揚，大不況による商品輸出の停滞と資金の過剰，資本主義諸国の対立的競争などといった状況のなかで，フランスの植民地拡張の新たな展開は1880年頃に開始された。このフランスの動きが帝国主義時代開幕の主要な一翼であったことはいうまでもない。ここでは，イギリスにつぐ海外帝国を築き上げたフランスの植民地征服史を繰り返すことは必要ないであろうから，それ以降ほぼ10年ごとにその様相と問題を変化させることになる植民政策の特徴を，おもに経済的側面から略述しておこう。

80年代，まず行政的には，伝統的に植民地を管轄してきた海軍省，外務省

のほかに，81年に植民地担当国務次官の職が設けられ，上の両省と商務省との間に挟まれながら次第に独立性を確立しはじめた。ついで貿易政策の面でも，自由貿易政策の一環として67年に廃止されたばかりのパクト・コロニアルの新たな復活が行われはじめ，84年にアルジェリアへの外国品輸入に関税差別を実施した（またその他の行政面でもアルジェリアはフランスの延長あるいは一部であるという面が強まっていった）のを皮切りに，その他の小植民地に対しても類似の政策がとられ，87年にはインドシナにも本国の関税率表を適用した（少数の除外品目あり）。植民地市場を順次フランス工業のために囲い込んでいったのである。

　大不況末期の90年代前半に，植民地政策は政財界に認知され，定式化を受ける。まず第1に，90年頃から上下両院にかなり超党派的な植民政策支持ロビーが形成された。ただし海外膨張策は対独復讐を忘れさせるとして反対したボナパルティストと，人道上その他の観点から反対していた社会主義者は参加しなかった。第2に，また90年にはフランス・アフリカ協会が誕生し（ついで91年にアジア協会，ずっとあとになるが1904年にモロッコ協会など），93年には同協会が中心となってフランス植民地同盟が結成された。これらの協会や同盟には，植民地に関係が深かった銀行（とくにパリ国民割引銀行，インドシナ銀行，それに一部のオート・バンク），貿易関係商会，スエズ運河会社を含む運輸会社が参加し，またその他の大銀行，工業会社，商業会議所が協賛していた。その当初の活動は探検援助，移住奨励，一般的PRに限られていたが，フランスの財界は当時それからあがる利益はまださして大きくなかったとしても，植民地領有の経済的政治的意義をいわば組織的に認知し，予防的囲込みという形での植民地獲得——とくにアフリカ分割——の鼓吹者となっていったのである。第3に，こうした雰囲気のなかで94年には植民地省が新設され，北アフリカ以外の植民地の行政をかなり集中的に行うようになった。北アフリカについては，アルジェリアはフランスの延長であるとして内務省所属，国際的にまだ問題があるチュニジアとモロッコは外務省所管とされていた。そのほか軍事面はむろん陸海軍省所管であった。第4に，すでにふれたように92年のメリーヌ関税法で，植民地の関税同化政策が定式

化された。そのさい各植民地は，その特殊性や外交上の諸制約により三つのグループに分けられた。（イ）同化植民地——旧植民地，サン・ピエール，ミクロン，新カレドニア，それにインドシナ，のちにマダガスカル，チュニジアもこれに加わり，アルジェリアは既述のように80年代末から「本国」なみの扱いになった。（ロ）特殊性により関税面ではさまざまであった第2グループ——西アフリカ，インド，太平洋の諸植民地，（ハ）門戸開放植民地——コートジヴォワール（象牙海岸），ダホメ，フランス領赤道アフリカ，のちにモロッコもこのグループに入った。みられるように，貿易上意味のある植民地（とくにモロッコを除く北アフリカとインドシナ）はすべて同化地帯であり，したがってそこへのフランス産品の流入は無関税であったのに対して，外国品の輸入にはフランス本国の場合と同じ関税が課された。そのうえこれら同化植民地から本国への輸出は，原則的には無関税と宣言されたものの，実際には茶，コーヒー，ココアなどには半関税がかけられ，砂糖には外国産なみの関税が適用されるなど，一方通行的な面を残していた。すなわち関税「同化」原則とは，植民地は本国およびその工業のためにのみ存在するということであって，いわば典型的な植民地主義的保護貿易主義によってフランス関税圏が成立をみたのである。

　世紀の替り目頃，植民地政策に対する各方面からの批判が現れ，政策はある程度の手直しを受けつつも，もう一歩前進する。批判としては，植民地の維持・経営に本国の税金がかかりすぎる，悪徳植民者や商人が流通面からの略奪を事としている，公共事業等の特許会社は概して赤字で補助金ばかり喰っている，より文明的かつ人道的な先住民政策を含めて合理的かつ本格的に植民地経済開発をはかるべきである，植民地独自の利益をもっと尊重すべきである，などという声が高くなってきた。そこで第1に，1900年の財政法は，軍事費を除く行政費（通常の軍駐屯費を含む）について，植民地の本国に対する財政自治原則を打ち出した。その主要な動機は，海外膨張政策を政治的に抑える力のなかった議会が，せめて財政負担を軽減しようとしたことにあった。第2に，それ以前の1898年の法律により，開発のための植民地行政府の起債は国務院の承認を要し，それへの本国政府の保証が必要な場合には議

会での立法を要するとされた。これは，植民地の起債を抑制する面ももったが，他面で植民地証券の信用度を高め，また政府金融機関による直接引受け，概して4％以下の利子率という優遇をともなっていた。なお政府保証の植民地起債にはフランスの商品，船舶の優先的利用という条件が課され，鉄道建設は原則として植民地当局の手で行うという制約が付けられた。第3に，1900年頃から植民地在住の商工業者がメリーヌ関税の片務性は海外領土の経済発展を阻害するとして，本国との完全な自由貿易と各植民地の特殊性の尊重とを次第に声高く要求しはじめた。1906年の植民地会議マルセイユ大会以降，植民地関税自主権要求を含む諸要求が強まった。しかし本国産業の抵抗はきわめて強く，逆にそれと競合関係にある植民地企業には低賃金と安価な原料を利用しているのであるから，特別営業税を設けて両者の利潤率を均等化させるべきであると主張した。この問題の解決は結局，1913年になってやっと二次的な重要性しかない一部の植民地産品について自由化が行われる程度にとどまった[91]。

3 社会政策

　第一次大戦前のフランスの社会立法は，ドイツでのビスマルクの社会政策，イギリスでのロイド・ジョージの社会保険諸法と比べると，時期的にも遅れ，内容的にも比較にならぬほどに貧弱であった。すでに指摘したように労働組合の結成は1884年に合法化されたが，90年代になってやっと実質的に意味のある労働諸立法が行われるようになった。92年に労働時間が13歳以上の少年は1日10時間，16～18歳の青年と18歳以上の女性は11時間に制限された。1900年には婦人と青年の労働日が10時間に制限され，05年には坑内夫のそれが8時間に短縮された。また06年には，週1日休日法が一応敷かれた。同じ頃実施された一連の救貧立法は別として，社会保険の分野では，1898年の労働災害使用者責任に関する立法，10年の老齢退職年金保険立法の二つにとどまった。しかも前者の災害保険は，のちに次第に全労働者に適用範囲が拡げられたとはいえ，当初は機械を扱う工業労働者だけに限られ，使用者の補償負担も「義務」ではなく「責任」にとどまっていた。後者の退職年金は，65

歳以上の全員に与えられ，保険は労働者と雇主の掛金と政府の拠出金によって運営されるものであり，当時としてはかなり大胆な制度であったといってよいが，年金支給額が少なかったこと，労働者は世紀末から自発的な共済組合になじんでいたほか，労働組合が労働者拠金に反対であったこと，使用者側はもちろんのこと最高裁もこの制度に不信の念を表明したこと，などから容易に普及せず，第一次大戦後の18年になっても労働者の加入率は約20％にとどまった。多くの労働者が拒否反応を示したのである。

　このような遅れの原因については，フランス社会の農業的性格（すなわち工業化の遅れ）や市民の個人主義的性向といった要因が，ごく一般的に指摘されるのがつねであるが，ここではそれよりも労使双方の体質に言及しておこう。雇用者側では，家父長的温情主義（パターナリズム）と慈善心を少し示す程度で，労働者階層の団結的要求と労使関係への国家の介入には拒絶反応を示す傾向が英独より強かった。しかもこの点では，大工業企業の経営者も中小企業のパトロンも，さらにはランティエも同じ意向であったようである。もっとも1891年以降団体協約を認めた石炭業は別格としても，一部の鉄鋼企業，繊維企業，港湾等では労働組合との地域的団体交渉にもある程度応じ，労働者住宅（長屋），売店，食堂，労働者の修養的サークル活動などへの便宜供与という労働者福祉策も講ずるなど，業界内あるいは経営内の労働力の確保と労使関係安定への配慮も散見されはじめていた。

　これに対して労働者の側は，パリ・コミューンの傷がいえるや否や組織化に向かい，1884年法もあって，職業別組合と労働相談所という二つの組織方向で努力したうえ，両組織の統合が1895年のC.G.T.（労働総同盟）の誕生によって緒につく。その実質的な統一は1902年以降に完成され，そこでは職業別組合は全国産業別組合にとってかわられ，労働相談所は県連組織にかわるという変貌をみせはじめたが，概況で述べたように，いわゆるアナルコ・サンジカリズムがなお主導的で優越していた。それは，重化学工業化の遅れと上に述べたフランス・ブルジョアジーの態度の反映であったといえよう[92]。

4 財政政策

　一般にイギリスより遅れて工業化を開始した国では、財政面を含めて「上からの発展」、あるいは国（行政官僚と議会）の勧業的役割が大きかったという特徴がある。19世紀初めからのフランスでもそうであり、その面を反映して同国の財政は以前からその規模が大きいという特徴をもっていた。それがこの時代には新しい意味を含めて増幅される。

　1870年代以降フランスの財政は一段と膨張した。財政支出が物的生産高（農工業生産額）に占める割合は、18世紀末から1865～74年まで11.5～13.6％の幅のなかで安定していた。すなわち財政規模は、すでに国民経済に占めるウェイトが高かったまま、経済の拡大とほぼ歩調を合わせて増大してきたのであって、第二帝政時代においても、あいつぐ外征費とそれに起因する公債費の増大や公共事業費の増大によって、イギリスの場合のような「安価な政府」への傾向はみられなかった。むしろ財政膨張の傾向が強く、それは第二帝政期における約100億フランの公債残高増と鉄道など公共事業関係証券の優遇という形で吸収ないし隠蔽されていた。

　ところが第三共和政に入るとともに、財政支出は物的生産額の18％台に跳ね上がり、大不況期に予算規模そのものは低迷気味で推移しながらも、その高水準が20世紀初頭まで続いた。1905～13年にはその比率は14.7％にまで下がるが、それはこの期の工業生産や一般経済の急速な拡大によるものであって、実際の財政規模そのものは、逆にここへきて拡大テンポを加速していたのである（表2-25参照）。このようにフランスでも帝国主義の時代における経費膨張の傾向はみられたが、ただここでは1870年代から80年代にかけて、すなわち帝国主義段階への移行期のごく初期にすでに財政支出が急増していた点に、イギリスやドイツと比較しての特徴があった。この2国では1890年代から第一次大戦まで次第に尻上がりに経費の急膨張をみせ、帝国主義的財政膨張の典型をなしたが、フランスの膨張率はこの時代には2国より小さかった。とはいえ第2に、第一次大戦前においても国民所得に対する財政支出の比率は、地方財政を含めてこの3国のなかではフランスが最高であり、フランスは「高価な政府」の国であった[93]。

表 2-25 フランスの予算（1870〜1913年）　　　　　　（単位：百万フラン）

会計年度*	歳入	歳出	黒字（△赤字）	会計年度*	歳入	歳出	黒字（△赤字）
1870	3,072	3,072		1892	3,370	3,380	△10
71	3,216	3,042	174	93	3,366	3,451	△85
72	2,497	2,579	△82	94	3,458	3,480	△22
73	2,680	2,724	△45	95	3,416	3,434	△18
74	2,518	2,583	△64	96	3,436	3,445	△9
75	2,705	2,627	78	97	3,528	3,524	5
76	2,778	2,680	98	98	3,620	3,528	92
77	2,796	2,732	64	99	3,657	3,589	67
78	3,171	3,109	62	1900	3,815	3,747	68
79	3,251	3,155	96	01	3,576	3,702	△126
1880	3,406	3,306	100	02	3,582	3,699	△117
81	3,609	3,582	26	03	3,668	3,597	70
82	3,580	3,687	△106	04	3,739	3,639	101
83	3,577	3,715	△138	05	3,766	3,707	60
84	3,386	3,539	△153	06	3,837	3,852	△15
85	3,320	3,467	△147	07	3,968	3,880	88
86	3,169	3,294	△124	08	3,966	4,021	△54
87	3,244	3,261	△17	09	4,141	4,186	△45
88	3,268	3,221	47	10	4,273	4,322	△48
89	3,271	3,247	24	11	4,689	4,548	141
90	3,376	3,288	88	12	4,857	4,743	115
91	3,364	3,258	106	13	5,092	5,067	25

（注）　＊暦年と同じ。
（資料）　*Statistiques et Etudes Financières*, juillet 1963, n° 175.

ところで，このやや早期的な財政膨張の主因をなした主要経費は，まず第1に軍事費であって，普仏戦争の後始末的な問題も含めて対独復讐のための軍備増強と植民地獲得のための費用とが，フランスの軍事費を早期から大きなものにした。20世紀に入っての列強の軍備拡張競争にフランスはやや出遅れたが，1905年以降とくに10年代に入って軍事費は急増した。大陸で大ドイツ軍に対抗しうる陸軍を擁する必要があり，植民地帝国維持のため相当な海軍力を備えなければならなかったフランスにとって，武装平和のコストは，とくに人口が停滞的だったから，1人当たりでみると重い負担となっていた（表2-26参照）。第2に，それと関連して植民地経費も無視しえない負担であった。植民地省の予算は1885年の4000万フランから1900年の1億フランに増大し，それ以降は植民地財政自治の原則適用によりこの水準で横ばいとなっ

表 2-26 欧州諸国の軍事費支出（1853～1913年）（単位：10億マルク）

	1853年	1883年	1908年	1913年	人口1人当たり （フランス＝100）
イギリス	0.46	0.56	1.18	1.54	82
フランス	0.38	0.62	0.88	1.64	100
ドイツ	0.10	0.40	1.18	2.00	72
イタリア	0.04	0.24	0.36	0.58	40
オーストリア・ハンガリー	0.22	0.26	0.42	0.48	22
ロシア	0.38	0.72	1.20	1.84	32
以上合計	1.58	2.80	5.22	8.08	—

（資料） J. Kuczynski, *op. cit*, S. 146.

た。しかしこのほかに内務省・外務省に所属する北アフリカその他でのかなり多額とみられる経費その他の行政支出，さらには臨時的軍事費（たとえばサハラやインドシナには平和はなかった）があり，さきの軍事費に含まれていた部分との重複はよくわからないが，植民地経営に由来する財政負担は相当であったとみてよいであろう。第3は公共事業費であって，1880年代のフレシネ・プランによる費用——当初のプランをはるかに超過して結局総額90億フランに達したというが，その収支はいまもって明らかではない——を除いても，経常的な公共事業費は逓増して経常支出の8％近くに達した。第4に金額的に一番大きかったのは公債費（利払いと償還費）であって，これは第二帝政期に100億フランを増し，第一次大戦前には約230億フラン（経常支出の30％台）に達して世界一となった。

　他方，財政収入の面ではフランス革命以来の古くささが特徴的であった。歳入の約7割を占めた租税収入（専売収入を加算すれば90％以上となる）のうち，直接税としては革命以来のいわゆる「旧4税」（地租，戸窓税，対人的動産税，営業税）がさしたる改革をみることなく残存していた。この旧4直接税は比例税の性格が強く，土地，不動産への課税に偏重しているため，資本主義の発展につれて実情に合わなくなり，基本的な改革なしにはこの面から増税をはかれないという限界をもっていた。直接税のいわば民主化は，1850年代の有価証券譲渡税の導入に続いて，72年の有価証券所得税（30％の源泉課税。ただし普仏戦争賠償による「愛国公債」発行問題があったから内

外の公債は課税対象外とされた）の採用，1901年の相続税のある程度の累進化などの程度にとどまった。税収増大をはかりうるとともに累進性をも取り入れた抜本的改革案としての総合的所得税制の導入（イギリスでは1850年代に初発的に採用）は，1880年代末から議会で毎年議論されていたが，有名なカイヨー案（1907年）の一部が議会を通過したのは，財政問題が深刻化していた第一次大戦開戦の半年前のことであり，その実施は大戦末期のことになった[94]。

　したがって，経費膨張の負担はいきおいまず間接税の増徴にかかっていき，普仏戦争直後と20世紀に入ってから2度にわたっての増税と新設をみた国内消費税，タバコ・マッチ専売益金，それに関税など多かれ少なかれ大衆的・逆進的な間接税の比重が第二帝政期のすでに高い水準よりさらに一段と高まったのである（間接税は大戦前10年で税収入中の約80％を占めた）。フランスのブルジョアジーは，直接税の負担増についても，社会政策に対するのと同様に硬直的な拒否的反応を続けたのである。そこでまたこのような税収の硬直性は，内外両面での支出増という客観的要請を前にして，一方では公債収入への依存と，他方では通常予算外の諸特別予算・勘定の濫用とを生むこととなった。まず公債政策についてみると，普仏戦争の直接的戦費と賠償金支払いは約90億フランの国家債務増に帰結し，1878年以降のフレシネ・プランは約60億フランの公債を追加した。その後は公債の低利借換えもあって財政は均衡に向かい，大規模な公債発行はみられなくなったが，それでも1880年代から第一次大戦までになお約60億フランの残高増大をみて，1913年には336億フラン（短期債を除く）という世界一の巨額な公債残高に達したのである。また，統一的予算制度がなかなか確立せず，通常予算（付属予算を含む）のほかに臨時予算や議会に提出されない特別国庫会計が存在していたことも，放漫財政を招き国家債務を増大させる要因となった。それら特別予算・会計は，おもに公共事業，突発的な戦費，軍備増強のために，従来の収入あるいは将来予定される収入を引当てに設置され，場合によっては議会を通さないで財政支出を既成事実化するために利用され，いまもってそれらの決算は明確でないほどである。

1880年代には公共事業，植民地戦費などのための臨時予算支出は50億フラン以上に達したといわれ，その後予算の統一化と均衡化に努力を払ったものの，第一次大戦直前になって軍備増強の必要性がふたたび会計上の彌縫的操作に訴えさせることになった。すなわち，1906年以降モロッコ危機，対ドイツ東部国境国防衛，社会・労働対策などが支出を増大させ，財政の赤字傾向を強めていたが，ブルジョアジーの担税拒否と労働組合や社会党の平和主義的傾向は，増税はもとより公債発行による赤字補塡をも困難にしていた。そこで赤字は，普仏戦争直後以来久しぶりの国庫流動（短期）負債（約20億フラン）の増大となるとともに，赤字隠蔽のための臨時会計と4種の国庫特別会計（軍需物資・兵役会計，国防・モロッコ遠征会計，国防臨時支出会計，海運改良会計）のなかば秘密の設置という術策に訴えられることになった[95]。これは，金額としてはその後に比してまださしたることはなかったとはいえ，大戦中および大戦後の財政紊乱のプレリュードであった。

第6節　フランス帝国主義の特質

　レーニンのフランス帝国主義についての特徴づけについてはすでに序章で述べた。繰り返しておけば，すぐれて高利貸的帝国主義であり，ついで世界第2位の植民地領有国であり，そして発展が緩慢になった古い資本主義の国だというのであった。

　しかし，上述してきたことが示しているように，古典的帝国主義の時代におけるフランス資本主義の特質を確定することはそう簡単ではない。他国と比べてフランスにおける経済史研究の遅れという事情もあるが，そうしたなかで諸研究を集大成しようとした最近の一史家が洩らしているように，「19世紀フランス資本主義」は，その問題点が「あまりにもさまざまで，あまりにもニュアンスに富んでいて確定しがたい」[96]という複雑さをもつからである。それは結局はフランスが，資本主義発展の早さあるいは順序においても，また地理的にもイギリスとドイツとに挟まれ，帝国主義時代の二つの典型国の中間的性格をもたざるをえなかったことに由来する。方法論的に換言すれ

ば、イギリス帝国主義についてのホブソンと新興ドイツ帝国主義についてのヒルファディングの分析とを合わせる形になったレーニンの『帝国主義論』がもつ両義性が、とくにフランスについては現在なお問題を残しているということでもある。たとえばジャン・ブーヴィエの『フランス帝国主義研究』は、①ヒルファディング＝レーニン的な「金融資本」、すなわち産業と銀行の癒着という事態はフランスには析出されえない、②資本輸出は以前から存在し、明らかに帝国主義の出現に先行している、③同じく植民地獲得の動因は「金融資本」ではなかった、④フランスにはなるほど寄生的・ランティエ的性格が強かったが、たとえばロシアにおいては金融資本的進出をしていた、などの諸問題を論じている[97]。ここからもうかがえるように、フランスでは、またアングロ・サクソンの学界でもそうであるが、レーニンの『帝国主義論』の骨子、すなわち産業と銀行における独占の形成と両者の癒着による金融資本の成立、その諸列強の金融資本あるいは金融寡頭制が、その過剰資本を輸出するとともに世界市場および世界そのものを分割しつつ闘争する、という図柄は、いまもって定着しえていないのである。

　このような問題に対してわが国では、宇野弘蔵氏の有力な解答がある。すなわち、マルクスの『資本論』が対象としたイギリスに代表される自由主義時代の資本主義に対して、古典的な帝国主義時代がひとつの新しい段階であることを明確に認識し――それは周知のごとく「原理論」と「段階論＝政策論」との区別をともなう――、かつ具体的には帝国主義段階を、ドイツにおける典型的な金融資本の成立という点でまず理解したのち、それとは違う発展を遂げたイギリス、さらにはアメリカなどによって構成される「諸相」の世界として把握するという方法論である。西欧での議論が現在なお、一方でいわゆる正統派的なイデオローグがレーニンの『帝国主義論』をそのまま金科玉条とし、それをもって古典的帝国主義時代だけでなくその後の歴史とすらする傾きがなおあるのに対して、他方で社会諸科学の研究者がやはり同様にレーニンを硬直的に受け取った形で、その理論が史実に反するとか実証されがたいとかと学問的に陰に陽に反駁する（そのさい帝国主義弁護論的な性格が濃い場合が多いことを割り引く必要がある）、といった水準で続けられ

ている事情に照らして[98]，宇野氏の所説は先験的な手法の有効性を失っていないということができる。そこで，このレーニン＝宇野的な帝国主義理解を基準として，フランス帝国主義の特質に関連する諸論点を整理して，本章の小括としておこう。

第1は，フランスがかつて最先進国であったイギリスとともに，経済発展の速度と独占の普及度において，若い資本主義国アメリカとドイツに遅れをとりつつあったという点である。論点はここで二つに分かれる。ひとつは，なぜ古い資本主義国フランスが停滞的になったのか，その原因はどこにあったのかについてであり，いまひとつは，独占の問題に関連してフランスの金融資本とはどんなものであったのかという問題である。このうち前者の停滞性の問題は真正面からは論じにくい。第1に，一般的にいって発展ないし変化の原因を求めるのに比べて，変化が少なかったことの理由を解明することは困難だからである。実際，従来のフランス経済停滞論では，①人口が増えなくなった，②石炭資源に乏しかった，③小農民が退嬰的であった，④貯蓄が国外へ流出してしまった，という4点がとりわけ強調され，そのほかに⑤同族的企業主がマルサス主義的で企業家精神を欠いていた，⑥保護関税への復帰が温室をつくって③，⑤を助長した，⑦フランス人は近代的大量生産製品になじまず伝統的な手工業的質を好んだ，などの諸要因があげられてきたが，これら諸罪の停滞性への貢献度を測定することはもちろんできないし，それにもともとそれら諸要因のいくつかは，フランス経済発展の緩慢さの原因なのか，それともむしろ結果なのかさえ，実ははっきりしない。そこで，停滞性をそれだけ取り出して論ずれば，上の諸点への重点のかけ方によって百人百説にならざるをえないのである[99]。

そのことは第2に，どういう視角から論ずるかという問題につながる。当時の論調の一端についてはのちにふれるが，これまで行われてきた議論は大きく分ければ，一方でのいわば小農民原罪論[100]——フランス大革命の所産である分割地農民がフランスの経済発展の足枷となったという議論——であり，他方では，その他端という位置にあるわけではないが，当初はイギリスを意識し，ついで普仏戦争以来はドイツを加え，その後はアメリカをも含め

て，それら諸国と比較して自国工業の停滞性を恥とするナショナリスティックな論調である[101]。そしていずれの場合も，少なくとも結果として帝国主義としての視角を奇妙に欠く点で共通するのである。

そこでここでは，大不況を迎えたフランス資本主義の経済発展論的な特徴を，あらためて大筋だけ述べておくことにとどめる。大不況の原因としては，ドイツ，アメリカなど新興国の台頭がそれまでの「世界の工場」としてのイギリスに挑戦して国際競争が激化したこと，南北アメリカ，大洋州，ロシアからの穀物・食肉等の農産物がヨーロッパに奔流したこと，の２点が指摘されるのがつねである。このことをごく一般的に翻訳してみれば，イギリスが先導した第一次産業革命，ヨーロッパ大陸ではフランスがベルギーなどとともにやや先行しながらドイツに及んだ経済革命——それはすでに北アメリカを巻き込み，ロシアから極東（日本・中国・朝鮮）さらには大洋州・南アメリカをも刺激しつつあった——が，工業化しつつあったヨーロッパの多分に自由主義的な，反面では投機的・泡沫的な産業への過剰投資を結果し，それがヨーロッパ内部で問題となっただけでなく外部にも横溢し，その商品・資本・労働力・技術を受けとめた外部世界が，このヨーロッパの膨張をそのまま受け入れる条件を当面欠きながらも，その一部先進部分がとりあえずヨーロッパへの食糧・原料の供給という形で対応してきたことを意味する。すなわち，ヨーロッパは工業・農業両面で均衡の回復あるいは過剰蓄積の整理を迫られたのであった。

しかしこの問題を当時の先進資本主義世界は平面的に受けとめたわけではなかった。おりしも第二次産業革命と呼ばれる技術発展の競争的な嵐が吹くなかで，しかも工業化に触発されたヨーロッパ大陸の民族主義と国民国家形成運動の高まり，さらには社会主義的運動のはじまりのなかで，それを受けとめていかざるをえなかった。そのひとつの結果が，ヨーロッパのよりいっそうの膨張とそれによる世界の分割であるが，この面ではフランスは期せずしてうまく対応した。対外進出の面ではすでに第二帝政期に下準備ができていたからである。しかし，いまひとつの新時代の生産力的基礎である重化学工業の構築という点では，フランスはハンディキャップを負っていた。第１

に，イギリスが開拓した世界市場にフランス工業は伝統的な手工業および軽工業をもって後蹤していたから，ヨーロッパや北アメリカのブルジョア化とその富裕度に依存するところが大きく，その他の世界市場へ発展していく活力に欠けていた。イギリスがヨーロッパから相対的に撤退し，皮肉にもフランスが建設したスエズ運河をつうじてアジアへ新市場を開拓していった。そうしたイギリス綿工業・製鉄業の適応力に比べてさえ，フランスは遜色があったのである。第2に，ドイツのように新重化学工業によってイギリスを追い上げていくという道をとる条件にも恵まれていなかった。この点では，鋼の時代を迎えるにあたってロレーヌが分割され，かつ石炭を欠くとともに，その販路が陸路で遠かったという事情がかなり働いていたといってよいであろう。第3にいわゆるヨーロッパの農業恐慌は，国内経済に占める農業の比重がなお高かったフランスにとって大きな問題であった。フランスの場合，小麦の価格下落だけでなく，ぶどう根油虫の害がぶどう酒生産の半減という被害を与えた。そのため農業の粗生産は1880年代をつうじてマイナスに終わったといわれる。全国的な鉄道網とそれに続く銀行・商業組織の発展がありながら，農村は工業に需要増大を与える条件を欠いていたのである。第4に，人口停滞という現象がより強まって現れていた。出生率低下の原因と結果にここではふれないが，たとえばドイツやロシア，あるいはイギリスでさえ人口急増のもとで大不況を迎えて苦闘していたこととの差が，フランスの経済発展に少なくとも結果的にはブレーキとなったであろうことは指摘しておいてよい事情である。以上の4点だけで尽きるわけではないが，フランスはそうした事情のもとで1860年代から20世紀初頭まで経済停滞を経験した。換言すれば先進国として寄生性を強めながら安逸をむさぼっていたということもできる。新しい重化学工業化の波が，フランスでは遅れて20世紀初頭の不況を過ぎてからになるのは，そうした諸要因によるものと解される。

　そこで第2に，レーニンがヒルファディングを継承して規定しなおした「金融資本」——生産の集積，そこから成長してくる独占，銀行集中とその産業との融合あるいは癒着——が，フランスではどうであったか，という問題に移ろう。一方の極としては，さきのジャン・ブーヴィエのように，「大

企業のレベルでは20世紀初頭に支配的だったのは，大銀行からの諸会社の正真正銘の独立である」とし，さらに進んでフランスの重工業界と諸銀行グループがむしろ敵対的関係にあったとまでみなす言及がある[102]。フランスの場合，大工業企業が銀行からの金融的独立という特徴をもっていたこと，すなわちドイツ・オーストリア的な産業と銀行の金融的・人的・組織的結合という事態とは懸隔があったことは，われわれもみてきたように認められることである。フランスの主要な重工業企業の多くは，すでに第二帝政期以来，同族的経営ということもあっておもに自己金融によって資本蓄積を進めてきたからである。だが上の説はひとつの極論であって，他方では大産業と大銀行との関係が意外に密接だったという情報も多い。第1に，重工業企業と銀行の取締役会に同じ名前をみることが繁くなっていたし[103]，代議士・官僚の業界への「天下り」(pantouflage) という事例も多かった[104]。第2に，20世紀に入るころから銀行の産業投資（とくに新産業へのそれ）も活発化し，すでにみたように公益企業，重工業の証券発行も増大していた。第3に，資本輸出をめぐる銀行と産業のからまり――いわゆる「ひもつき」と外国会社支配という両面での――も，後述のように明瞭な事実であった。ただその実態はいまもって曖昧模糊としており，筆者もその像を描き切れないが，ただイギリスに比べればフランスは明らかにヨーロッパ大陸型の面をもち，しかしドイツの場合のような銀行と重工業との「組織的」な金融的結合があったとはいえない，といえるにとどまるのである。とはいえここでとりあえず言っておいてよいのは，第一次大戦中および戦後の経済発展を迎えるフランスの財界――第二帝政期からの「財閥」に新興のそれを加えた第三共和政の財界――が，新しい胎動をみせはじめていたということであろう[105]。

　第3に，レーニンがフランスを「ヨーロッパの高利貸」，「高利貸的帝国主義」と規定した点にからまる問題に移ろう。この特質はまさにそのとおりであって，当時の世人がそう呼んだのに別に不思議はない。しかしこの点をめぐっては，第1にレーニンの場合，とくにフランスにふれるとき，さきのヒルファディング的な意味とは違って，銀行集中あるいは少数の大銀行の支配ぶりをもって金融寡頭制とし，それらが発行した有価証券をもって金融資本

とする把握の流れがあることを指摘しておきたい。さきにレーニンの両義性といったことのひとつがこれである。この線上で，たとえば「金融資本の規模からいえば，フランスはこの時期の初めのころ〔1870年代〕にはおそらくドイツと日本とを合わせたものよりも数倍富裕であったであろう」[106]ということにもなるのである。金融資本の概念にかかわるこの問題には，ここではこれ以上立ち入らないが，しかしフランスに即していえば，この問題は第2に，前章でふれたフランス資本主義のごく早期からの「金融寡頭制」的性格——それは後章で取り上げるフランス人民戦線の主要敵がフランス銀行の大株主200人（いわゆる二百家族）とされたことにもつながる——をどう理解するか，という問題になる。「小さな高利貸資本からその発展をはじめた資本主義は，巨大な高利貸資本としてその発展を終える」とレーニンは述べたが[107]，そうなると，さきに第2として取り上げたフランス的金融資本のあり方の問題に戻ってしまい，新しく解答を出すことはできなくなる。

　そこでここでは，レーニンも依拠した当時のフランスの金融寡頭制批判家リジス[108]の論陣を取り上げて，問題の一端をみておくにとどめよう。リジスの議論は要するに，4大信用銀行と大事業銀行がフランスの貯蓄を支配する「金融（家）の寡頭制」，「封建政治」を敷いており，フランスの資金を短資まで含めた資本輸出によってドイツの工業発展を利することに使い，圧政ロシアやアメリカ独占資本を助けることにもなっているが，その反面でフランス経済は公共的投資まで含めて資本不足と投資不足に陥り，その停滞性は宿敵ドイツの比どころではない，として金融界および政府を攻撃するというものであった。それはレーニンが『帝国主義論ノート』において，リジスに関するメモの末尾を「俗悪な小市民」という表現で結んでいる[109]のもむべなるかなという論陣であり，それが当時のフランス社会主義系のものであったところに，第一次大戦に向かうフランスの情勢の一端がうかがえて興味深い。しかしそれよりも，このリジスに対するテスティス[110]の銀行弁護論的な右からの反論が，フランスの資本輸出は国内で得られる以上の高利潤の機会を求める当然の行動であり，それはフランスの工業製品輸出に役立っており，また諸銀行は工業企業が海外子会社を設立する手助けもしている，と

いう論旨であったことのほうがより興味深い。というのは，このテスティスの言い分のほうにむしろ十分な根拠があったのではないかと思われるからである。両者の論戦よりやや以前，1903年頃から鉄鋼協会の兵器・造船・鉄道機材関係の部会で，資本輸出にさいして銀行が重工業製品輸出に配慮していないという抗議の声がとくにロシア借款に関連してあがりはじめ，やがてdonnant-donnant（借款供与にさいしては見返りの利権あるいは商品輸出の「ひもつき」条件を取れ）というスローガンに結晶した。そのあと06年から，いわば「左」からのリジスの攻撃がそれに重なり，07年9月にフランス政府は，外国政府への借款供与にさいしては政府自身がまず代償としての利権獲得の交渉を行い，銀行の契約締結はそのあとにすべきだ，という行動基準を決め，諸銀行に行政指導的に通知した[111]。また先述の資本流出に抗すべきルーヴィエ銀行の設立（01年）も，そうした当時の状況を背景としていた。

　ところで，このことが意味するところは，第1に，銀行業界と重工業業界との間に対立関係があったなどということではなく，両者および政府が一体となった努力にもかかわらず，フランス重工業の国際競争力の弱さのために，フランスの輸出する資金がドイツ工業品への発注に回ってしまう傾向が強く，そこで20世紀初頭から再発展を開始したフランス重工業の少なくとも一部が，成果はともあれ懸命な輸出努力をさらに強化した，というように解される。第2に，レーニンがリジスに拠りつつ，4大銀行が証券発行の「絶対的独占」を享有しているという，それ自体強調しすぎの点でのみフランスの金融寡頭制を規定したのには，解しがたい点が残っていると指摘せざるをえない。しかし第3に，国際比較的にはドイツの工業的進出に対してフランスの「金融軍」の活躍が目立ち，それがとくに係争地点のバルカン，中東からロシアにかけて展開され，イギリスの副官としてドイツ包囲網を敷いていったことが注目される。ジャン・ブーヴィエが紹介しているように，フランス石炭協会事務局長（Henry de Peyerimhoff）は1914年春のシアンスポ（政治学自由学校，高級官僚への登竜門）の同窓会で講演し，列強の「利害保護とその強化が日常的な国際闘争となっている。その結果が民族の将来を決める。……そこで何に頼るか，……われわれの資本であるが，……防衛なき「富」は弱い。……

フランスの工業家と金融家も国外では国内では知られていないような激しい競争にさらされている……」[112]ことを強調した。ちなみにロシアでは，その重工業，鉄道などの公益事業，資源（たとえば石油＝ロスチャイルド）をめぐって，フランスの銀行と一部重工業企業が緊密に連携しながらまさに「金融資本」的なフランスの「極西部」を，ロシアに形成しつつあったという研究もある[113]。

第4に，フランスが雄大な「海外帝国」を領有する帝国主義国となったこと，それは王者イギリス帝国には及びもつかなかったが，若い帝国主義国ドイツや日本のそれに比べれば均衡を失したともいえる大きさをもっていたということがある[114]。しかしこの点では，植民地経営が実はうまくいっていなかったとか（すでにみたように資本輸出および貿易に占める植民地のウェイトは10％強にとどまっていた），植民地事業の損益計算は差し引きすれば結局マイナスであったとか，植民地領有を推し進めたのはフランス「金融資本」ではなかったとかの議論[115]を，ここで取り上げる必要はないであろう。植民地活動にははじめから明らかにフランスの「金融資本」——それをどのように解そうと——が働いていたのであり，また20世紀初頭のフランスは，小市民さらには一部労働者および社会主義者までも巻き込んで，「普遍主義的意図〔フランス文明とその大革命以来の民主主義をもって植民地人民を同化するという意図——引用者〕をもった植民地主義的かつ合理主義的な民主主義」[116]の国という風貌を呈しはじめていたということを指摘しておけば足りる。ただ西欧の学界では，ヒルファディング的な金融資本がその資本過剰をもって資本輸出と世界の分割の元凶になった，という響きのあるレーニンの説明への抵抗感が残っている。歴史感覚としては，イギリスについでフランスを中心とした西欧の世界への横溢のなかで，それに雁行していたドイツがその金融資本によって前者に挑戦したという構図にどうしてもなるからである[117]。

最後に第5として，帝国主義のいわゆる「寄生性」あるいは「腐朽性」についてふれておこう。この性格を老大国になりつつあったイギリスについて鋭く指摘したのはホブソンであるが，フランスも商品（資源も含む），資本，労働力という3面において，既述のように腐れたといってもよい寄生的性格

を明らかに強めていたということができる。この点では問題はない。しかしこれに関連してレーニンが『帝国主義論』で，おもにドイツ社会民主党の指導者カウツキー批判の形をとりつつ，またかねてからのエンゲルスのイギリス労働運動批判にも拠りつつ，ヨーロッパの「労働貴族」が帝国主義によって「買収」されているという形で議論したことには，なお問題が残っている。レーニンの『帝国主義論』には，少なくとも彼の実践目的からして遠慮があった[118]。第一次大戦前のヨーロッパの労働運動および社会主義運動の研究がいま一歩進められる必要がある所以である。

注
1) 前章である程度みたように，ドイツに併合されたアルザスはフランス随一の綿工業とそれに関連する機械工業（およびフランドルにつぐ多角経営農業）で，また割譲されたロレーヌ部分は鉄鉱床と製鉄業で，いずれもフランス資本主義の重要な戦略的高地の2州であった（奪われた両州あわせて人口160万人，面積145万ヘクタール）。勇戦したベルフォールは講和交渉で救われたが（のちのベルフォール地域＝県），そのかわりにロレーヌ割譲部分が増やされ，その地片はルクセンブルクに近い富鉱地であった。
　当面フランスの工業生産はわずか2年ほどでその喪失分を取り戻し，賠償金もフランスの豊かな貯蓄（それまでの対外投資残高の対独売却も含む喰いつぶしと国民からの新たな資金動員）と対外借入能力によって，支払期限を半年繰り上げて完済され，それにより担保となっていた一部占領地も解放された。
　割譲後，独領エルザスの綿工業資本の一部はヴォージュを中心に仏領での工場新設・移転をかなりはかり，ロートリンゲン（独領ロレーヌ）の製鉄企業の2, 3も仏領ロレーヌ（新しくムルト・エ・モーゼル県となった）に移った。ドイツ化を嫌った住民の一部はフランス内に移り，そのアルジェリア移住政策もとられた。戦後，ドイツはフランス所有のドイツ産業証券を相当買い戻し，さらに1880年頃エルザス・ロートリンゲン所在のフランス系企業のドイツ化政策を打ち出す。これにより独領内フランス系企業のフランス国内への分封あるいは移転が，ドイツの保護関税政策もあっていまいちど起こったが，しかしこれによっても旧フランス系会社が完全にドイツ化されたわけではなく，事実上あるいは実質上両国にまたがる銀行，工業企業が残った。住民感情も含めてエルザス・ロートリンゲンは完全には「ライヒスラント」化しなかったのである。

フランス系会社のドイツ化は，のちにみるように第一次大戦直前になっていまいちど問題となる。

　アルザス・ロレーヌの割譲問題は，周知のごとく第二次大戦まで70年もの間，従前にも増して仏独関係の，ひいてはヨーロッパの禍根となるが，マルクスはドイツの割譲要求問題が登場したばかりのとき，もし割譲が強行されればドイツはやがて「ふたたびもうひとつの『防衛』戦争……それも人種戦争──スラヴ，ラテン両人種の連合に対する戦争の準備をしなければならなくなる」であろうと，第1インターナショナルの宣言をつうじてすでに警告していた（マルクス『フランスにおける内乱』村田陽一訳，国民文庫版，44頁；木下半治訳，岩波文庫版，39頁）。その予言はともかく，この割譲は当面フランス，ドイツ双方のナショナリズムを大きくかきたてることになった。フランスでは両州の奪還と対独復讐が消え去りがたい愛国的目的のひとつとなり，ドイツでは両州がとくに「ライヒスラント」と呼ばれたことに現れているように，新帝国の統一の象徴とされた（9月2日はセダン・ターク──セダンでの戦勝記念日──とされた）からである。

2）　鉄道（35億フラン）のほか運河，国道，都市開発，学校など総計50億フランを超えた大公共事業プログラム。結果的には80億〜90億フランの財政支出を要したといわれる。

3）　Michel Augé-Laribé, *La Politique agricole de la France de 1880 à 1940*, 1950 の冒頭の叙述を参照されたい。しかしフランス農業については，これまでと同様に以下でも叙述を省略せざるをえない。

4）　この1980年代初頭の好況，恐慌について，ブーヴィエは，それが鉄道建設時代から資本輸出時代への転機となったという性格づけをしている（Jean Bouvier, *Le Krach de l'Union Générale (1878-1885)*, 1960）。たしかにこの好況はフランスにとって，第二帝政期的，すなわち自由主義段階的な遅ればせのブームであったとみることができよう。

　鉄道についていえば，採算性が悪くて鉄道会社が自発的に建設しそうもない地方路線を建設するために財政資金が投入され，年間新設距離はいわゆる軽便鉄道も含めて，1881年に1424キロのピークに達した。40年代，50年代（敷設マイル数では50年代より60年代が大きかった）に続くこの第三次鉄道建設で，好況の一原動力としての鉄道時代は終わった。フレシネ・プラン提案前後には鉄道国有化問題も提起されていたが，結局，国が開発した新線の経営を既存大会社に委託し，その後の新線建設費も含めて鉄道会社の社債利子，株式配当を保証するという83年のフレシネ協定（独占的大鉄道会社を利する「極悪協定」と

して世人から非難された）が締結されて，6大鉄道会社の勝利と安定に終わった。しかしこの最後の鉄道建設もフランス製鉄業にとって好材料ではあったが，もはやその発展を保証するに足るだけのものではなかった。

　ユニオン・ジェネラル銀行の活躍とその破産事件は，その主要舞台であった中・東欧をめぐる当時の国際情勢を別とすれば，第二帝政期のクレディ・モビリエの二番煎じであったといってよい。しかし，同行が共和政の進展の前で保守的なカトリック系の資金を扱っていたこともあって，同行を殺したのはユダヤ人たち＝金融資本家たちであるというイデオロギー的問題をあとに残した。また，この後もフランスの資本による外国，植民地での鉄道建設は続くが，もはや第二帝政期ほどの意味はもたなくなる。

　最後に，1882年の恐慌は多分にフランス独自のものであったと同時に，直接的にはフランス国内で中部商工業地帯の金融的中心であるリヨン株式市場から発生したという意味でも注意を惹く。それは第1には，同地方の石炭・製鉄，化学，絹，綿などでの当時の好況が，世界的不況基調のもとで本格的のものではなかったことを意味する。第2に，それまでフランス経済近代化の最有力な軸をなしてきたリヨン・サンテチエンヌ経済圏——とくにその重工業——の相対的な停滞あるいは落込みが，それ以降明白となる。第3に，ユニオン・ジェネラルが主導した他の諸銀行を含めた競争的かつ投機的な投資・金融活動の行過ぎが，リヨン株式市場，つづいてパリ市場の崩落を招いた。リヨン金融市場はこれ以降，従前以上に外国証券の取扱いに重点を移すとともに，パリ市場との格差をさらに増していくことになる。

5）　そのエピソード的好例は，エジプトの太守が財政難から売りに出したスエズ運河株式会社の株式持分を，フランス側がもたついている間にイギリス政府が買い取ったことであろう（このエピソードについては，Jean Bouvier, *Les Rothschild*, 1960, 井上隆一郎訳『ロスチャイルド ヨーロッパ金融界のなぞの王国』河出書房新社，1969年を参照されたい）。よくいわれるように，スエズ運河はフランスの企業により，エジプトの負担において，イギリスの利益のために建設された，ということになったのである。

6）　このようにして，フランスにおいては普仏戦争での敗北，第三共和政の成立，大不況の到来とともに，帝国主義時代の少なくとも序幕が開始された。ジャン・ロムは，新しく政権についた中間階層上層が第二帝政期の「大ブルジョアジー」と結びついて，以前よりはいわばより民主的に展開しはじめた経済と政治のからまる「事業主義」（affairisme）——政治の商売化あるいはビジネスの政治化——の分野として，①運輸（フレシネ・プランとパナマ運河），②銀

行（ユニオン・ジェネラルとロシア借款），③植民地事業の三つをあげている（Jean L'homme, *La Grande Bourgeoisie au pouvoir (1830-1880): essai sur l'histoire sociale de la France*, 1960, pp. 299-301，木崎喜代治訳『権力の座についた大ブルジョアジー』岩波書店，1971年，395-398頁）。

　階級勢力関係と政体の変化をともないつつ，しかし国際的諸条件が大きく働いて，フランスは前章でみたその資本主義の特質全体をもって，さしあたりその延長線上で，帝国主義時代形成の一翼となっていったといってよいであろう。

7）1889年1月，パナマ運河建設会社が約15億フランの負債（うち13億フラン強が社債）を残して行き詰まった。同社の再三の起債の一部は議会の認可をへていたから，その破産は事実上，対外的国家事業の失敗であると同時に，そうした事業の性格のゆえに信頼して投資していた約50万人といわれる主として中産階層に打撃を与えた。しかしこのあと第一次大戦にかけて，ロシア借款において同じことが途方もない規模で繰り返されることになる。

　なおパナマ会社の破産は，92～93年のパナマ運河疑獄事件を残した。ずっと前から破産していた同会社の社債発行認可にあたって，数多くの議員と高級官僚が収賄し，新聞界も多額の金を受け取っていたことが暴露されたからである。そしてパナマ整理会社は，結局世紀のかわる頃アメリカ合衆国とその資本に売り渡された。

8）この間，国内政治的には対独復讐将軍（ブーランジェ）事件，上述のパナマ運河万国会社破産をめぐる疑獄事件，国論を2分したドレフュス事件があいつぎ，それらの事件をつうじて結局は大小ブルジョアジーのうちより中下層の意向を迎え入れる形で第三共和政が定着すると同時に，ブルジョア的議会制民主主義がもつ問題点をも露呈する。職人・労働者階級の上層は，諸潮流への分裂のなかで結集を開始したが，上記の中小ブルジョアジーを一面では支援しつつ，他面では自らも参加しはじめていた議会制への反発を強め，いわゆるアナルコ・サンジカリズム的特徴を次第に浮き出させていくことになる。

　それと同時に，その国内階級闘争にとっては，対外進出問題は，つねにより左あるいは右からの批判はありながらも，この年代ではまだ副次的イッシューであり，気がついてみたら巨額の対外投資残高と雄大な植民地帝国とがつくられていたという結果となり，その既成事実は左右から容認されていく。世紀末の98年，スーダンでのファッショダ事件におけるフランス共和国の対英激昂がそれを実証する。ドイツとの関係では，90年代初頭からの対露協調で安心感が与えられていたから，対独ナショナリズムの再高揚は，20世紀に入ってフランス工業の再発展が開始されてからのことになる。

9) このような評価にはなお問題が残ると思われるので，とりあえずの判断としておきたい。ただ06年にフランス労働総同盟 (C.G.T.) が発した有名なアミアン憲章——諸既成政党および諸政治セクトに対するサンジカリズムの独立の宣言——は，現在なおフランス共産党によって利用されているものの，その後の経過からいってアナルコ・サンジカリズムのむしろ墓碑銘となったといってよいであろう。
10) 1905年転機を思想的側面から論じているものとしてさしあたり，スチュアート・ヒューズ，生松敬三・荒川幾男訳『意識と社会 ヨーロッパ社会思想1890-1930』(みすず書房，1970年) をあげておきたい。
11) ただし，表2-3のもととなった数字については試算者 (F. Crouzet) 自身がさまざまな留保，条件を付けている。また，大不況下のフランス繊維工業の相対的発展については，Maurice Lévy-Levoyer, La Croissance économique de la France au XIXe siécle, dans: Annales, n°4, 1968 をみられたい。彼によると，1880〜90年には19世紀前半以来久しぶりに，絹，綿，羊毛という3繊維業が低成長のもとでの成長業種として現れた。
12) フランスの人口は18世紀に急増し，19世紀前半にもその余勢が続いたが，世紀後半とくに80年以降はほとんどストップしてしまった。そのため大革命当時人口でみてヨーロッパ一の大国であったフランスは，人口的には普仏戦争頃すでにドイツに追い抜かれ，その後イギリスにもわずかながら追い越された。

　フランス在住外国人は，センサスによれば，1911年に116万人 (1872年でもすでに74万人) を数えていた。このうちどれだけが活動人口になっていたか，また外国からの季節的出稼ぎ労働者——とくに農業における——が統計上どう取り扱われていたかは分明ではないが，外国人出稼ぎ労働者が多かったのは，農業 (とくに季節労働者)，鉱業，建築業およびいわゆる賤業的分野であった。フランスは労働者においてもヨーロッパで最も「寄生的」になっていたのである。
13) もっとも以上はおもに1906年人口調査までの数字にもとづく観察である。このような諸特徴はそれ以降第一次大戦までの工業化の進展でやや変化をみせるはずであるが——たとえば小企業数は06年調査時点がピークでその後は減少した——，統計の制約もあってこの短い期間についてそれを確かめることはできない。
14) もちろん問題は各業種にそれなりにあった。「カイコ虫病」は1860年代から70年代にかけて絹工業発展の制約条件となり，アルザス綿工業の喪失はフランス経済全体にとって明らかにマイナスであり，羊毛工業はドイツ的な大衆向け

粗製品の時代に適応できず, 亜麻工業は最も発展の可能性を失っていた, などである。これらの事情の説明は省略する。

15) この時代の繊維工業については経済通史のほか, A. Fontaine, *French Industry during the War*, 1926; A. Aftalion, The effect of war upon the French textile industry, in: C. Gide (ed.), *Effects of the War upon French Economic Life*, 1923, 参照。

16) 以上綿工業については, おもに F. Capronnier, *La Crise de l'industrie cotonnière française*, 1959, ついで J. Rabeil, *L'Industrie cotonnière française*, 1955, その他を参照した。なお, 松尾太郎「19世紀末欧米綿工業の吸引と反撥」(川島武宜・松田智雄編『国民経済の諸類型』岩波書店, 1968年, 所収) をも参照されたい。

17) ロレーヌの割譲は直接的には同地方の銑鉄生産能力と鉄鉱山コンセッションのそれぞれ約8割の喪失であった。戦後に残った北のロンウィ鉱床と南にやや離れたナンシー鉱床 (両鉱床とも埋蔵量に乏しかった) の両地区で高炉建設が盛んに行われ, 銑鉄生産能力は急速に回復した。また独領内に移ったミネット鉱床の主力であった中央地区 (メス・チオンヴィル鉱床) の西側の仏領内で精力的に探鉱が行われ, 同鉱床の延長が地中深く (200〜300メートル) に発見され, やがてそのブリエ鉱床は独領内の鉱床に匹敵する埋蔵量とそれに勝るとも劣らない品質を有することが明らかとなった。しかしブリエ鉱床の開発は出水が多くてなかなか進行せず, 世紀末になってポンタムソン会社がやっと成功した。

18) この「海岸局面」については, N. J. G. Pounds and W. N. Parker, *Coal and Steel in Western Europe,* 1957, 参照。

19) なお中部の鉄鋼資本の一部はロシアへの進出を行いはじめていた。

20) 1900年のドイツ系3地区の製銑高は約250万トン, 全ドイツの30%弱のウェイトに達し, この地区だけで同年のフランス全体の製銑高270万トンに迫りつつあった。ドイツ鉄鋼業の重要拠点となりつつあったわけであり, ドイツ重工業がイギリスを追い越していくうえでロートリンゲンのミネットとトーマス法は大きな意義をもっていたのである。

21) 以上いちいち出典は明示しなかったが, Pounds and Parker, *op. cit.*; Roger Biard, *La Sidérurgie française: contribution a l'etude d'une grande industrie française*, 1958, その他諸資料を用いた。邦語文献では古いものであるが, 南満州鉄道株式会社東亜経済調査局編『世界製鉄業 第三篇 仏蘭西製鉄業』(東亜経済調査局, 1919年) も重宝であった。

22) 大戦直前における3主要鉄鋼業地帯のウェイトは, 銑鉄ではロレーヌがフ

ランス全体の生産量の68%，ノールが14%，残り18%はその他各地，粗鋼ではロレーヌ54%，ノール23%，中部が12%であった。基礎的生産ではロレーヌが圧倒的な地位を占めるにいたったのである。しかしロレーヌは銑鉄・粗鋼および半製品あるいは重量品の生産基地にとどまり，その消費地は中部，ノール，パリなど運賃のかさむ遠方に散在していた。この点でロレーヌは，ドイツ鉄鋼業における西南部（ザール，ロートリンゲン，ルクセンブルク）と似た性格をもっていたが，その銑鉄生産量においては1913年のロレーヌが340万トンであったのに対して，ドイツ西南部は780万トン（同年のルール820万トン）に達していた。

23) フランス全体の石炭・コークス不足（輸入）問題とロレーヌのそれとはかなり事情を異にしていた。フランス全体への石炭供給はいうまでもなくイギリス炭が圧倒的であり，ついでベルギー炭であって，ルールの石炭はロレーヌを中心としたフランス東部市場に限られていた。1901年末からドイツ（ルール・ザール）の一般炭もリベート付価格，長期供給契約を含むダンピング政策でそれまでのイギリス炭市場に陸路，海路から挑戦し，これにはフランス石炭中央協会もドイツ炭への共同防衛策を業界に呼びかけるほどであったが，量的にはさほどのことにはならなかった。これに対してコークスに関してはかなり事情が異なり，輸入炭のコークス化も含めてフランスの自給率は1900年代で60%内外であり，しかも消費需要増大の前に自給率は逓減傾向にあったが，そのために必要なコークス輸入の過半はルールからであり，ロレーヌ鉄鋼業がそのルール・コークスのほとんどすべてを消費していた。

もっともロレーヌの鉄鋼業もとくに有力企業ではノール，ベルギー，ルールなどに石炭利権を相当もっていたものがあり，会社の力に応じて問題に差があったであろうことはいうまでもない。

24) ロレーヌ鉄鉱床（おもにブリエおよびロンウィ）へ進出したドイツ資本は，当初アウグスト・ティッセン，ドイツ・ルクセンブルク会社であったが，1905年以降それにゲルゼンキルヘン鉱山，レヒリング兄弟会社，フェニックス・ハスペ・ヘッシュ連合が加わり，またアウメッツ・フリーデ（ベルギー・ドイツ会社），ディリンガー（ザール・ルクセンブルク），リュメリンガー・ザンクト・イングベルト（ザール会社，ドイツ・ルクセンブルク会社と関係あり），ブルバッハ（のち ARBED，独・白・仏・ルクセンブルク系）も進出した。ロレーヌ全体の鉄鉱床コンセッション＝鉱山会社におけるドイツ資本の持分は，正確な計算はできないが，1/6〜1/7といわれた。

そうしたドイツ資本の進出を迎え入れたフランス企業は，ラティ，シャチヨ

ン・コマントリ・エ・ヌーヴ・メゾン，ゴルシィ，エスペランス（ベルギー系），シェ（ベルギー系），オーブリーブ・ヴィルリュプト，スネル・モーブージュなど，さらにド・ヴァンデルやシュネーデルであった。

25) 計算上では6495ヘクタールをフランス系会社がコントロールしていたが，しかしその圧倒的部分はプティフィス・ド・フランソワ・ド・ヴァンデル（独）のそれであり，ド・ヴァンデル（仏）の355ヘクタールのみが真にフランスのものといえたという。オーブリーブ・ヴィルリュプトの小さな利権にはゲルゼンキルヘンが参加していた。しかしそうした実態はなお明らかではない。

26) フランスとドイツとの鉄鉱石・石炭コンセッションの直接的な交換取引の例としては，1907年のロンウィ・レヒリング協定（レヒリング兄弟がヴァルロア鉄鉱山の2分の1の利権を入手するのに対して，ロンウィ製鋼はアーヘンのエクス・ラ・シャペル炭田に設立されるカルル・アレクサンデル鉱山に25％参加し，その採掘量の1/2～1/4の供給を受ける）があった。

　そのほか，1900年代半ば以降のフランス資本のドイツ炭鉱への進出例としては，見返り取引であったかどうかはわからないが，ルールのフリードリヒ・ハインリヒ会社設立（06年，フランスから商工信用銀行，ミッシュヴィル・ポンタムソンが参加），ロートリンゲンのインターナショナル石炭会社設立（06年，独仏合弁会社，フランスからはパリ連合銀行を筆頭とする数銀行とシュネーデル，アレ，ガラスのサン・ゴバンなどが参加），アーヘンでのカルロス・マグヌス鉱山（11年設立，ミッシュヴィル，マリーヌ・オメクール，ポンタムソンが参加）などがあった。

　第一次大戦直前で，フランス資本が関係していたドイツの石炭鉱区は1万8000ヘクタールに及んでいたが，ド・ヴァンデル系のそれを除けば，所要投資額はかなり大きかったものの，開発困難な鉱山がほとんどで，上述の諸例のうち出炭をみていたのは，フリードリヒ・ハインリヒ（13年，石炭47万トン，コークス15万トン）のみであった。

27) ノルマンディ鉄鉱床へ乗り出したのは，ロレーヌの場合と同じく，ティッセン（1901年）であり，07年以降主としてオランダ商人の手をつうじてクルップ，フェニックス・ハスペ・ヘッシュ，グーテホフヌングも進出した。ドイツの所有分はノルマンディ全鉱区の4分の1に達したが，それというのも同鉱床開発にフランス重工業は食指を動かすだけの活力を示さず，利権所有者はすすんでドイツにそれを売ったからであるという。

　ティッセンは同鉄鉱石を現地利用するためカーユ機械製造会社（フランス系）と10年にカーン高炉会社を設立した（ティッセンの持分は75％）。他のドイツ

資本は長期契約での鉄鉱石供給を希望していた。なお，のちの注29を参照。
28) 詳細は略さざるをえないが，アルジェリアの鉄鉱石をめぐって，シュネーデル主唱のもとにドイツ（クルップ，ゲルゼンキルヘン，ティッセン），イギリス，ベルギーの資本も参加して1902年に設立された「ウェンツァ探鉱会社」が，純フランス系「アフリカ鉱業会社」と競合し，議会，関係各省で取り上げられ，紛糾した。ドイツ資本とくにクルップの参加が問題とされたのであるが，政府は結局事態を成行きに任せた。

また世紀初頭からクルップとシュネーデルはモロッコでの鉄鉱石資源開発に関心をもっていた。この件は第一次モロッコ事件のひとつの背景でもあり，またそのなかで影響をも受けることとなった。しかし結局06年以降，フランス（シュネーデルを筆頭にマリーヌ・オメクールなど），ドイツ（クルップ，ティッセンなど），イギリスが3者同等の資格で参加する「モロッコ鉱山開発製鉄業者国際シンジケート」が結成されて一応落着した。ここでもまたウェンツァと同じくシュネーデル＝クルップの協力関係がみられたわけであるが，開発のほうは成功しなかった。

29) ドイツのロレーヌ「侵略」は1907年頃から政治的にかなり大きい問題となった。右翼系の新聞に「警告」論調が現れ，左翼議員も議会で問題にしだしたからである。左翼はロレーヌ重工業によるコンセッション対独売却をスキャンダル的なものとし，鉱山国有化を主張した。政府はこうした世論とロレーヌ重工業の立場との中間を後者寄りに動いたように解される。①ミネットの輸出を抑制するため07年に議会で提案された鉄鉱石輸出税は陽の目をみなかったが，10年関税法改正に際しては，フランス重工業の反対とフランス政府の弱腰，ドイツ重工業およびドイツ政府の反対にもかかわらず，1立方メートル当たり15サンチームという軽課ではあったが統計税（商業統計作成費をまかなうためという税）が課されることになった。②07年以降，コンセッション所有者の全面的自由処分権を制限しようという動き――1810年鉱山法の改正――が出，政府もある程度同調する面もあったが，炭鉄両業界の反対で結局法改正にはいたらず，譲渡の届出・コンセッション許可の際の条件における「行政指導」が強化された。③その結果，10年前後から，その陰にドイツ資本が存するとみられるコンセッション許可申請は棚ざらしにされ，また既存のドイツ系鉱山の開発も行政的な嫌がらせを受けるという例が現れた。たとえばアウメッツ・フリーデがロレーヌの国境を越す運搬ケーブル架設を申請したのに対して，フランス政府は東部鉄道会社の補償金要求をさいわいな理由として許可しなかった。またノルマンディのカーン高炉会社では，フランス政府の行政指導により，ティッ

センの参加を40％に削減し，加えてティッセンはカーユ機械にリッペ石炭鉱山（ラインラント）の持分の約3分の1を提供するということになってはじめて，鉱山用鉄道の建設が許可された。

このようなフランス側の動きに対してドイツ鉄鋼資本およびドイツ外務省は敏感に反応し，場合によっては報復的措置をとった。フランス鉄鋼資本の立場はすでに示唆してきたように微妙なものにならざるをえなかったが，ドイツ側のいらだたしさのほうが次第に募っていったことは疑いがない。

30) 以上の本文および注23〜29は，主として Raymond Poidevin, *Les Relations économiques et financières entre la France et l'Allemagne de 1898 à 1914*, 1969 に負っており，そのほかにこれまでも利用してきた諸文献を参照した。

31) フランス鉄鋼協会の加盟者は1914年で252名を数えていた。もっともそこには町工場的な鋳物関係業者や小機械製造業者も含まれていた。

32) 鉄鋼業との関係が問題となるのは，停滞していた中部地方の石炭業ではなく，主力であったノール＝パ・ド・カレの炭田であるが，①一般的にはロレーヌおよびノールの鉄鋼企業は，その一部が部分的な利権をもって石炭供給の契約関係を結ぶか，あるいは集団的な長期的供給契約を結ぶという関係にとどまっていた。②もっともドナン・アンザンがアザンクール鉱区を所有していたとか，すでに指摘したように大戦直前にコマントリがランス炭鉱と協力して北部に製鉄所を建設しようとしていたとかという，断片的な情報はいくつか存在する。③全体としては，両業界の協力関係は後述のように存在したものの，鉄プラス石炭という明確な組織的結合はみられなかったといってよい。

33) ロレーヌ鉄鋼業の立地と特性がドイツのザール・ロートリンゲン・ルクセンブルクとほぼ同質であることは，これまでも示唆してきたところである。だが，ドイツ西南部の背後にはルール重工業が控えていたのに比べて，ロレーヌ鉄鋼業の背景――中部，パリ，ノールその他――は分散的かつ弱体であった。そのうえ，大戦直前において，ザール・ロートリンゲン・ルクセンブルクは既述のように生産能力でロレーヌの2倍以上，単位工場の生産規模からみてもロレーヌを明らかに上回っていた。仏独の鉄鋼業の格差はあまりにも明瞭であったといえる。この点については，戸原四郎『恐慌論』（経済学全集7，筑摩書房，1972年）239頁をも参照されたい。

34) この点および第一次大戦前のフランス鉄鋼業ひいてはフランス資本主義の理解については，本書とはかなり視点を異にするが，島田悦子『欧州鉄鋼業の集中と独占』（新評論，1970年）第1章第1節を参照されたい。

35) 企業間の連鎖的管理と家族間の結合があることは明白だったが，今日なお

その実態は年報等による名簿から推察するほかなく,この特徴の意義はよくわからないままである (Pounds and Parker, *op. cit.*)。

36) Jean Bouvier et al., *Le Mouvement du profit en France au XIXe siècle*, 1965. なお,フランス鉄鋼業の高利潤については,製品販売高当たりの利益率がドイツのそれの約2倍であったという証言がいくつかある (M. Brelet, *La Crise de la métallurgie: la politique économique et sociale du Comité des Forges*, 1923, pp. 28–29)。

37) フール (Fould) は出自はオート・バンクであるが,ロレーヌのポンペイやその他各地の製鉄企業および造船会社への複雑な経営・資本参加網によって,自らの名前で呼ばれる重工業「帝国」を形成していった唯一の例である。ただ鉄鋼王というより造船業の大パトロンという傾きが強かった。

38) G. P. Palmade, *Capitalisme et capitalistes français au XIXe siècle*, 1961, pp. 232–235.

39) ジャン・ブーヴィエ,権上康男・中原嘉子訳『フランス帝国主義研究 19,20世紀』(御茶の水書房,1974年) 35頁。

40) 1900年博覧会は,鉄鋼業における集中と独占の進展ぶりをはからずも世間に印象づけた。コントワール・ド・ロンウィは,商行為における共同謀議 (coalition) を禁じた刑法419条に違反しているのではないかが,02年にかけて問題となったが,ブリエ裁判所およびナンシー上級裁判所は同カルテルについて,価格を安定させ不必要な在庫形成を避けるため,また大工業の全般的利益の見地から参加諸会社の行動を規制するという目的のためのものであり,結論的には合法的とした。これ以降,「独占」問題は,「良いカルテル」と「悪意あるカルテル」という実際上区別しえない論点をめぐることになり,カルテルのへの法的規制は事実上行われない結果となった。

41) 前注を含めて以上についてはおもに,J. Tchernoff, *Ententes économiques et financiéres*, 1933; Pounds and Parker, *op. cit.*; V. G. Venturini, *Monopolies and Restrictive Trade Practices in France*, 1971 などによった。

42) J. Bouvier et al., *Le Mouvement du profit, op. cit.*

43) Pounds and Parker, *op. cit.*

44) ノール゠パ・ド・カレ石炭業がコントワールを結成するのは第一次大戦後のことになる (J. Tchernoff, *op. cit.*)。しかし上述の鉄鋼業の特質とも関連するので,ここで第二帝政期から第一次大戦にいたるフランス石炭業を素描しておこう。この時代の石炭業は,第1にノール゠パ・ド・カレ炭田の出炭が全国の約3分の2にまで躍進したこと,第2にその反面で他の中部以南の旧い諸炭田

の生産が停滞的であったこと，第3に輸入依存度はやや低下したもののなお30～40％という高さが続き，コークスでは50％前後を外国に頼るという問題があったこと，によってまず特徴づけられる（第1章，注10参照）。また企業面では，前章でみたような第二帝政期までに出揃った諸会社がそのまま静かに発展したことが特徴的であった。生産増大が大きかったノール＝パ・ド・カレにおいても合併あるいは部分的吸収の事例は中堅以上の会社では稀で，企業間の金融的連携もほとんどなかった。また同炭田への鉄鋼企業の進出（鉱区買収あるいは資本参加）も20世紀に入って散見されだすが，ごく限られたものであった。パ・ド・カレの少なくとも中堅以上の炭鉱会社は19世紀末以降，相当の利潤をあげるとともに株式の分割その他で近代的株式会社に変わっていった。ただ配当率が次第に高まる傾向があったことが，自己金融率の高かった鉄鋼業と違うところであった（以上，ノール＝パ・ド・カレ炭田については，J. Bouvier et al., *Le Mouvement du profit, op. cit.*）。

　また鉄鋼業との直接的な結びつきが薄かっただけでなく，炭鉱会社は銀行からも独立していたという。ジャン・ブーヴィエの紹介によれば，「石炭業の場合には，マルセル・ジルの最近の学位論文『19世紀におけるノール＝パ・ド・カレ地方の石炭業』（近刊）がつぎの点を見事に明らかにしている。①石炭業における集積運動の極端な緩慢さ，それは，最大規模の企業以上に急速な中規模企業の成長となって現れている。②地方の個人銀行やパリの銀行からの石炭諸会社の独立。稀には何人かの銀行家が石炭業の取締役会に参加していることがあっても，それはけっして銀行支配のしるしではない。石炭業の管理は産業家たちの手中にとどまっていたからである。たしかに銀行は産業家たちに経常の業務は行っている。だが，銀行はいささかも彼らを取り仕切ったりはしない。石炭諸会社の株式資本への銀行家の参加も，銀行の参加もみられなかった」（ジャン・ブーヴィエ，前掲『フランス帝国主義研究』35-36頁）。ただし筆者はジルの論文をまだみていない。

　それにコークス製造の副産物たるガスを利用しての化学工業への進出，低質炭を利用した発電・配電事業およびガス事業への発展という多角的傾向もみせはじめていたが，その本格化は第一次大戦以降のことになる。

45）　ここで炭・鉄以外の重化学工業についてごく簡単に言及しておこう。
　機械工業におけるフランスの遅れはあまりにも明白であって，造船，重機械では明らかに二流国にとどまり，とくに工作機械で遅れていた。ただ船舶・兵器・鉄道機材では，輸出力および輸出余力も大きくはなかったが，後述のようにフランスの資本輸出に乗った形で海外市場でドイツ重工業と競争しようとし

ていた。また自転車や世紀末からの自動車製造においては先進性を示し，1913年のフランスの自動車製造台数は推定4.5万台でヨーロッパ随一であり，輸出台数もかなりにのぼっていた。もちろん当時は自動車製造もまだ旧来の職人的技術に立脚し，工作機械もアメリカやドイツからの輸入品であったが，第一次大戦直前にルノーはいわゆるテイラー・システム導入の試みをするにいたった。メーカーの数は200を超えていたが，ルノーのほかにプジョー，ベルリエ，ディートリヒ，それにシトロエンなどが台頭しつつあった（自動車については，P. Fridenson, Une Industrie nouvelle: l'automobile en France jusqu'en 1914, dans: *Revue d'Histoire et Contemporaine*, tome XIX, oct.-déc.1972）。

　新興の電機工業においては，外国資本の進出が目立っていた。アメリカのG.E.（トムソン・ウストン・フランス社），ウェスティングハウス，ドイツのジーメンス・シュッケルト（クレイユ電機総合会社），A.E.G.などが子会社設立あるいは合弁（または資本参加）によって活躍しはじめていた。そのほか，ベルギー資本が電鉄に，スイス資本が水力発電に進出していた。もちろんフランス資本が電気関係の新事業に無縁であったわけではなく，それら外資進出にはフランスの銀行や産業会社がその一翼を担っていたし，電気機械にはシュネーデル等が活動を開始していた。とくにアルプスの新工業（水力発電，電気冶金，電気化学）では地方銀行やパリ事業銀行も参加して活発であった。

　なお，参考のためにフランスの主要な鉄鋼，機械（電機）会社を表 2-13 で紹介しておこう。

　化学工業では，フランスは世紀末の染料革命に決定的に遅れをとり，20世紀に入ってドイツの主要化学会社の子会社設立とダンピング政策によってほとんど完全に植民地化され，それにわずかでも抵抗しうるフランスの企業は事実上，サン・ドニ会社とローヌ化学のみという結果となった。アルミではペシネー家が1890年頃までサント・クレール・ドヴィル法でほぼ絶対的な独占性を示していた。電解法への転換にはやや遅れたが，ペシネーは90年代半ばにアレ・カマルグ化学会社を設立して電解法によるアルミ生産を開始し，ピレネの電気化学，電気冶金諸会社を吸収し，アルミ生産の過半を支配していった。なお，フランス南部の豊かなボーキサイト資源の一部は，鉄鉱石の場合と同じように外国——国際カルテル——によって支配されていた。クレルモン・フェランに発したミシュラン・ゴム製造会社（1888年）は自転車，自動車用のゴム・タイヤの分野でイギリスのダンロップと競争しつつ，のちに大となる基礎を固めつつあった。人造繊維では1890年代初めにカルノ家（ヴィスコーズ会社）とジレ家とがレーヨン製造を開始，1911年に価格決定と生産調整のため販売コントワール

を形成した。

　フランスは，ドイツその他に分工場を有してヨーロッパ最大のサン・ゴバン（ガラス），ソーダ化学から発したキュールマンなどすでに確立していた有力な化学工業を有していたが，それらの会社は技術革新に退嬰的であった——とくにさきにふれたようにルブラン法を墨守して染料革命に絶望的に遅れた——といわれている（この点，G. P. Palmade, *Capitalisme, op. cit.*, pp. 240-243）。

46) 鉄鋼協会については取り扱っている時期がややあとになるが，M. Brelet, *La Crise de la métallurgie, op. cit.* が詳しい。同書によれば，鉄鋼協会とU.I.M.M.は，一方では軽工業やサービス業との関係に気を配りながら，他方ではC.G.T.（労働組合総連合）をまともに相手にせざるをえなくなることを恐れて，自らをフランス商工業者のナショナル・センターと自称することを意識的に避けながら，経済，社会の問題で活動していた。なお，鉄鋼協会については，注41にあげた諸文献を参照されたい。

47) 二つの発言がその事情をよく伝えている。ひとつは当時の政論的エコノミスト，ルロア・ボーリュの1879年の発言であって，「資本はもう国外に出ていない。フランスでは国債はもうほとんど発行されていない。資本はいつになく多く溜っているが，有利な投資口がみつからない」（エリ・ア・メンデリソン，飯田貫一ほか訳『恐慌の理論と歴史 3』青木書店，1960年，285頁に引用）というのである。ここでフランスの国債も発行されないというのは，フランスの諸銀行が協力し利益も得たドイツへの賠償金支払いのための「国土解放国債」がとっくに終わり，フレシネ・プランはこれからだったからである。

　もうひとつはそれより前の1876年になるが，クレディ・リヨネの頭取アンリ・ジェルマンの嘆声であって，「われわれは金銭の重荷で押しつぶされている。それをどう運用したらよいのかわからない」（J. Bouvier, *Un Siècle de banque française*, 1973, p. 236) というものであった。

48) Jean Bouvier, *Le Crédit Lyonnais de 1863 à 1882*, 1961.

49) Robert Bigo, *Les Banques françaises au cours du XIXe siècle*, 1947, その他。

50) G. P. Palmade, *Capitalisme, op. cit.*, p. 219 による。支店数についてはこれと違う算定数字がいくつかあるが，週に1日しか店を開かないようなものも含まれるので，いずれにしろ正確な指標とはしがたい。

51) 表2-15をみるにあたっては，第1に，貸借対照表を発表していた株式銀行だけが集計されており，私的な，すなわち合名会社形式を含む個人銀行，とくにパリのオート・バンクは含まれていないこと，第2に，銀行数の急増がみられるが，それは新設もあったがむしろこの間に株式会社に組織替えをした銀行

が多かったこと，この2点に注意しなければならない。

52) 　地方銀行の実態はパリのそれと同じように，いやそれ以上に解明されていない。だが，おもな地方銀行をあげておけば，北部ではノール信用銀行（Crédit du Nord）──1848年のリール割引銀行が71年に毛織物業者その他によって改組された銀行で，北部一帯（ノール＝パ・ド・カレ＝ソンム）からノルマンディにまで支店を設けて営業区域を拡大し，おもに預金＝手形割引銀行として発展した。その基盤が繊維，石炭，金属，食品などの諸工業にあったことはいうまでもない。ロレーヌでは既述のソシエテ・ナンセイエンヌ（ナンシーC.I., 1881年）が第一次大戦までに12の旧い金融商会を吸収し，ロレーヌ鉄鋼業とともに大地方銀行に発展した。ロレーヌの鉄鋼業その他の発起にも加わったようだが，預金銀行としての性格が強かったようである（詳しくは不明）。ロレーヌにはそのほかルノー銀行，ナンシー銀行などの中級地方銀行があって発展した。独領に移ったエルザスとその周辺では，1848年にさかのぼるミュルーズ割引銀行がフランス領内にも支店・営業所を拡げていき，1913年にフランス領内の部分は「国民信用銀行」となった（これについては後述する）。そのほかソシエテ・ジェネラルの支店は1881年にソシエテ・ジェネラル・アルザシエンヌ（ドイツ会社）となったが，親銀行との関係は波がありながらも続いていた。ミュルーズ銀行，アルザス・ロレーヌ銀行も両国にまたがって営業していた。中部工業地帯の金融中心地リヨンは，第二帝政期からパリと地元の諸銀行が競争しあう金融上の先進地であったが，1882年の恐慌で打撃を受けたのち，北アルプス（グルノーブル）やクレルモン・フェランの工業化もあってやや活気を取り戻した。全国的銀行に発展したクレディ・リヨネのほかでは，1848年創立のリヨン割引銀行の後身が98年にバンク・プリヴェ（リヨン・マルセイユ商工植民銀行）となって，むしろ事業銀行的色彩を強め，ソシエテ・リヨネーズ（リヨンC.I.）は堅実な小預金銀行として残っていた。

　そのほか商港マルセイユではソシエテ・マルセイエーズ（既述のマルセイユC.I.C.）が兼営銀行的な大地方銀行として発展した。同じくボルドーではバンク・ド・ボルドーが個人銀行から株式銀行に世紀末に改組され，それ以降の同地の工業化に相当の役割を果たした。そのほかロワール河口のナント，繊維のノルマンディ（ルーアン，ルアーヴル）などもあるが省略する。以上地方銀行については既出の諸文献における断片的な情報のほか，J. S. G. Wilson, *French Banking Structure and Credit Policy*, 1957 および豊崎善之助『仏蘭西の銀行及金融』（大倉書店，1916年），参照。豊崎氏の著書は当時としては高い水準のものである。

53) ただし既述のように表2-15には問題があり，4大銀行がそのウェイトをはたして下げていたかどうかはいまひとつ定かでないところがある（前出の注51参照）。すなわち，急増した株式銀行のうち多くは組織替えであって，それまで統計に現れなかった諸銀行の活動が株式会社化によって収録されるにいたっただけではないか，という問題があるからであり，また数字的にはそうであってもその解釈が必要だからである。少なくとも20世紀に入ってからの大株式銀行の地位低下，あるいは銀行集中傾向の逆転を同表だけから論ずるジャン・ブーヴィエの所説は性急すぎるのではないかという疑念あるいは留保を表明しておきたい（J. Bouvier, *Un Siècle, op. cit.,* 参照）。

54) 支店・出張所・派出所を含めた営業所数（いわゆるバンキング・スポット）は，1881年の115から1913年には583に達した。なお，フランス銀行の反撃的努力については，G. Ramon, *Histoire de la Banque de France*, 1929, pp. 384-406. なお同書は1920年代までの同行についての唯一の公式的通史である。

55) この点はフランス銀行の割引手形の1枚当たり平均額面の低下となって現れた。しかし同じことはパリ大銀行の手形割引業務にもみられた（たとえば豊崎，前掲書）。

56) この点について邦語での紹介としては，豊崎，前掲書のほか，十亀盛次『仏蘭西の貨幣銀行制度と金融市場』（一元社，1937年）をさしあたり参照されたい。十亀氏の著書もできのよい作品である。

　　フランスの信用制度については，小切手の使用が普及しなかったこと，手形交換所が未発達だったことなどがその「遅れ」としてアングロ・サクソン系史家から指摘されることがあるが，本文のようにフランス銀行，さらにはパリ大株式預金銀行や郵便貯金などをつうじての便宜が大いに利用されていたことに注意する必要がある。

57) この点で事件的に目立つ事例は，フランス銀行が1870～71年の敗戦とパリ・コミューンのおりにフランとフランス財政を救った活動，82年初頭の株式市場恐慌時にパリおよびリヨン市場に救済融資をしたこと，89年にパリ割引銀行を救済したことがあげられる。

　　それ以降第一次大戦勃発時まで，国内的には特筆すべきことはないが，対外的には2, 3度にわたり恐慌時のイングランド銀行へ救済融資をなしうるほど，一国の中央銀行としてフラン貨の守り手としての役割を固めていっていたことは強調しておいてよいであろう。小額面券の発行もあって普及度を増していったフランス銀行券に対して金準備率を高く維持し（この頃からすでにフランス銀行の金買入れ政策は国際的にやや問題視されていた），国際比較的には資金

過剰の国であったフランスの金利低位安定と，国内信用機構の起こりうべき動揺への防塞たるべきことに努力していた（あるいは，そう努力しえた）のである。フランス銀行の割引歩合はイギリス，ドイツに比べて低かっただけでなく，その変更回数もきわめて少なかった。フランス銀行については，ラモンのほかにはとりわけ適切な資料をあげえないが，既出のほかでは，H. D. White, *The French International Accounts, 1880-1913*, 1933 およびアメリカ上院の委員会報告書，National Monetary Commission, *The Bank of France in Its Relation to National and International Credit*, by Maurice Patron, 1910 をあげておく。

58) パリ4大銀行を合わせると，預金高では第三共和政発足の前後に，手形割引高および資産では世紀の替り目頃に，フランス銀行を追い越した。こうした数字をそのまま単純に理解するわけにはいかないが，1870年代に商業信用の面では両者の力関係の逆転がはじまりだしたといってよいだろう。もっともフランス銀行の運営は，その時々の行政当局や政治の影響を受けながらも，オート・バンクを含めた諸銀行あるいは金融家，有力商工企業あるいは家族——のちに喧伝される200家族＝200大株主——の手に，しかもそのうちのせいぜい十数家に握られていたから，それら有力財閥と関係が深かった大商業銀行とフランス銀行との競争の面だけを強調することはできない。

フランス銀行は19世紀中葉以降，民間銀行の発展のなかで，それと競争しながらも結局その上に乗る形で，すなわち銀行制度の面ではより中央銀行的になっていくという発展をみせた，と捉えてよいであろう。

59) J. Bouvier et al., *Le Mouvement du profit, op. cit.*; ditto, *Un Siècle, op. cit.*

60) パリのオート・バンクおよび地方の有力個人金融家の実態はよくわかっていないが，その伝統的業務——国内外産業への投資，内外の証券発行引受け，輸出入貿易と手形引受け，外国為替それに保険など——を続行しながらも，自らもその一部に参加していた諸株式銀行の発展その他によりいくつかの業務でその相対的地位は後退していった。しかし株式銀行に参加しない方針のもとに活動を続けたロスチャイルド（パリ）が，その絶頂期は過ぎたとはいえ，とくに資本輸出の面ではフランス帝国主義の有力な尖兵の一員であったことについては，ジャン・ブーヴィエ，前掲『ロスチャイルド』をみられたい。また同商会の大不況までについては，Bertrand Gille, *Histoire de la maison Rothschild*, tome II, 1967 という大著がある。

61) ジャン・ブーヴィエ，前掲『フランス帝国主義研究』25頁。

62) パリバについては，Henri Claude, *Histoire, réalité et destin d'un monopole: la Banque de Paris et des Pays-Bas et son groupe (1872-1968)*, 1969 をひとつの参

考とされたい。同書に対するコメントとして，Jean Bouvier, Systèmes bancaires et entreprises industrielles dans la croissance européenne au XIXe siècle, dans: *Annales*, n° 1, 1972 がある。アンリ・クロードが第二次大戦後に支配的な金融資本グループの核となったパリバについて，その産業グループの形成が第一次大戦前にさかのぼると同書で示唆したのに対して，ブーヴィエは，そうしたグループしたがってヒルファディング的な意味での金融資本は史学的にフランスではまだ実証されていないと批判したいようである。

63) J. S. G. Wilson, *French Banking Structure and Credit Policy,* 1957 およびシャルル・ロープカン，松岡孝児・岡田徳一訳『仏印経済発展論』（有斐閣，1955年），参照。

64) Guy P. Palmade, *Capitalisme et capitalistes français au XIXe siècle,* 1961, pp. 207-212; E. Beau de Loménie, *Les Responsabilités des dynasties burgeoises,* tome I, 1947, pp. 337-340 などを参照されたい。

65) 以上おもに，R. Poidevin, *op. cit.* の叙述による。

66) A. Viallate, *L'Activité économique en France de la fin du XVIIIe siècle à nos jours,* 1937, p. 263 および，豊崎，前掲書，参照。

67) J. Bouvier, *Un Siècle, op. cit.*, pp. 68-70.

68) たとえばレーニンも『帝国主義論』で利用している E. Kaufmann, *La Banque en France,* 1914, 参照。

69) なお両タイプの銀行間の関係では，まず1905年，パリバがソシエテ・ジェネラルの増資の半分を保証したことを契機に，それ以降，前者が後者との関係を深めたことが特筆される。大事業銀行と大預金銀行との連携強化であり，1910年には共同で外国子会社諸銀行の持株会社を設立した（この点については，R. Girault, Pour un portrait nouveau de l'homme d'affaires français vers 1914, dans: *Revue d'Histoire Moderne et Contemporaine*, n° 3, 1956, 参照）。またパリ連合銀行はソシエテ・マルセイエーズ，バンク・ド・ボルドーなど有力な地方銀行と業務提携していたなど，クレディ・リヨネだけは独立王国のふうがあったようであるが，諸銀行間には実態はわからないが，さまざまな線での関係が結ばれていたこともここに注意しておきたい。

70) ブーヴィエは，フランスの銀行制度がイギリスの「従兄弟」であり，ヨーロッパ大陸諸国のそれよりイギリス的であったといっている。J. Bouvier, Systèmes bancaires et entreprises industrielles, *op. cit.* および前掲『フランス帝国主義研究』第3章，参照。

71) 以上については，Robert Goffin, Les valeurs mobilières en France à la fin du

XIXe et au début du XXe siècle (1873-1913), dans: C. Morrisson et R. Goffin, *Questions financiéres aux XVIIIe et XIXe siècles*, 1967, 参照。

72) 以上の概数については諸文献において大差ない。フランスの証券発行については，前注の R. Goffin の論文のほか，C.-A. Michalet, *Les Placements des épargnants français de 1815 à nos jours*, 1968 も参照されたい。同書から孫引きすれば，Goldenberg, Savings in a State with Stationary Population, in: *The Quarterly Journal of Economics*, Nov. 1946 は，この時代のフランスの貯蓄率がイギリスやドイツに比べてとくに高かったわけでもないことを統計的に示しているという（*Ibid.*, pp. 208-209）。

73) 対象とする期間は違うが，さきの表 2-17 の印象からすれば，この数字は小さすぎる。その理由のひとつは，おそらくさきの R. Goffin の場合，在外フランス系諸会社のうちフランス法人会社の発行証券を国内証券に入れたためであると考えられる。なお R. Goffin は，1891年まではネイマルク（Neymarck）が当時雑誌等に発表していた推計を，92年以降についてはクレディ・リヨネによる資料を使用している。

74) その内訳は，設備投資16億フラン，建物などに2.5億フラン，在庫投資に4億フランであった（G.-F. Teneul, *Le financement des entreprises en France depuis la fin du XIXe siècle à nos jours,* 1961）。

75) フランス諸会社の株式・社債発行についてはつぎの断片的な資料しかみていないが，結論は常識的なことで誤りないものと思われる。①ソシエテ・ジェネラル，パリ国民割引銀行の1905～09年の発行について，E. Kaufmann, *La Banque en France, op. cit.*, pp. 475-482. ②クレディ・リヨネの1896～1914年の証券発行についてのジャン・ブーヴィエの分析，J. Bouvier et al., *Le Mouvement du profit, op. cit.*

なお本文で述べたほかにフランス産業証券として発行されたのは，植民地等の鉄道，ロシアにおける鉄鋼・鉱山・繊維，その他における非鉄金属鉱山，石油など在外フランス諸会社のそれであった（前注73参照）。

76) 郵便貯金は正式名を「国民貯蓄金庫」といい，1881年の法律ででき，全国の郵便局をつうじて営業する政府機関である。19世紀初め頃から全国的に発展し，主として中産階層の資金を集めていた民間の「貯蓄金庫」と競合する面はあったが，郵便貯金のほうが預金利子率はやや低く，より零細な貯金を集めていった。送金の便もこのほうが勝っていた。また両金庫は庶民へ公債等を普及させる役割も果たした。しかし両金庫とも集めた資金を「預金供託金庫」に預託し，後者は大蔵大臣の承認を得てその資金運用を行っていた。第一次大戦直

前で預金供託金庫の総資金は90億フランを超し（うち両金庫が70億フラン弱），それも長期政府関係債に70億フラン強，公共団体貸付10億フランおよびその他に運用していた（Roger Priouret, *La Caisse des Dépôts*, 1966）。なおその運用資金量は，4大預金銀行の預金総額にほぼ匹敵していた。

77) それに対して同じ期間で不確定利付証券の騰貴率はわずか15％，工業株式だけをとると20％の下落であった。

78) それらは当時「家父長の証券」（Valeurs de père de famille）と呼ばれていた。産業株式に対する中小ブルジョアの不信は，クレディ・モビリエ，ユニオン・ジェネラルあるいはパナマ運河万国会社などの破産事件から，後遺症的に世紀末まで尾を引いていた（C.-A. Michalet, *op. cit.*）。

79) この点の観察についてはアンドレ・ジーグフリードが有名であるが，彼のごく簡潔な近代フランス論として，André Siegfried, Approaches to an understanding of modern France, in: E. H. Earle (ed.), *Modern France*, 1951 を指摘しておく。参照されたい。

80) H. Feis, *Europe, the World's Banker 1870-1914*, 1930, pp. 47-49. 同書によれば，イギリスの対外投資残高は国富の4分の1以上，投資収入は国民所得の10％近くにのぼり，ドイツの数字はそれぞれ15分の1，2％にすぎなかった（*Ibid.*, pp. 14-15, 72）。

以下，資本輸出については，このバランスのとれたフェイスの古典的叙述に最も頼ったほか，R. Poidevin, R. Goffin, R. Cameron の各前掲書，R. Girault, *Emprunts russes et investissements frnaçais en Russie 1887-1914*, 1973 等を参照した。邦訳書では，C. K. ホブソン，楊井克巳訳『資本輸出論』（日本評論社，1968年）も参考になった。なお個々の文献指示や個別事例の紹介は以下では省略する。

81) H. Feis, *op. cit.*, p. 50. 既出の表2-23もあらためて眺められたい。なお，世界におけるフランス金融軍とドイツとの角逐と協調については，R. Poidevin, *op. cit.* の研究がある。

82) 邦訳で読める手っ取り早い概観としては，アングロ・サクソン系の研究であるが，ミカエル・トレーシー，阿曾村邦昭・瀬崎克巳訳『西欧の農業』（農林水産業生産性向上会議，1966年），ゴードン・ライト，杉崎眞一訳『フランス農村革命』（同会議，1965年）をみられたい。なおフランス人のものでは，M. Augé-Laribé, *La Politique agricole de la France de 1880 à 1940*, 1950 が古典であり（この著者にはほかに数点の著作がある），最近のものでは，Pierre Barral, *Les Agrariens français de Méline à Pisani*, 1968 が評価が高い。

83) 第三共和政の政治史を階層編成における大ブルジョアジー，中産階層，労働者層という順序でのより左へのせり上がりと，第一次大戦前の外交における対独復讐問題と植民地政策との背反性とを柱にして叙述したものとして，横山信『フランス政治史 1870〜1958』（福村出版，1968年），参照。
84) 時の首相ティエール，大蔵大臣プイェ・ケルティエは関税引上げ論者であった。マルクスは「ルアンの『名声』ある木綿紡績業者であるプイェ・ケルティエ」が割譲されたアルザス綿工業に対して保護関税を実施しようとしてビスマルクに断られたことを取り上げ，「反革命をルアンで賃金を切り下げる手段と心得え，フランス諸州の割譲をフランスで彼の商品の価格を吊り上げる手段と心得ていたこの男」と嘲笑している（マルクス『フランスにおける内乱』国民文庫版，101-102頁；岩波文庫版，127-128頁）。なお1873年のティエール失脚の一因は，関税政策の失敗であったという。
85) 工業界の運動組織としては「国民労働防衛フランス工業連盟」が宣伝にあたった。
86) そのほか海運振興のため，部分的には第二帝政期からすでに行われていた「助成（補助）金」が，造船業者および大洋海運会社に与えられた。しかしこれをもってしても，第一次大戦前のフランス海運はドイツにも抜かれて二流の座にとどまった。
87) メリーヌは1881年関税法にさいしても保護主義者として活躍し，元農業大臣（83〜85年）で新議会では関税および農業委員長を兼務し，90年に提出された政府原案よりはるかに保護色の濃い関税法案を議会に報告した。92年関税率法にメリーヌの名が冠せられた所以である。彼はその後も首相，農相を務め，農業界の一部からは農業保護政策の先達，フランス「農業の父」として長く敬愛された。各地農業会議所にはその写真が掲げられていた。
88) 農産物関税はその後もしきりに手直しされ，また1897年には主として農産物について商議中に投機的な輸入が起こらないよう，政令によって議会承認前に新関税を実施できるという「錠前法」が制定された。
89) Percy Ashley, *Modern Tariff History*, 3rd ed., 1926, Part III: France, IV–VI. なおフランスの関税政策に関しては，H. F. Haight, *A History of French Commercial Policies*, 1941; Achille Viallate, *L'Activité économique en France de la fin du XVIIIe siècle à nos jours*, 1937; M. Augé-Laribé, *op. cit.*; P. Barral, *op. cit.* などを参照した。
90) R. Poidevin, *op. cit.*, 参照。
91) 以上，植民地政策については，筆者の叙述とはかなり意味づけが違ってい

るが，Henri Brunschwig, *Mythes et réalités de l'impérialisme colonial français 1871-1914*, 1960; Stephen H. Roberts, *The History of French Colonial Policy 1870-1925*, 1929 をおもに参照した。ただし前者が取り扱っている植民地との貿易，資本輸出の問題，後者が強調しているフランスの「同化」政策などについては，次節でふれる。

92) フランスの社会政策と労働運動についての本格的な研究は他日を期したい。いわゆる革命的サンジカリズムについては，喜安朗『革命的サンディカリズム パリ・コミューン以後の行動的少数派』(河出書房新社, 1972年) がある。

93) 以上および以下も含めてフランスの財政史については，森恒夫『フランス資本主義と租税』(東京大学出版会, 1967年) に多くを負っている。氏と評価の仕方が違う点もあるが，参照されたい。なお，これまでみてきたフランス経済の諸側面と同様，財政史についてもフランスにはまだ本格的な研究がない。ジャン・ブーヴィエがその研究発表の予告をしているが。

94) フランス租税制度の「退嬰性」については，ジャン・ブーヴィエ，前掲『フランス帝国主義研究』，また総合所得税法の採用問題については，森，前掲書を参照されたい。

95) 大戦前のフランス財政の乱調については，Germain Martin, *La Situation financière de la France 1914-1924*, 1925 によった。

96) G. P. Palmade, *Capitalisme, op. cit.*, p. 244.

97) ただしこの4点が彼の論文のすべてではない。ここではレーニンの『帝国主議論』との関係および行論の必要上からあえて上の4点を取り出した。

98) たとえば上述のジャン・ブーヴィエが意識している論者の一人はアンリ・クロードである。後者の仕事はつぎの2点が邦訳されている。アンリ・クロード，牧野純夫・上杉聡彦訳『フランスの独占資本 ドゴールの経済的基盤』(法政大学出版局, 1968年)，同，上杉聡彦訳『ドゴール体制と大資本』(東京経済大学産業貿易研究所, 1965年)。

99) フランス経済の後進性論議を概観したものとしてとりあえず，C. P. Kindleberger, The postwar resurgence of the French economy, in: S. Hoffmann et al., *In Search of France*, 1963, 参照。同著者にはまた，*Economics Growth in France and Britain 1851-1950*, 1964 という大著があるが，その結論は，英仏の経済発展に関する単一の理論あるいは説明は存在しないということである。

これまでの最良の議論は，本文で述べた前4点をめぐる Rondo Cameron, Profit, croissance et stagnation en France au XIXe siècle, dans: *Economie Appliquée*, vol. 10, no. 2-3, 1957 であるが，そのつきつめた論点は，フランス工

第2章　帝国主義段階のフランス資本主義　157

業の期待利潤率が低かったということに尽きる。
100) それには二つの流れがある。ひとつはマルクス・エンゲルスのドイツ・フランス農民論に拠った形のものである（その邦語文献の例としては，クチンスキー，良知力訳『労働者階級の成立』（平凡社，1970年），またわが国では吉田静一『市民革命と資本主義』（未来社，1964年）がある。ただし吉田氏はその後やや論調を変えておられる）。いまひとつはフランスの農村史研究家の心底からの深い嘆きであり，中近世フランス農村史を研究したマルク・ブロック（その主著は河野健二・飯沼二郎訳『フランス農村史の基本性格』（創文社，1959年）によって紹介されている），それとはタイプが違って農政に関係しながら研究もしたオージュ・ラリベ（前掲）の二人をとりあえずあげておく。
101) この点については，1950年代に——内ではインフレーションと政治的不安定，外ではベトナム・スエズ（エジプト）・アルジェリアからの結局は撤退という内憂外患のなかで，実はフランスの高度成長がすでにスタートしていたのに——フランスの左右両翼がともに自国経済のマルサス主義性とその原因を19世紀に遡って問題としていたこと，それに新しい世界国家アメリカの学界が第三世界のテイク・オフ（工業化）の条件への教訓の一端をフランスやわが国に求めようとし，フランスについてはその停滞性を論点としてフランス学界に挑戦したということが重なった（アメリカの影響はわが国ではフランスの場合より少し遅れて60年安保直後に，論調としてはそれとは逆に，いわゆる近代化論として——日本の成功の理由を問い，それを第三世界に応用したいという程度の議論として——，わが国の社会科学界の左翼を含めたかなりの部分を眩惑することになった）という事情を指摘しておかなければならない。それへの反動として，1960年代に入ると，第一次大戦前にもフランスはそう停滞的ではなかった，さらにはたとえばたんに「高利貸」だったわけでもない，という論調が登場した。本研究ではもちろん50年代，60年代のいずれもの研究業績を参考としてきた。
102) ジャン・ブーヴィエのほか，わが国においては，中木康夫『フランス政治史』上（未来社，1975年）第2章，第3章。
103) G. P. Palmade, *op. cit.*, p. 234.
104) E. Beau de Loménie, *Les responsabilités des dynasties bourgeoises*, tome II, 1947, pp. 411-415.
105) この点についてはジャン・ブーヴィエの見解に同意できる。同，前掲『フランス帝国主義研究』30頁，参照。
106) レーニン，宇高基輔訳『帝国主義』（岩波文庫）134頁；『レーニン全集』第

22巻（大月書店）299頁。
107) 同上，90頁；『全集』269頁。
108) リジスは E. Letourneur のペンネームである。彼はジャーナリストであり，1906年以降『グランド・ルヴュ』誌上に発表した論説をまとめたのが，レーニンの利用した Lysis, *Contre l'oligarchie financière en France*, 3e ed., 1908 である。彼は急進的左翼であったといってよいが，その後1910年からジョレスの承認を得た上で統一社会党機関誌『リュマニテ』（同名の現フランス共産党新聞の前身）に寄稿し，それを Lysis, *Politique et finance d'avant-guerre*, 1920 に1本としてまとめた。
109) 『レーニン全集』第39巻（大月書店）185-187頁。
110) テスティス（Testis）は Raphaël-G. Lévy のペンネームである。
111) このような事情については，たとえば R. Poidevin, *op. cit.*, chap. 4 を参照されたい。
112) J. Bouvier et al., *Le Mouvement du profit, op. cit.*, pp. 275-276.
113) R. Girault, *Emprunts russes, op. cit.* ただし，ロシアにおけるドイツ，イギリス資本との比較におけるフランス資本の意味合い，またそれ自身大陸的帝国主義大国であった第一次大戦前の帝政ロシアにとってのフランス資本の意義については，なお最終の判断を留保しておきたい。
114) レーニン『帝国主義論』（岩波文庫），134頁；『全集』第22巻，299頁。
115) H. Brunschwig, *Mythes, op. cit.*, 1960; D. K. Fieldhouse, *Economics and Empire 1830-1914*, 1973 などがそれである。
116) アンリ・ルフェーヴル，宗左近・古田幸男監訳『現代への序説』上（法政大学出版局，1972年）96頁。
117) 宇野弘蔵氏はこれをドイツの「再分割」要求であったといみじくも言っておられる（『経済政策論』弘文堂，1954年；同改訂版，1971年，第3編第3章第2節）。
118) レーニンの『帝国主義論』「フランス語版およびドイツ語版への序言」を参照されたい。

第3章　両大戦間期のフランス資本主義

　第一次世界大戦は，資本主義がいわゆる現代資本主義への変貌を開始する一大転機となった。とくにヨーロッパの資本主義諸国は，大戦による疲弊と衝撃を癒す間もなく，戦後の新たな事態への対応を迫られた。国際的には，強大なアメリカ資本主義と新生のソ連共産主義との両側圧のもとで，民族主義が台頭し出した植民地に対する帝国主義的支配体制を防衛し，他方で国内的には，現代的な生産力に対応する新しい生活への参加を求める労働者階級を先頭とした諸階層の諸要求に対応しつつ，それらを体制内に包摂し，統合していかざるをえなかった。そのための悪戦苦闘が国際的対立を激化させ，文字どおり世界的規模での第二次大戦を惹起し，その帰結が戦後の米ソ体制の確立，植民地・従属国の解放によるヨーロッパ帝国主義の後退であったことは周知のとおりである。両大戦間の「危機の20年」は，かつてのヨーロッパ中心の古典的帝国主義が第二次大戦後の現代資本主義へと後退し変貌する過渡期をなしたのである。

　そうした大きな潮流のなかで，両大戦間期にフランス資本主義がいかに変貌し，いかに現代資本主義を準備していったかを，以下では，第一次大戦，1920年代，1930年代の3期に分けてみていくことにしよう。その準備として，若干の長期経済指標をあらかじめ一括して示せば図3-1のごとくである。第一次大戦中については統計が不揃いであるが，その直前と直後を対比すれば，一方で工業生産や国民所得が大幅に低下し，他方でインフレーションのため物価が何倍にも高騰するなど，国民経済が疲弊・荒廃したことが読み取れる。そして20年代には，前半期にインフレがさらに進行するなかで経済が急速に復興して戦前水準を超え，後半期にはインフレが収束しながら輸出や工業生産が順調に伸び，安定的な経済発展が続くかにみえた。ちなみにこの間に，工業（鉱工業＋倉庫・運輸）の就業人口は農林業のそれを上回り，生産の集

160

図 3-1　フランスの長期経済指標（1900〜40年）

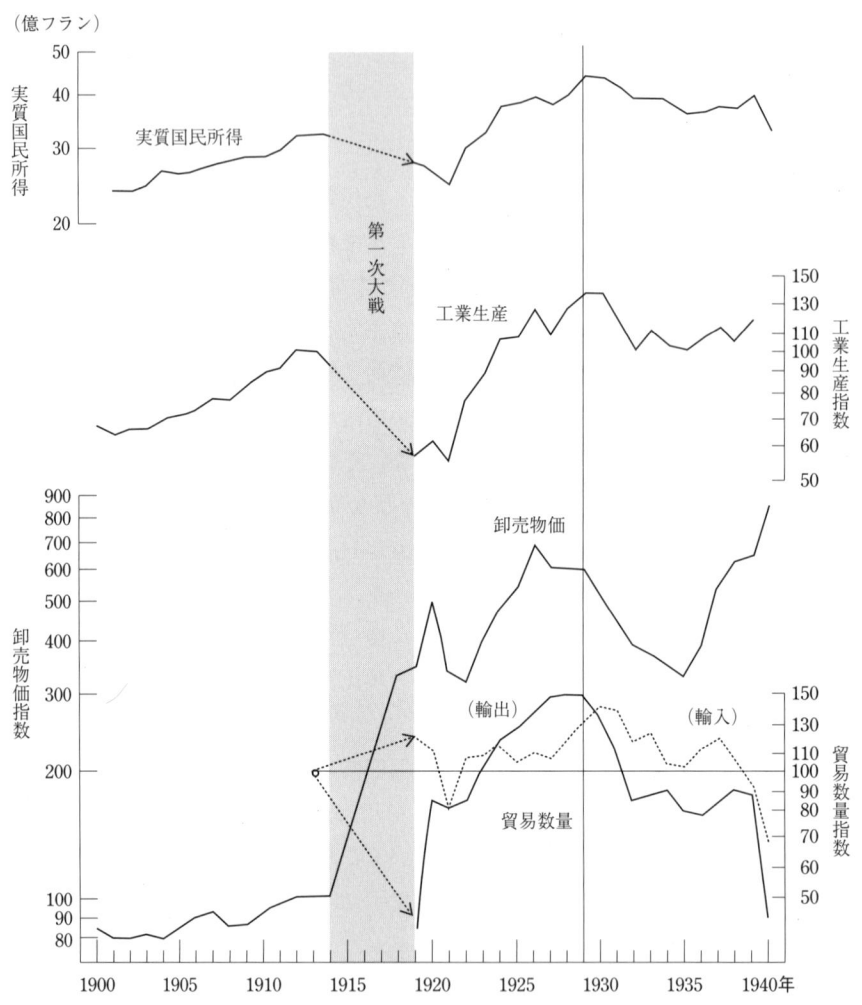

(注)　各指標とも同一尺度の対数目盛で表示し，指数はすべて1913年＝100。なお実質国民所得は1938年価格による国民純生産。

(資料)　*Annuaire Statistique de la France*, 1946, pp. 99, 162, 195.　実質国民所得は，B. R. Mitchell, *European Historical Statistics 1750-1970*, 1975, K-1.

表 3-1 経済部門別にみた企業規模別従業者構成（1906年, 1931年）（単位：千人, %）

	年	総数	（業種別構成比）	企業規模別従業者数			企業規模別従業者構成比		
			人数（パトロンを含む）	1〜10人	11〜100人	100人以上	1〜10人	11〜100人	100人以上
農林業	1906	8,763	49.2	8,591	168	4	98.0	1.9	0.05
	1931	7,614	41.3	7,440	170	4	97.7	2.2	0.1
鉱山・採石	1906	279	1.6	31	36	213	11.1	12.9	76.3
	1931	439	2.4	22	40	377	5.0	9.1	85.9
加工産業	1906	5,948	33.4	3,588	1,025	1,334	60.3	17.2	22.4
	1931	6,654	36.1	2,651	1,646	2,357	39.8	24.7	35.4
倉庫・運輸	1906	839	4.7	462	34	342	55.1	4.1	40.8
	1931	970	5.3	271	54	645	27.9	5.6	66.5
商業・金融	1906	1,891	10.6	1,615	187	89	85.4	9.9	4.7
	1931	2,634	14.3	1,853	443	338	70.3	16.8	12.8
サービス・国営産業	1906	77	0.4	2	5	71	2.6	6.5	92.2
	1931	116	0.6	4	18	94	3.4	15.5	81.0
合計	1906	17,797	100.0						
	1931	18,427	100.0						

（資料） Jules Denuc, *Structure des entreprises*, dans: Charles Rist et Gaëtan Pirou (éd.), *De la France d'avant Guerre à la France d'aujourd'hui*, 1939, p. 223.

中, 経営の大規模化もかなり進んだ（表3-1）。しかしこの経済発展も29年の世界恐慌によって中断された。この恐慌の影響はフランスでは外国よりも遅れて現れたが, 30年代をつうじて, 前期にはデフレ政策のため, 36年以降は人民戦線の施策のため, 経済は終始, 低迷を続けることとなった。それを反映して, フランスの工業や貿易の国際的地位は低下し, そうした状況のもとで第二次大戦を迎えることとなったのである。

第1節 第一次大戦とその直接的諸結果

1 大戦下のフランス経済

フランスにとって第一次大戦は, なによりもまず, ベルギー沿岸からスイス国境まで大きな弧を描いて国内に張り出した戦線における, 膠着的かつ消耗的な塹壕戦であった。フランスは北部と東部の2大工業地帯の大部分を緒

戦からドイツ軍の占領下に奪われたまま，4年にわたる総力戦を自国領土内で遂行しなければならなかった。そこで第2に，労使休戦を軸とする挙国一致態勢（ドイツの「城内平和」に対して「神聖同盟」と呼ばれた）のもとで，近代的総力戦が要求した人的・物的・資金的戦力をフルに動員せざるをえなかった。しかしフランスは独力で勝利を収めえたわけではなく，第3に，イギリスついでアメリカの陸海軍，軍需物資，資金の加援をまって，ようやく休戦に持ち込みえたのであった。

その戦争経済は，周到な事前の準備によって計画的に遂行されたわけではなく，戦争の思わぬ長期化と総力戦化にともなって，多分に状況対応的な諸措置の積み重ねにより，試行錯誤的に人的・経済的大動員，国家の経済への介入＝統制あるいは組織化が進むという過程であった。この点はドイツやイギリスの場合と大同小異であったといってよいが，フランスはそれなりの特徴を示しつつ，もはや消すことのできない遺産を戦後に残すことになるのである[1]。

第1には，北部・東部の工業を喪失しながらも，あるいはそのために，軍需生産の拡大に大きな努力が払われ，重化学工業の発展とその組織化が悪条件下である程度進行したことである。戦火による工業生産能力の喪失は大きかった。ドイツ軍占領地（国土の6％，戦前の人口の9.6％，戦前の工業労働者数では14％）と砲火にさらされた長い戦線地帯は，ロレーヌ重工業のほぼ全部と北部鉱工業の大半，それにアルザス近辺の諸工業を「戦うフランス」から奪った。戦前の工業用蒸気機関でみると工業生産能力の30〜40％の喪失であったが，表3-2にみるように労働者数からみた損失は重工業と繊維工業で重く，軍需生産能力とくにその基礎資材供給力を大きく失った。鉄鉱石では90％，銑鉄生産能力では約3分の2，石炭では約半分を失ったのである。

このような打撃のもとで，戦争が長引き軍事資材のストックが底をつくにつれて，軍需品とくに銃砲・弾薬を中心に生産増大のため多面的な努力が払われた。緊急部門への労働力の調達と配置，政府発注と所要原材料の配分，輸出入統制と為替管理，運輸部門の統制と管理，主要食料品の統制と切符制，最後にそのような戦争費用の内外からの借入れによる調達，などの諸側面での政府活動と官民協力が，あげて軍需生産の増強に集中されたのである。も

表 3-2 戦火によるフランス工業力の損失（工業労働者数からみたウェイト）

(単位：%)

弾薬生産に必須な工業			軍需に大いに必要な工業			おもに民需に必要な工業		
	a	b		a	b		a	b
鉱山	41.8	57.5	木工	8.0	15.9	石材	11.1	20.6
化学	12.8	17.6	ゴム・紙	5.7	15.0	食品	13.4	20.4
冶金	52.7	62.1	繊維	29.4	43.2	印刷・製本	9.4	13.0
金属加工	14.0	20.0	繊維品・衣服	8.0	14.4	宝石加工等	12.1	16.1
運輸	11.0	17.0	皮革	8.6	16.0	土木・建築	10.2	16.1
						石灰・煉瓦 陶器・ガラス	18.0	28.3
						商業	9.1	14.5
						金融	7.3	11.4

(注) aはドイツ軍占領地帯，bはそのほかに戦火に巻き込まれた10県を加えた地帯で，ともに戦前に当該地帯の労働者数がフランス全域に占める割合を示す。

(資料) A. Fontaine, *French Industry during the War*, 1926, pp. 19-21.

っともフランスの場合，国家による生産と配給の組織化はドイツに比べて緩慢かつ不徹底であり，そこに両国資本主義の特性の差がみられるとともに，孤立経済に陥ったドイツに比して，工業力を大きく失いながらもアングロ・サクソン世界と連携していたフランスの余裕の差が現れていた。またその生産増強における主要な隘路は，17年春を境にして前半は労働力不足であり，後半は原材料（とくに石炭）不足へと変化したが，大戦の後期におけるフランスの工業生産の水準は，労働力の総数では戦前水準に達しながらも，戦前の50％台にとどまったようである。つまり，緒戦における北部・東部の喪失をカバーしうるどころか，銃後においても全体的には縮小再生産に陥ったままであった。

しかしそれは，やや誇張した表現にしたがえば，フランス資本主義にとって「最悪の状況下で激しく遂行された第二次産業革命」[2]という一面を有し，20世紀初頭以来の経済発展を戦後20年代のそれに中継する役割を果たした。この意味での主要点を指摘すれば，①重化学工業部門の強化が他の諸部門の相対的な犠牲において強行された。この場合，製銑・石炭の増産にも努力が払われたものの，ここでは資源的制約が大きく（北部・東部の損失に由来する不足分は不十分ながら輸入に頼らざるをえなかった），製鋼・機械・化

学・電機といった先進的セクターが，軍事的要請に加えてドイツからの供給途絶や英米からの調達難という事情のもとで発展することになった。②しかもそれには技術革新がともない，戦前における重化学工業の遅れをある程度取り戻すこととなった。とりわけ機械工業では，工程の分割と作業の機械化によって不熟練労働力を利用する流れ作業的大量生産方式（象徴的にはいわゆるテイラー・システム）が導入され，またそれと結びついて部品・製品の規格化・標準化も進んだ。また石炭不足という事情のもとで燃料節約，石炭乾溜，水力電気の活用，石油の利用も進められ，電気精錬，電気化学，無線，航空，医療等におけるイノベーションも促進されたのである。③北部・東部という先進工業地帯を奪われた戦時下での軍需生産の要請は，それまでの後進地帯への工業分散と平準化という結果をある程度もたらした。パリ周辺で金属・機械・化学工業が躍進して軽工業の旧パリを包囲することになったのが，最もめざましい変化であったが，リヨン゠サンテチエンヌの中部工業もそれまでの退勢をやや挽回して重要な役割を果たした。また新興工業地帯として，アルプス地方からマルセイユにかけて戦前すでに発展しはじめていた電力・電機・化学・冶金（電気製鋼とアルミ）などの諸工業が興隆したほか，カレー，ルアーブル゠ルーアン，ナント，ボルドーなどの沿海地，それにリモージュ，トゥルーズなど内陸地でも工業発展がみられたのである。

　このような過程でフランス重化学工業の集中・独占化も進行した。この点ではつぎの3点を指摘しうる。第1に，政府発注は引渡しの迅速さと確実さを求めて，いきおい大企業に集中したから，中小企業はその下請的な役割に甘んじ，それをつうじて系列化されたり吸収されたりした。第2に，発注価格は企業の設備増強を促進させるため高率の減価償却を見込んだ高い水準に決定され，企業に多額の利潤を得させてその拡張を可能にした。第3に，政府が重要輸入原材料を統制するにあたって業界組合を利用したことがあげられる。政府は17年に入って海運や外国為替などの事情から輸出入統制を強化すると同時に，主要原材料を政府から一括購入して需要者に配分するコンソーシアムの設立を関係各業界に強制した。そこで繊維，パルプ，油脂などの原材料について関係業者が，多くの場合，既存の業界組織を母体として株式

会社あるいは協同組合の形をとるコンソーシアムを設立して原材料購販の任にあたった[3]。そのうえ政府は，これら統制輸入原料による生産物の価格をも決定した。したがってこのコンソーシアムは，たんなる原材料配給機関たるにとどまらず，一括受注とその配分および政府との受注価格の交渉まで行うことが多く，諸工業の組織化とそのなかでの有力企業のいっそうの発展とをもたらした。この3点に関連して，鉄鋼協会がいちはやく特筆すべき役割を演じたことは強調しておかなければならない。鉄鋼業は戦前からカルテルに組織化されていたが，その元締めである鉄鋼協会は16年3月以降，イギリスからのヘマタイト銑の輸入をその手中に集中し，やがて全輸入銑と政府購入銑をも一手に取り扱うようになり，戦争末期には国産・輸入を問わず全銑鉄の購販を担当した（ただし鋼とブリキについては，実際上は鉄鋼協会のもとにあったが，組織的には一応別の銑鋼製品輸出コントワールが同じような役割を果たした）。鉄鋼協会は，こうして鉄鋼に関する全面的な強制カルテルと化し，しかもそれだけではなくそのもとに結集していた石炭業，関係機械工業との密接な関係もあって，政府（とくに軍需省）のために政府の支持のもとに軍需生産の根幹的部分を代表する巨大な独占組織となり，また国家のなかの国家としての性格を強めたのであった[4][5]。

第2は，戦時下のフランス経済は労働力不足に悩み，そのことがいくつかの新しい現象を生み出したことである。大戦中の軍事動員数は，本土だけでも803万人（フランス軍全体では866万人）に及び，これは本土の人口の20.2％，20～55歳の男性人口の75％にも相当した。この兵員の配置は，大戦後半の時点で大まかにいって，前線（フランス北部・東部と中近東）に約300万人，後備に130万～150万人，動員後の農工業への転配属（兵隊労働者）100万～140万人であった（以上の数字の差は戦死傷と一時帰休）。そこで，兵隊労働者（おもに熟練工）が多数いたものの労働力不足は深刻であり，政府・コミューン・産業団体・労働組合があい協力して問題解決に努力した。とくに労働組合は，大戦前半では労働力調達局の役割を代行する観すらあった。新しい労働力供給源は婦人，少年，失業者，ベルギーや被占領地からの避難民，ドイツ兵捕虜，イタリア，スペインなどからの外国人，植民地人

表3-3　諸工業グループにおける雇用人員（1915～18年）
（1914年7月＝100の指数）

	1915年7月	1916年7月	1917年7月	1918年7月
食 品	75	83	85	67
化 学	79	102	120	116
ゴム，紙	62	74	78	76
印刷，製本	47	53	55	56
繊 維	71	78	82	79
繊維加工	65	77	79	85
皮 革	73	83	85	83
木 工	49	71	84	93
冶金，機械	82	135	167	153
貴金属	36	60	68	66
宝 石	44	50	52	53
石材，土木	34	44	51	60
陶器，煉瓦，ガラス	40	48	56	56
運輸，倉庫	79	96	97	98
その他諸工業	62	70	72	73
以上総計	68	89	100	95

（資料）A. Fontaine, *op. cit.*, p. 412.

（植民地は労働者だけでなく兵員も提供した）に求められ，工業部門における労働者数は，表3-3にみるように17年央には戦争直前の水準に回復した。もっとも，同表からわかるように冶金・機械，化学では戦前以上に労働者数が増えた反面，軍需に関係の薄い諸工業では活動が低下したままであるという，部門による著しい差を示していたし，また工業全体としても空前の軍事動員をまえに農業，サービス部門へしわ寄せしてやっと戦前水準の労働力を確保しえていたのである。またさきにふれたように，工業労働者数は全体としてかなり回復しえたとしても，その生産性は低く，工業生産は17年以降，むしろ原材料その他の隘路により低迷を続けた。厭戦気運もその一要因であった。

　それはともかく，このような労働力市場の状況から，つぎのような諸現象が生じた。すなわち，①婦人労働力の進出を含めて労働力の商品化が一般に進んだ。これには，労働者の部門間移動が促進されたこと，農民が動員や工場勤めで他の社会を見聞したことなど，諸階層の混淆と接触がみられ，それが精神的覚醒ないしは解放をもたらしたという副次的影響もともなっていた。②女性を含めて不熟練ないし半熟練労働者が増大し，他方での先述の技術革新とあいまって，ことに金属・機械工業では特定の部分工程作業のみを繰り

表 3-4　植民地の人的貢献　　　　　　　　　　　　　　　　　　　　　　（人員数）

	軍事的編入	うちヨーロッパに来たもの	うち死者・行方不明
兵　員			
植民地在住フランス人	4,000	4,000	600 [2]
旧植民地生まれの白人（クレオル）[1]	38,210	29,548	3,589
先住民　アルジェリア, チュニジア, モロッコ	269,950	269,950	35,900
その他植民地	275,290	215,140	35,453
計	587,450	518,638	75,542
労働者			
北アフリカ	143,000	129,412	―
インドシナ	51,000	48,981	―
マダガスカル	6,000	5,535	―
計	200,000	183,928	―

（注）　1）レユニオン, ギアナ, マルチニク, ガドループ, サン・ピエール・エ・ミクロン, インド, セネガル。
　　　　2）損失率15%とみた概数。
（資料）　A. Sauvy, *Histoire économique de la France entre les deux guerres*, 1965-1975, tome III, p. 277.
（編者注）　注7を参照。

返す，のちに「単能工」（ouvrièrs spécialisés, 略称 O.S.）と呼ばれるにいたる新しい労働者層が増大し，なんらかの技能か熟練を有したそれまでの労働者層のかたわらに無視しえない存在として登場した。③上述の2点と関連して，労使関係の若干の民主化と社会政策のある程度の前進が余儀なく進行した。すなわち，おもに軍需工場でのことではあったが，男女・職種・地域別の賃金格差の縮小，最低賃金の確定，女性の労働条件の規制，ショップ・スチュアードの導入，団体交渉の容認，労使紛争仲裁の強化などが，いずれも過大には評価できないとしても，政府の監視と介入のもとで部分的にしろ実施されたのである。④最後に，すでに述べたことではあるが，近隣後進諸国や植民地の労働力への寄生傾向を強めざるをえなかったこともいまいちど指摘しておこう[6)7)]。

　第3は戦争の財政面であるが，重要工業地帯の喪失と戦時下の混乱による農工業生産や経済一般の縮小のもとでは税収増にも限りがあり，戦争費用はほとんどすべて金融的に内外からの借入れによってまかなわれた。すなわち，開戦とともに14年8月5日法その他によって，フランス銀行券の金兌換停止＝強制通用力付与，最高発行限度の引上げと対政府秘密貸上げの公認[8)]，モラ

トリアム宣言,国防証券の設定その他の措置をとり,その後のインフレ的財政金融への道を開いた。簡単にいえば,国が「国防証券」(Bons de la Défence Nationale)[9]と名づけられた大蔵省証券の市中および公衆への発行＝売出し,その累積する短期信用を整理するための長期公債の発行,それに加えてフランス銀行からの直接的な借上げによって所要戦費を調達するということであり,金融制度からみれば,フランス銀行が政府証券を直接的引受け(政府貸上げの場合)あるいは割引によって抱え込む反面で,同銀行券を増発し,市中銀行はかつての商工業への長短期金融が縮小したのにかえて,政府・フランス銀行のそうした資金創出とその回収の仲介機関になるということである。これは民間経済にとっては,既述の軍需生産活動への影響を別とすれば,縮小した経済への通貨および流動資産の氾濫によってインフレーションが結果するということになる。数字をあげれば,18年末の政府の対内債務は1750億フランに達し,大戦直前の330億フランに対して実に1420億フランの増加であったが,その増分の内訳は長期公債が810億フラン,短期国防証券を含めた流動的債務が360億フラン,フランス銀行からの借上げが250億フランであった(後出の表3-9参照)。またその間にフランス銀行券発行高は5倍強の400億フラン近くにまで増え,卸売物価指数は4倍近く,小売物価指数は3倍以上に上昇した。フランス銀行券は実質上約3分の1に減価したのである。

　対外的には,輸出余力の喪失と他面での輸入努力によって,貿易収支は大幅な赤字となった。それをカバーするため,民間所有の外国証券の供出という方策も試みられたがさしたる成功をおさめず,結局,一方では政府の為替管理と輸入統制措置,他方では大戦中期からイギリスついでアメリカからの金融的援助に頼ることとなった。休戦時におけるフランスの対連合国公的債務は対英30億ドル強,対米40億ドル弱に達し,他方でロシアその他の連合諸国に対する35億ドル弱の戦時貸付けはあったが,その債権は事実上取立不能となっていたから,対英米債務約70億ドル(戦前平価換算で約350億フラン)だけが残ったといえる。この対外債務は,戦後のフラン相場下落にともないそのフラン表示金額を高めることになる(後出の表3-6参照)。だがともかく為替管理とイギリス・アメリカの金融援助によって,フランの相場は国内で

のインフレと国際収支の大幅赤字にもかかわらず戦前平価（ポンド25.20フラン，ドル5.18フラン）をほぼ維持していた。このみせかけのフラン金価値は，19年3月に連合国間金融協力停止によってその実勢への下落を開始する。そのほかフランスが戦前に蓄積していた対外投資は，戦時中の売却のほか，とくにロシア革命によって対ロシア投資分が無に帰し，ついでトルコなどの事実上の破産で大きな損失をこうむり，さらに金約款などのないフラン建て債権は戦後のフラン下落にともない実質価値を下げていく運命にあった[10]。

　第4に，大戦からやっと抜け出したとき，フランスは大きく傷ついていた。数字を簡単にあげても，まず人的には本土だけで死者・行方不明者130万人，戦傷者400万人（うち永久的廃疾者110万人，そのうち重廃疾者36万人）にのぼり，主要参戦国中労働人口比率でみて最高の出血であった。加えて戦争に起因する出生減と死亡増があり，戦後の人口はアルザス・ロレーヌの復帰による人口増がありながら，14年より約100万人減少していた。物的には，戦闘地帯の戦災と，被占領地域におけるドイツ軍の略奪と敗走時の意図的破壊とによる被害が甚大であって，その損害だけでもフランス政府の最終見積りによれば約300億金フラン（戦前の年投資額50億フランの6年分）に達した。加えて軍需的生産部門の拡大というプラスの背後に，その他部門における生産の減少と生産設備の損耗・荒廃があった。また金融面では既述のような政府の内外債務の増大と対外資産の喪失，インフレーションとフラン貨の潜在的弱化とがあった。もちろん戦争による被害などは数字や金額で表現しうるものではない[11]。以上の数字が正確であったとしても，それが意味するところは，経済・政治・社会それに国際関係にわたって多面的に慎重に解釈しなければならないが，ともかくまずフランスの損害が大きかったこと，また以下にみるように両大戦間期のフランスは，その傷の深さと意義を確かめながらそれに繃帯し続けることになるということを，ここで指摘しておきたい。それは，さしあたりパリ平和会議におけるフランスの新帝国主義的態度と，国内における労働運動の激化となって現れたのである。

2 ヴェルサイユ条約の経済条項

　パリ平和会議でフランスは，ドイツに対して普仏戦争以来の屈辱への報復をし，大戦による被害の賠償を要求し，さらにドイツの再復讐力を奪おうとした。このフランスの意図は，もちろんそのまま実現したわけではなく，世界帝国としてのイギリスの利害，レーニンの無賠償・無併合宣言の向こうを張ってウィルソン主義を唱えたアメリカの利害との軋轢のなかで，平和会議においても修正と削減を受けざるをえなかったし，またフランスがヴェルサイユ条約によって得たと思った戦利品も，その後の帝国主義的抗争のなかでその一部の実質は失われるか限定を受けることになる。しかし，フランスがパリ平和会議で最も強硬な対ドイツ制裁主張者であり，さしあたり敗戦ドイツの犠牲における最大の利得者あるいは利得予定者であって，戦後処理における最も反動的な帝国主義国として登場したことは，否定できないところである。

　すなわち第1に，フランスはアルザス・ロレーヌの奪還を実現して普仏戦争への報復を果たし，その工業力と資源とを増したのである[12]が，それに付随してザール地方の15年間の施政権（形式的にはそれは国際連盟に帰属した）とザール炭田の所有権を手に入れるとともに，ルクセンブルク大公国をドイツ関税同盟から切り離した。ドイツ重工業のルール地方につぐ重要な生産基地であった南西部をできるかぎり奪い，フランス重工業の物質的基盤を拡大して，工業力の差の縮小をはかろうとしたのである[13]。第2に，ドイツに5ヵ年間，連合諸国に対して一方的に最恵国待遇を与える義務を負わせた。この関税自主権の剥奪に加えて，フランスはアルザス・ロレーヌとルクセンブルクからのドイツ向け輸出について(事実上はザール地方についても)，戦前水準額までの片務的関税免除特権を条約に書き込ませた。ドイツとの通商関係を一般的に関税面から有利にすると同時に，上述の第1の領土変更を通商面から裏打ちしたわけである。第3に，ドイツの植民地と在外資産を没収し，連合国間でそれを分け取りしたが，フランスは「委任統治」地域としてカメルーンの80％，トーゴの60％，それにオスマン・トルコの解体によりシリアとレバノンを獲得した。フランスはその海外帝国をさらに拡大したの

であるが，とくに近東での地歩拡大にはドイツの中東石油利権問題がからんでいた。第4は，ドイツへの賠償請求権の設定であって，ここではフランスがイギリスとともに要求していた戦争費用一般の賠償こそ，アメリカの反対で引っ込めざるをえなかったが，戦闘行為による民間人とその財産の損害の賠償義務が規定され，傷痍軍人恩給あるいは補償金の賠償も付け加えられた。ドイツの東部戦線を除けば，西部戦線の舞台であったフランスの人的・物的損失が連合国のなかでは飛び抜けて大きかったから，フランスの賠償請求は切実であり，その請求想定金額もドイツの支払能力など毛頭考慮に入れずに巨額であって，のちのちまで紛糾する賠償・戦債問題においてフランスは23年のルール占領をも含めて悪役を務めることになる。細かい点はともかくとして，クレマンソー首相のドイツ「壊滅政策」の経済的側面は，さしあたり以上の4点に要約される[14]。

さらに付け加えれば，ヴェルサイユ条約はポーランド・チェコスロヴァキアの独立をドイツに認めさせたが，加えてオーストリアとのサンジェルマン条約を皮切りとした一連の旧ドイツ同盟諸国との平和条約は，オーストリア・ハンガリー帝国とトルコ帝国を解体ないし削減して，諸小国を生み出した。これは，フランス金融資本がそれら東欧・バルカンからのドイツ権益の撤退のあとを襲う形で進出する場を提供することとなった。以上要するに，フランスにとってヴェルサイユ体制とは，その重工業あるいは金融資本の土台と活動の場をドイツの犠牲において拡大し，それをもって新生ドイツを「帝国主義」的に新しく包囲しようというものであった。後述の20年代フランス経済の復興と発展は，そうした意図と舞台のもとに行われるのである[15]。

3 労働運動の一時的高揚

大戦末期1917年のロシア十月革命は，フランス国内に二つの異なった反応を呼び起こした。ひとつは，ロシアに対する巨額な貸付金と利権を失い，それもあって余計に共産主義を憎悪するか恐怖するかしたフランス支配階級の反応であって，対ソ干渉戦争への参加と戦後も執拗に続いた借款返済請求と権益復活要求とを導いた。いまひとつはいうまでもなく左翼的労働者と社会

主義者の好意的な反応であった。

　フランスでも大戦後半には反戦気分が次第に高まり，労働組合と社会党の戦争協力に批判的な動きがその内部から活発になっていたが，ロシア革命の成功はそれを一段と助長した。とくにパリとその周辺の軍需工場の金属労働者——ここではかつての熟練労働者にかわって，組合の経験もない不熟練労働者の新しい大群が出現していた——の間では「左翼」的勢力が強くなっていた。その結果，大戦終結後にフランスでも，その他のヨーロッパ大陸諸国の場合と程度の差はあれ同じように，かなり革命的な情勢をみることになった。すなわち，①C.G.T.（労働総同盟）の戦争協力「多数派」＝改良主義者たちは，革命的な「少数派」からの煽りのなかで，休戦直後に「最小限綱領」を発表し，アミアン憲章（サンジカリズムの独立宣言，前章注9参照）になお忠実であるとしながらも現存社会制度の枠内での社会改革を主張し，主要テーマとして組合権の公務員への拡大，団体協約賃金の一般化，8時間労働日制の実施，老齢・疾病・失業などの社会保険の拡大，基幹産業の公営化（鉄道・海運・鉱山・電力・銀行などの重要産業を管理者と生産者＝労働者と消費者の3者代表による共同管理とする），国内重要経済問題および外交問題の処理機構への労働者代表の責任ある参加，などの諸要求を打ち出した[16]。

　このような改良主義的諸要求は，それが両大戦間におけるC.G.T.のほぼ一貫したテーマをなしたという意味でも，また人民戦線から第二次大戦直後にかけて実現されるという点でも，そしてそれが現在なおフランス左翼統一戦線のテーマとなっていることでも，注目しておいてよいものである。②これに対して政府は，国内の政治・労働情勢，ウィルソン14ヵ条的気分が濃厚な国際状況，そして局部的ではあるがより進んだドイツの社会政策にすでになじんでいたアルザス・ロレーヌの労働者を迎え入れる必要性，などへの配慮から一定の譲歩を行った。パリ平和会議代表団の一員にC.G.T.代表を参加させるとともにヴェルサイユ条約の「労働条項」（I.L.O.設立）に賛成したこと，19年4月に8時間労働日制を法律化したこと，同年，つづいて団体協約を法制化してその強制力を認めたこと[17]，などがそれである。③しかし，19年からインフレ昂進のなかで労働者の生活苦への不満という一般的背景のもと

に高まりはじめたストライキの波は20年に頂点に達し，しかも過激な傾向を呈した。19年にはパリ地区金属労働者20万人の4週間にわたるストライキがあった。これは直接には全国金属組合連盟が雇用主連合と結んだ8時間労働協約の条件を不満として起きたものであり，下部の「行動委員会」が組合指導者たちを激しく追及し，経済的要求よりも革命を叫んだが，混乱と敗北に終わった。翌20年は2月の鉄道ストにはじまり，これは政府の介入で一度は収まったが，「革命派」は4月に鉄道の即時国有化を叫んで強引に再度ストライキに突入したものの，鉄道労働者の半数しかストに立ち上がらなかったのをみて，C.G.T.指導部にゼネストで支援するように強制した。これによってフランス労働運動史上で事実上最初のゼネストが，国の経済を麻痺させるべく1週間おきの3波の突撃として計画され，第1波で鉱山労働者・ドック労働者・海員を，第2波で金属労働者・陸運労働者・建築労働者を動員した。しかし準備不足のまま強引に，しかも多くの労働者には理解されなかった国有化による革命を主張したゼネストの試みは，C.G.T.解散命令，組合幹部の検挙と訴追，鉄道従業員2万人の解雇といった政府の弾圧政策のまえにもろくも挫折した。20年初頭に200万人前後を数えたC.G.T.組合員数は同年末には60万人に落ち込んだ。④この労働組合運動の敗北に分裂が続いた。敗北の責任のなすりあいもあって労働運動内の左右の対立はかつてなく高まり，おりからの第3インターによる赤色労働組合インターナショナル（プロフィンテルン）結成政策もあって21年9月についに分裂し，新共産主義者・アナーキスト・サンディカリストなどの混成部隊からなる革命的少数派は，C.G.T.を脱退して新たにそれに対抗するC.G.T.U.（統一労働総同盟）を結成し，プロフィンテルンに加盟した。なおその前年にはカトリック系組合運動が統一して新たにC.F.T.C.（フランス・キリスト教労働者同盟）が小勢力ながら誕生していた。

　これ以降20年代には，好況と完全雇用という環境，労働運動の分裂という傷のもとで，労働者の闘争は共産党系の少数運動を除いて鳴りを静めることになる。このような戦後フランスの労働運動の一時的高揚と挫折には，近代的大工業労働者あるいはより狭く当時のいわゆる「単能工」・「プロレタリア」

が，大戦直前から戦中に増大したとはいえ労働者階層全体からみれば小部分にすぎなかったこと，その彼らは反抗的ではあったが組合経験と政治意識が浅く，即効的な利益を求めていたこと，労働組合の革命的少数派は戦争への憎悪とロシア革命への共感では一致していたが，流動的な諸イデオロギーが渦巻く混成部隊でしかなく，上記の新プロレタリア大衆を組織化しえていなかったこと，などの事情が抑制的に働いていたということができよう。しかしそれはより大きくは，フランスが重傷を負いながらも戦勝したことに刺激されて，政治的・社会的雰囲気が一時的にしろ復古的保守主義，対独復讐色の濃い新帝国主義，あるいは通俗的にいって勝利感とナショナリズムの高揚に色濃く染まっていたことによるものといってよいであろう。たとえば19年11月の総選挙では，いわゆる国民連合（Bloc National）が勝利し，多くの在郷軍人が当選したことから下院は「軍服議会」と呼ばれるにいたったのである。また大戦後半から労働運動の場合以上に左右への分裂傾向が強かった社会党（S.F.I.O.）は，この選挙での敗北のあと20年12月のトゥール大会で分裂し，多数派は脱党して新たにフランス共産党（正式名はS.F.I.C.：共産主義インターナショナル・フランス支部）を結成し，その分裂がさきにみた労働運動の分裂にも及んだという事情も制約条件となったのである。だがともかく20年代のフランス資本主義の発展は，労働運動の以上のような経過による沈滞，したがって少なくとも外見上は社会・労働関係の安定という状況のなかで展開されるのである。

第2節　1920年代——フランス経済の再興隆とその限界

1　復興財政とフラン危機

　休戦時におけるフランスの出血ぶり，損害の程度，政府の債務状況についてはすでに述べた。その戦後処理あるいは復興の必要性は，戦時中に引き続き巨額の財政支出を必至としたが，それはドイツに対する賠償請求問題と結びついて，赤字財政の継続ということに帰着した。それは当然，物価の騰貴とフラン相場の下落を招き，内外の政治問題ともからまることによって，24

年春と26年前半の2度にわたる通貨危機に発展した。この危機の打開策は，すでに消費してしまった巨額の戦費と復興費を誰の負担でいかに処理するかをめぐる階級闘争として模索され，26年夏にポアンカレによる挙国一致内閣の成立によって一応の解決をみることになる。財政収支の均衡回復とフランの切下げによる金本位制への復帰である。このような問題の推移は，それが第1に，19世紀的な貨幣安定からの訣別，絶えざるフラン価値下落と物価騰貴という現代への移行を告知していたこと，第2に，財政・金融問題が以前とは比較にならないほど国政上で重要な問題として登場したこと，第3に，それははからずもその後現在まで繰り返し行われるインフレ的経済成長政策の嚆矢となったこと，の3点で意義づけられるであろう。また本書ではあまり言及しないが，それがポンド・スターリング中心の金本位制崩壊という，国際通貨制度の大きな変化のかなり重要な一契機だったことも付言しておこう。

復興財政

　この時期のフランス財政は混乱をきわめ，いまもって正確な収支決算はなされていない。戦中から戦後にかけて国の活動が多面的かつ緊急に要請されるにつれ，計画性もなく「事務局」(office)，「事務所」(commissariat) など，半官半民の行政主体が乱立し，ときには所管省庁も定まらない状況で行政＝支出が行われた。それを反映して国の予算は，①一般通常予算のほかに数多くの特別予算，臨時予算，例外的予算，付属予算が錯綜し，②その一部は不確定な，ときには将来の仮定の収入にもとづき，また歳入見積りの水増しも行われ，③なかには多年にわたって決算されないものもあり，④また政局の不安定から予算が年度当初までに成立せず，1ヵ月ごとの暫定措置（12分の1分割予算）が繰り返されて年度半ばにいたることもあった。そればかりか，24年には40億フランの国防公債が行方不明になるという信じがたい事態さえ生じた[18]。

　それはともかく，第二次大戦後の63年に公表された回顧的概括統計によれば，当時の歳入・歳出は表3-5のごとくであった。その基本的な特徴は財政

表 3-5 歳入歳出一覧[1)] (1963年における最終決算, 1913~31年)

	一般予算			臨時・特別予算[2)]		
	収 入	支 出	剰余・赤字	収 入	支 出	剰余・赤字
1913	5,092	5,067	+25	—	—	—
1914（ノール県）						
1914						
1915						
1916						
1917						
1918						
1919	13,282	11,029	+2,253	—	28,941	−28,941
1920	22,502	22,128	+374	3	17,516	−17,513
1921	23,119	23,290	−171	451	9,555	−9,104
1922	23,888	26,761	−2,873	11,538	18,426	−6,888
1923	26,224	25,651	+573	263	12,642	−12,379
1924	30,568	30,921	−353	4,821	11,589	−6,768
1925	34,768	36,275	−1,507	—	—	—
1926	43,064	41,976	+1,088	—	—	—
1927	46,086	45,361	+725	—	508	−508
1928	48,177	44,248	+3,929	—	—	—
1929~30 [3)]	64,268	58,849	+5,419	—	485	−485
1930~31	50,794	55,712	−4,918	—	—	—

(注) 1) 公共企業体関係の「付属予算」および1926年以降の「減債金庫」を除く。
2) 1920~24年では「平和条約の執行により回収可能な特別予算」がその主要な内容である。
3) 財政年度変更（暦年から4月起算）により15ヵ月分になっている。

(資料) *Statistiques et Études Financières*, juillet 1963, n°175.

支出の膨張と財政赤字にあり、その主因であった戦後処理費と復興費、およびそれをまかなうと称して開設された「平和条約の執行により回収可能な特別予算」が象徴的であった。

まず経費面では、戦争被害に対する補償政策が「ドイツ野郎に支払わせるさ」というムードのなかで気前よく決定され、これがすでに戦時中に累積していた長短期公債をさらに増加させるとともに、その元利支払いのための公債費を激増させていった。この場合、人的犠牲や私有財産の損害はあまりにも大きく多面的であったから、その補償を全面的に行うことはそもそも不可能であったが、当時の状況のもとで市民的な公平を多分に欠く形で補償が強行されたのである。まず19年3月31日法により傷痍軍人および戦死者遺族（戦争未亡人、戦争孤児、息子を失った両親たち）には戦争年金が与えられ

(単位：100万フラン)

合計		
収　入	支　出	剰余・赤字
5,092	5,067	+25
51	57	−6
4,549	10,065	−5,517
4,131	10,925	−6,795
5,252	28,113	−22,861
6,943	35,320	−28,377
7,621	41,897	−34,276
13,282	39,970	−26,688
22,505	39,644	−17,139
23,570	32,845	−9,275
35,426	45,187	−9,761
26,487	38,293	−11,806
35,389	42,510	−7,121
34,768	36,275	−1,507
43,064	41,976	+1,088
46,086	45,869	+217
48,177	44,248	+3,929
64,268	59,334	+4,934
50,794	55,712	−4,918

ることになり（同法は同時に「傷痍・傷病・退役軍人局」を設置し，傷痍軍人の無料医療と職業再教育にあたることも決めた），同年7月には民間の戦争犠牲者にもそれが拡大され，のちさらにアルザス・ロレーヌの旧ドイツ軍人犠牲者，大戦前の傷痍軍人，職業軍人，戦争中後方勤務であった動員兵へと適用範囲は拡がっていった。さらに10年間にわたりくすぶっていた軍人恩給問題が30年に決着をみて，戦争年金・軍人恩給制度は一応体裁を整えることになる。

しかし第1に，補償政策といっても，戦死者や戦傷病者について近代保険業的計算による遺失所得の補償はとても望みえなかったから，少額の生活扶助的な年金あるいは恩給を次第により多数の人々にばらまくしかなく，遺族や在郷軍人の意を左右諸党派が競って迎えるなかでそれが実現されていった。第2に，少なくとも20年代においては，この問題は一般的な社会保険制度がイギリスやドイツに比して格段に遅れていたフランスでは，その代替制度としての性格を次第に強め，その矛盾の解決方法をそれ以降に遺すことになった。第3に，戦争年金制度は大きな財政負担を課した。ここでも正確な数字はなお得られないが，たとえば26年の年金件数は387万件に達し，その年金経費は約42億フランで国庫支出の約10％を占めていた。両大戦間期をつうじて年々の年金・恩給費は国民所得の平均2％強にあたり，その20年間の総経費はつぎに述べる物的損害補償の総額に近いものについた。

財産の戦災補償についても，19年4月17日法（罹災者憲章）で原則が打ち出されたが，それは物的戦災に対する全面＝全額補償方針であって，フラン

表3-6 物的被害への支払い総額
(単位：10億フラン（時価）)

国有財産	1.9
その他公共財産	1.6
その他出費（道路など）	8.6
鉄　道	2.3
船　舶	5.0
私有財産	83.5
総　計	102.9

(資料) A. Sauvy, *op. cit.*, tome I, p. 209.

ス本土・植民地・アルザス・ロレーヌのフランス人個人，社団，公共施設，県・市町村に属していた動産・不動産すべての戦災に対して国が全面的に全額の損害補償の責任を負うことを明らかにした。対人補償が当初からたんに扶助的性格にとどめられていたのに対して，戦闘にもとづく公私の財産損害は全面補償するというのは，すでに均衡を失しており，また物的にみても，直接砲火を浴びなかった財産（戦時下で困窮し老朽化した非軍需産業の設備や不動産，インフレで目減りしたかロシア革命などでゼロとなったような動産とくに預金・証券資産）への配慮はないままでの全額補償方針であった。このように直接的被戦災財産が二重の意味で偏って優遇された背景には，第1に，フランス北部・東部の農工業施設が戦争のため破壊され荒廃したという生々しい現実と，コップを壊したヤツはそれを賠償するのが当たり前だとする当時の国民感情があり，第2に，同地方の主要農工業の復興がフランス経済の再建にとって至上命令であり，第3に，罹災地域の産業界・政治家・旧住民が公的資金による復旧を要求していた，などの事情が存在した。しかしその点を措いても，この補償方針は実施面でも問題をはらんでいた。第1に，被害を誰が，いかに，どの程度に査定するかという問題があり，第2に，補償金がいつ，どのような形で支払われるかという問題があり，第3に，とくに市街地や農地では被害額査定の困難もあって，補償は旧状復帰という保守性を帯びざるをえないという問題もあった。

そうした一連の問題を含みながらも，政府の物的生産力再建最優先の方針のもとに，補償金の支払いは21年をピークとし，24〜25年までに基本的には完了し，31年までにほぼ完全に終わった。その所要総経費は時価フランで1000億フランを超え，戦前金フラン換算では277億フラン，その内訳は表3-6のようであった[19]。この復興財政支出は国家資金の濫用をともない，インフレ加速の重要な一因ともなったが，しかし他面，結果においてはたんなる

物的復旧ではなく，とくに北部・東部10県の工業部門における技術革新を含んだ復興＝発展に帰着したのである。

　つぎに歳入面では，大戦中と同様に大戦後にも，さしあたりドイツからの賠償収入を引当てにするという口実で長短期公債の発行とフランス銀行からの借上げに頼り，租税増徴への本格的取組みはなおざりにされた。しかしそれでも，20年から増税による収支均衡策と，予算制度の簡素化と統一性回復への動きがみられた。後者の予算正常化では，20年に通常軍事費が一般予算のなかに統合され，その後諸特別会計が掃討され，25年には通常予算が一応再確立した（さきの表3-5参照）。ただし，おもに公社・公共企業体に関する付属予算は別枠として残された[20]。また前者の租税増徴努力は，20年に所得税制のかなり本格的な適用と取引高税の新設によって開始された。大戦直前にカイヨー案の修正という形で採択をみた所得税法は，大戦中の17年に実験的に施行されたのち，20年になってともかくも本格的に実施された。その詳細は省くが[21]，フランスの所得税は8種類に分類した所得に対する予定（申告）所得税とそのうえでの総所得に対する累進的な総合所得税との二重課税方式を特徴としていた。しかし実質的には農業所得を事実上免税扱いとし，自由業・商工業・動産（証券）からの所得を少なくとも結果的には優遇していたから（所得申告におけるごまかしと税務当局の所得捕捉での怠慢ぶりはヨーロッパで国際的名声を得ていたほどであった），相対的には捕捉されやすい勤労・俸給所得への重課となるという特徴をもっていた。ついで，取引高税ないし売上税（商品売買あるいは金銭契約に関する印紙税に淵源し，現在の付加価値税につながる）のほうは，大衆的消費税の増徴には限界があるところから，それを補捉し簡単に多額の税収をあげうる税として，結果的には後転的な消費者大衆の負担になる税として新設され，数年のうちに一般消費税とならぶ税収をあげるようになった。両新税についてはこのような問題があったが，その後の税率引上げにより，あるいはより基本的には経済の復興・発展によって税収増がもたらされ，財政赤字は傾向的には縮減していった。後述するように26年のフラン危機は，財政が実質的にはかなり健全化していたにもかかわらず，なお起きたものであった[22]。

表 3-7 国家債務（額面，1918～32年）　　　　　　　　　　（単位：百万フラン）

年月末	永久債・償還債	短期債・流動債	対内債務計	フランス銀行貸上げ金	対外債務 為替相場で	対外債務 平価で
1918.12	67,779	37,715	105,494	18,000	27,328	29,320
1919.12	98,636	53,401	152,037	25,600	62,370	33,600
1921. 5	136,071	59,932	196,003	26,200	75,164	35,535
1922. 3	155,068	65,550	220,618	21,500	74,876	35,724
1922.12	160,878	65,607	226,485	23,600	117,037	37,869
1923.12	183,750	63,658	247,408	23,300	165,500	38,794
1924. 6	190,245	67,357	257,602	23,000		36,000
1925. 4	199,527	63,097	262,624	23,250		36,700
1925.10	199,252	59,114	258,366	29,950	136,000	36,400
1926. 3	203,807	57,185	260,992	36,250	196,000	36,700
1926.12	201,274	62,339	263,613	34,000	178,000	36,200
1927.12	218,396	56,039	274,435	23,350	180,983	180,983
1928.12	244,011	44,653	288,664	―	181,635	181,635
1930. 3	245,503	34,370	279,873	―	200,256	200,256
1931. 3	243,951	39,089	283,040	―	197,528	197,528
1932. 3	243,856	40,469	284,315	―	196,774	196,774

（資料）　A. Sauvy, *op. cit.*, tome I, p. 520. 原資料は *Annuaire Statistique de la France*. ただし，次表に示すソーヴィの推定値とはかなり違う。

表 3-8 国家対内債務（額面，1918～31年）
（単位：10億フラン）

年	金額
1918	153
1919	218
1920	246
1921	280
1922	293
1923	330
1924	338
1925	345
1926	359
1927	351
1928	344
1929	336
1930	340
1931	345

（資料）　*Ibid.*, p. 376.

以上のような経費および租税の動きの結果は財政赤字であり，これによる国家債務の推移は表3-7，表3-8のごとくであった。この場合，フランス銀行からの貸上げ金と短期国防証券（大蔵省証券）はできるかぎり長期公債に借り換える努力が払われたにもかかわらず，両者とも高水準に推移したのである。そのほか復興資金の調達（起債）と支払いのために19年末に創設されたクレディ・ナショナル（復興金融公庫）[23]が復興資金の約3分の1をまかなった。

インフレとフラン危機

以上の帰結が，国内的にはインフレーシ

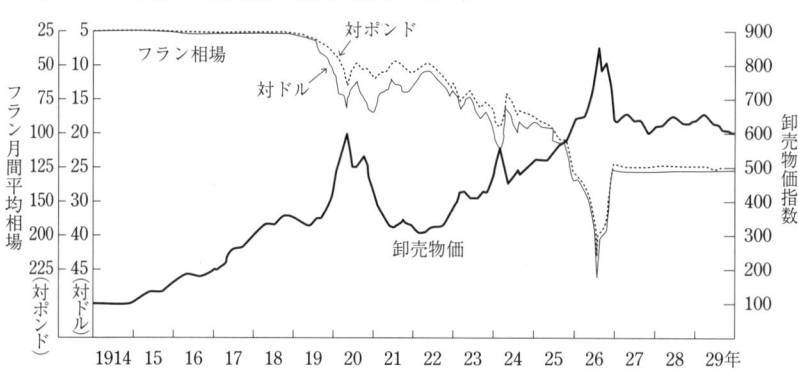

図 3-2　物価と為替相場の動向（1914〜29年）

（注）　卸売物価は1914年7月を100とする45品目の総合指数。フラン相場はパリ市場における対ドル，対ポンドの月間平均相場。
（資料）　*Ibid.*, pp. 445, 497-498. ただし，1913〜18年の卸売物価は *Annuaire statistique de la France,* 1946, p. 195, フラン相場は *Bulletin de la Statistique Générale de la France* の各号。

ョンであり，対外的にはフラン相場の下落であった。この通貨問題については当時から第二次大戦後まで諸論究があるが[24]，それらの論議をここで繰り返す必要はあるまい。物価と為替相場の動きは図3-2のごとくであって，物価については，大戦開始時から戦後20年初頭までの持続的騰貴，それから22年初頭までの世界的戦後恐慌による低落，その後26年央にかけての再騰という3局面に要約できる。フランの為替相場は，大戦中は貿易・為替管理によって「虚偽の安定」[25]を示したのち，19年春から1年強のうちに実勢を反映して約3分の1に下がってしまい（対ポンド・スターリング，対ドル），その後やや立ち直ったが，賠償取立てとルール占領の失敗が明らかとなった23年秋〜24年3月と，おもに国内政情不安にもとづく25年央〜26年7月の2回の投機的暴落を経験した。ここでは，内外の政治情勢が大きく響いていた上述の2回のフラン危機の事情を簡単にみておこう。というのは，最初の19〜20年のフラン下落は，戦時中の為替統制（対ドル・フラン相場の釘付け）がはずされたため，戦中・戦後のインフレをフラン為替相場が追認しただけのことであり，戦勝気分と旧状復帰期待のなかでそれはあまり問題にもされなかったからである。

フラン攻撃の第1波は，賠償問題の紛糾とそれへのフランスの返答であるルール進駐の失敗，加えてそれによるドイツ・マルクの崩壊を反映した結果であった。24年3月のパニックに対して右翼ポアンカレ政府は，総合所得税率の20％引上げ (le double décime)，財政支出削減，有価証券税の脱税防止のための利札帳の制定といった財政緊急措置を担保に，ニューヨークのモルガン銀行から1億ドル，ロンドンのラザール兄弟商会から400万ポンドを借り入れ，フラン相場の約40％の回復という成果を得た。しかし，このモルガンの「逆襲」の成功があったものの，その直後の24年5月の総選挙における「左翼」カルテルの勝利によって新しい局面に入った[26]。この「左翼」政権（連立政権）のもとでフランスは国際的には政経両面で対独宥和のロカルノ時代を迎えるが，国内的には政権についた「左翼」が，生計費高騰，重税，賠償取立ての失敗，フラン為替下落という遺産的事情のもとで，物価の引下げ，取引高税の軽減，所得税の強化，資本への課税，脱税防止などを唱えたものの，大中小ブルジョアジーがそれを嫌って，短期国防証券や公債への投資更新の躊躇や資金の国外逃避（あるいは同じことだが金縁証券・金銀鋳貨・地金の購入）でもってそれに応えるという事態が25年に入って現出した[27]。それが26年7月にいたる第2波である。25年には既述のように財政赤字は大きく削減され，国際収支も好調で工業生産も戦前水準を抜いて好調であったが，通貨面では長短公債の償還予定額が実に250億フランにも達していたという事情や，あいつぐ内閣の交替という政情不安があって，「大蔵省証券保有者による日々の人民投票」が行われ，その日に支払うべき資金がないというような国庫の窮迫をまえにして，資本の「ストライキ」あるいは「帰休」が出現したのである。技術的には，フランス銀行券の最高発行限度額制度や，政府とフランス銀行との間での政府貸上げ限度についての度重なる協定がマイナスに働き，その両者の限度突破やその事態の暴露（フランス銀行の政府への造反，25年4月）もあって，26年7月のヒステリックなフラン危機となっていった。「左翼」カルテルにとってのいわゆる「金銭の壁」がそれである[28]。

しかし問題の核心は，国内的には戦争と復興のための既支出の費用を結局

は誰がどう負担するか，あるいは膨大な国家債務をどう流動化するかということにあり，国際的にはドイツ・マルクの再建とイギリス・ポンドの戦前平価復帰をまえにして光栄あるフランをどう安定させるか（ここでもまたフランスはポンドのかろうじての体面維持とマルクの決壊との中間的状況にあった）が問題であった。そうした問題が，「左翼」カルテル（連立政権）の主張する直接税重視論とくに「資本税」新設案と資本逃避禁圧論とに対して，間接税支持で資本の移動の自由擁護を求める議会右翼と財界とが反対するという，租税負担問題をめぐる階級闘争として争われたのである。当初は大中ブルジョアジーとその他との争いの観があったが，政局の不安定とフラン売りとの相乗的結果としてのフラン危機の昂進は，小市民をもフランからの逃避に巻き込み，社会不安と局部的ではあったが市民の騒擾を引き起こすまでになった。それは，実勢以上に下落し続けるフラン相場が国内の物価騰貴を先導する（たとえばパリの小売商人は朝刊でみた為替相場によって自分がその日に売る商品の値づけをする）という事態であったが，他面，労働者階級は完全雇用のもとで安住しており，その意味で労働者不在のまま諸ブルジョアジーが狼狽していたという階級戦争であった。それに国際的には，ヨーロッパはすでにいわゆる相対的安定期に入っていたのであった。

フランの安定

26年7月に最後の「左翼」カルテル政権が倒され，ポアンカレが6人の元首相と3人の将来の首相を含む強力な挙国一致内閣を組織するや，事態は一変して政府への信認が取り戻され，低落し過ぎていたフランは安定点を求めて上昇を開始した。同政府のフラン立直し施策はつぎの4点にあった。①公定歩合を7.5％という空前の高水準に引き上げる，②国庫から独立した公債償還金庫を設け，これがタバコ専売益金を財源として短期国防証券の管理・償還を行う[29]，③税制の手直しによる増税と行政整理による支出削減[30]を行う，④フランス銀行に市場価格で金・銀・外国為替を買い入れる権限を与え，そのための銀行券発行は最高限度額に含めず自由とする。これらの方策は，同年7月初めに答申をみた財政健全化のための「専門家委員会」[31]の結

論におおむね沿うものであって、とくに②、③の財政改善策に重点があったが、しかしいずれも実質的にはさしたる措置ではなく、実際には政府が断固たるフラン防衛の決意を表明し、事実上の財政全権[32]を議会から獲得したことが、国内外に安心感を与えたことの効果のほうが大きかった。「信認」の回復によって、国際収支は資本流出がなければ実は黒字であること、予算収支の不均衡は解消に近づいていたことがすぐに明らかとなり、また国庫の取付け騒ぎはほとんどただちに終熄した。7月後半に瞬間的にしろ240フランにまでなっていたポンドは12月には120フラン台となり、フランはその対外価値を半分近く取り戻したのである。

そこで問題は、通貨価値の旧金フランまでの回復は所詮望みえないとしても、どの水準でフランを安定させるかということに移った。まず26年下期の「安定準備期」に政府部内およびフランス銀行内部においてこの問題の検討が行われたが、そのさいの問題意識は、イギリスのポンド防衛の失敗をまえにしてフランスがなお商品輸出力を維持しうる相場でフラン騰貴をとどめ、不況と失業あるいは賃金低下を避けるべきだ、ということにあった[33]。結果的には同年12月22日から、フランス銀行が122.25フランでポンドを無制限に売買する、すなわちその水準でフラン為替相場を安定させるよう市場に介入する、ということになり、いわゆるフランの「事実上の安定」の時期が開始された。そこでつぎの問題は、この安定点を守ろうとする政府およびフランス銀行内の支配的勢力に対する、フラン価値引上げ論者たちの反抗とフラン買い策動に移った。この対立に加えて、上述の安定点でのフラン切下げが、広範な中産階層の貧困化を確認することになるという政治的な問題もあったことが、事実上の安定期を28年7月まで続けさせることになったのである[34]。

28年6月25日の法律は、戦前金フランの約5分の1（金量目では20.31％、ポンド125.21フラン、ドル25.53フラン）への平価切下げを確定した（「法律上の安定」）。それだけ公的債務を踏み倒し、中小ブルジョアジーの犠牲において戦争費用の問題をひとまず解決したのである。しかしその現実的解決はつぎの3点にわたる後遺症を残した。第1に、ポアンカレ・フランはいわゆる金為替本位制を採用し、金との関係は稀薄になっていた。世界とともにフ

表 3-9　主要項目別国家支出（1913年と1930-31年との比較）

(単位：百万フラン，%)

項　目	1913年		1930-31年		1930-31/1913の倍率
国 防 費	1,723	(36.5)	15,110	(24.4)	8.8
公的債務費 ｛金融的費用	974	(20.6)	23,180	(37.6)	23.8
終身年金	310	(6.6)	4,010	(6.5)	12.9
戦争年金・軍人恩給	—	(—)	5,110	(8.3)	—
経済関係（郵便・電電を除く）	675	(14.3)	5,180	(8.4)	7.7
国民教育・文化	328	(6.9)	3,790	(6.1)	11.6
社会関係費	170	(3.6)	2,140	(3.5)	12.6
一般行政・官庁費	545	(11.5)	3,190	(5.2)	5.9
総　　計	4,725	(100.0)	61,710	(100.0)	13.1

(資料)　A. Sauvy, op. cit., tome I, p. 370.

ランスはこれ以降，金に悪名高いほど執着しながら金本位制から離れていく一方になる。とはいえ第2に，20年代のフラン危機と平価切下げは国民の各層に通貨問題への深いアレルギー感情を残し，30年代における平価切下げによる恐慌脱出策へのブレーキとなった。第3に，平価の切下げも大戦・復興が残した財政問題を解決しはしなかった。フランス銀行からの借上げ金こそ金再評価益金でゼロにしえたが，公的債務残高および戦後処理費は国の財政を圧迫し続けていた。財政収支は26年以降黒字となったが，国民所得比の租税負担率は13年の8.5％から20年代後半には13～15％に跳ね上がり，しかも歳出の過半は公債費・年金費など過去の清算に使用され，約4分の1が将来の戦争のために充てられ（国防費），通常行政支出はわずか4分の1にすぎなかった[35]（表3-9参照，なお同表が示す1930-31財政年度は赤字財政への再転落の年となった）。

2　工業の発展

概　観

　第一次大戦で大きな被害を受けたフランス工業は，20年代に顕著な発展をとげた。さきの図3-1にみるように，工業生産指数は，20年の戦後恐慌のあと24年まで急速な回復を続け，戦前水準を超えた。その後2～3年間は通貨危機の影響もあって伸びがやや鈍ったが，26年後半からの安定恐慌を切り抜

表3-10 主要部門別工業生産指数（1900〜30年）

部門	総合[1]	鉱業	繊維	綿	羊毛	絹	皮革	ゴム	紙	冶金	銑	鋼
ウェイト	100	8	24	9	9	6	8	2	2	6	2.4	3.6
1900	66	79	85	63	89	74	—	50	29	42	52	33
1913	100	100	100	100	100	100	100	100	100	100	100	100
1924	109	94	88	73	103	88	110	538	77	94	85	99
1929	139.5	123	92	83	103	91	119	861	106	129	115	139
1930	140	123	85	79	97	74	110	896	130	125	111	135

(注) 1)「総合」は以下8部門の加重平均。
  2)「建築」は復興工事を含まない。
(資料) A. Sauvy, *op. cit.*, tome I, pp. 465-466.

表3-11 工業の主要部門別就業者数とその変化（1906年，1931年） (単位：千人)

部門	1906年	1931年	増加率（%）
食品	479	542	13
化学	125	238	90
ゴム・紙	85	166	95
印刷・書籍	107	155	45
繊維	914	920	1
繊維加工	1,551	1,001	−35.5
皮革	334	300	−10
木工	705	649	−9
冶金	70	173	147*
機械製造	758	1,437	90
建築	550	886	61
石材・陶器	167	223	34
総計（その他の諸工業を含む）	5,856	6,837	17

(注) ＊アルザス・ロレーヌを除くと87％増。
(資料) *Ibid.*, p. 269.

けたあと，27年央から30年央までの3年間は，遅ればせながら相対的安定期を迎えてふたたび急速な生産拡大が持続したのである。それは，低迷を続けたイギリスや問題の多かったドイツに対するフランスの不均等発展を意味したが，この発展は，同国の戦災復興政策やヴェルサイユ体制による帝国主義的優位，さらに全期間にわたるフランの過小評価による輸出の好調といった要因に支えられていた。その間に同国工業は技術的立遅れをある程度取り戻し，重化学工業化を遅ればせながら一応達成することとなった。そしてそれはまた，後述するようにレーニン的な意味での金融資本を確立させるとともに，やがてその限界を露呈する過程でもあった。

そこで，主要部門別の工業生産の動きを表3-10でみると，機械製造（とくに自動車。ただし電機は特掲されず，また化学は同表から抜けている）と

(1913＝100)

機械	鉄加工	自動車	造船	銅加工	建築[2]
34	28	1	1	4	16
40	36		83	51	73
100	100	100	100	100	100
123	113	422	44	134	74
157	145	657	46.5	144	123
157	147	637	58	130	137

ゴムの躍進，鉱業・冶金の平均以下での発展，諸繊維の不振が明らかである。それを部門別就業者数から表3-11で確認すると，化学・建築・冶金・機械製造といった発展諸部門（しかもこれら諸工業では生産性の上昇もいちじるしかった）と，繊維加工・繊維・皮革・木工・食品などの相対的に後退的な諸工業との差がより明瞭である。この重化学工業化の進展はいうまでもなく資本の集中・集積をともなっていた。そのより具体的な実態についてはあとに譲り，就業者数からみた事業所の変化に現れる集中の進展ぶりを表3-12，表3-13に示す。この両表は，事業所レベルの数字であるから，企業単位あるいは金融面でみた集中度より低い数字になり，また重化学工業と軽工業，さらには商業等の部門差を無視している，という点で問題はあるが，500人を超える大企業の躍進，それ以下の中小企業のまず

表3-12　就業者数[1]からみた工業事業所[2]の変化（1906～26年）

就業者数	事業所数			総就業者数		
	1906年	1921年	1926年	1906年	1921年	1926年
1人（独立）	1,661,426	1,137,709	927,288	1,661,426	1,137,709	927,288
2～　5人	596,811	453,864	485,115	1,650,259	1,294,573	1,404,250
6～　10人	35,879	34,962	43,465	307,380	301,800	376,999
11～　20人	19,125	21,663	26,321	306,174	341,716	441,964
21～　50人	12,782	16,174	19,284	427,035	533,785	636,343
51～　100人	4,530	6,074	7,012	328,172	434,698	501,165
101～　200人	2,502	3,228	3,826	358,036	454,697	535,625
201～　500人	1,448	1,757	2,118	446,308	532,962	640,577
501～1000人	404	440	591	281,120	309,604	404,571
1001人以上	207	276	362	461,308	651,498	899,584
総　　計	2,335,114	1,676,147	1,515,382	6,227,218	5,993,042	6,768,366

（注）　1）就業者にはパトロンを含む。
　　　　2）大戦の前後を比較するためアルザス・ロレーヌを除く。
（資料）　C. Rist et G. Pirou, *De la France, op. cit.*, pp. 169-170.

表 3-13　雇用者数からみた全事業所の変化（1906年，1931年）

雇用者数別	事業所数		雇用者数（千人）	
	1906年	1931年	1906年	1931年
雇用者なし	1,407,047	1,567,270	—	—
1～　5人	2,155,393	1,785,061	3,746	3,158
6～　10人	90,578	98,341	663	733
11～　20人	33,788	49,185	499	718
21～100人	24,295	42,191	999	1,725
101～200人	2,918	5,217	412	718
201～500人	1,598	2,865	489	855
501人以上	656	1,264	812	1,721
不明	4,292	—	—	—
計	3,720,565	3,551,394	7,620	9,628

（資料）　A. Sauvy. *op. cit.*, tome I, p. 231.

まずの増大，10人以下の零細企業の停滞ないしは減少を明らかにしている。しかし中小・零細企業＝事業所は絶対数でみてなお圧倒的であり，フランス経済はまだまだ膨大な底辺企業を抱える，いわゆる二重構造的特徴を色濃く残していたことも両表から読み取れよう。

綿工業

いまみたように繊維工業は，概して20年代の工業発展のなかで繁栄にあずかることの微弱な部門であった。生産が戦前水準に回復しなかったことがそれを端的に物語るが，フラン下落のもとでの輸出好調が利益の源泉となり，業界の活況を支えていた。綿工業についてその事情をみておくと，20年代はその一応の繁栄の裏にそれ以降の綿業の「危機」の開始を隠していた時代であった（20年代のイギリス綿業の「危機」に想到されたい）。すなわち，生産能力ではアルザスの返還が約200万錘の紡績機と4万台の織機をフランスに追加したが，つづいて復興過程で紡績機の40％，織機の15％に及ぶ諸工場が再建ないし更新され[36]，さらに26年から31年にかけて生産設備が増大してアルザスを含めた戦前能力を超えた[37]。しかし生産と輸出はいずれも26年がピークであり，生産は30年に再度ピークをしるすものの，27年以降はインフレ時代からの原棉の投機的輸入による在庫増と反面での原棉・綿製品の世界価格の低下と輸出減退によって，すでに小恐慌状態にあった。もっとも26年までも生産と輸出の増大ぶりは戦前に例をみないほど乱調子であって，すでにフランス綿業の不安定さを暗示していた。

こうしたことの原因を需要面から説明すると，国内の1人当たり綿製品消費量はレーヨンを含めたその他繊維への乗換えによって減少していた。国外市場では，大戦中からの日本を含むアジア，アメリカ合衆国南部の綿工業の発展による世界的な生産能力過剰傾向のなかで，フランスは，①フラン為替相場の低落によるダンピングで近隣ヨーロッパ諸国への輸出を伸長させていた，②25年までアルザス綿業はドイツへの無関税輸出特権を有しており，ドイツ市場が不安定ながら大きく開かれていた，③26～28年の仏独通商条約交渉前後から植民地市場がいっそう囲い込まれた，などの特殊的好条件によって戦前を大きく上回る輸出を達成していたが，フラン安定後は植民地を除く外国市場が急速に狭められていった。すなわち，外国市場の安定的確保および真の輸出能力の増大がないままに繁栄をみていたにすぎなかったのである。このことが重化学工業の場合と異なり，26～27年のフラン安定恐慌とドイツ市場喪失後に，早くもフランス綿業が諸困難を露呈せざるをえなくしたのであり，そうでありながら30年まで主として国内の好況による需要増大が問題を一時糊塗し，やがて困難を加重する設備投資増大を招いたのであった。こうしてフランスの綿工業は斜陽産業化を開始していったが，その産業あるいは企業の体質は19世紀来そのままで変わっていなかった[38]。

なお2点を付け加えておこう。第1に，企業数が多くかついわゆる個人主義的性格が強かった綿工業界は，30年代の恐慌下でも真に組織化されることはなかったが，それでもすでに20年代において，24年に植民地を除く外国への輸出のために国からの貸付けを受けて「フランス綿業コントワール」を設立し，27年にはアメリカの農業組合から原綿を直接購入する目的でパリバの支援のもとに「綿業銀行」(la Banque cotonnière) を創設するなどの業界活動があった[39]。第2に，20年代の繊維輸出の好調は糸・布が中心であり19世紀から世界的名声を誇った衣料品輸出は減退した（前掲表3-11において繊維加工業従業者数の激減——しかしなお100万人——を確認されたい）。

鉄鋼業

「ヨーロッパ製鋼業ほど，第一次大戦と大戦直後の諸事件によってはなは

だしくバランスを失った産業，あるいはその諸影響が戦間期全体にわたって深刻であった産業はあまりない」[40]。その問題の中心は，いうまでもなくアルザス・ロレーヌの復帰に関連したドイツとフランス，さらにはベルギー・ルクセンブルクの大陸鉄鋼業の対抗的な再編成の困難さにあった。それをここで全面的に解明することはできないが，フランス鉄鋼業の側からみた問題の展開を追っておくことにしよう。この取上げ方は，つづいて述べる他の諸産業の場合と均衡を失したものになるが，問題の性格と重要性からいって許されるであろう。

(1) 戦後処理

　大戦中にフランス鉄鋼協会は，その内部においてもまた上下両院や陸軍省などのアルザス・ロレーヌ経済・行政問題諸調査会においても，同地方の返還を前提とした戦後処理方策を研究していた。鉄鋼協会はロートリンゲンとザールの両鉄鋼業の併合にともなう問題として市場問題と原料問題とをあげ，つぎのような解決策を提案していた。①ロートリンゲンとザールの製品の少なくも一部は，フランス内の過剰生産を避けるため当分の間は無関税で従来どおりドイツへ「輸出」される必要がある，②優秀なザールの諸工場には，フランスの鉄鋼企業と競争条件が同じになるように加重課税すべきである。③ロートリンゲンが必要とする石炭800万トンをまかなうため，ほぼ同量の輸出余力をもつザール炭田が絶対に必要である，④そのほかドイツは，フランスの石炭不足分をできるだけ長い間，フランス重工業がドイツと競争しうるような条件下で（割安価格で），現物で貢物として提供しなければならない[41]。そしてすでにみたように，戦後にフランス鉄鋼業はこのようないわば「戦争目的」[42]を大筋においてそのままヴェルサイユ条約に書き込ませることに成功したのである。

　戦利品の分配は，待ちかまえていたフランス重工業によって敏速に行われた。まずロートリンゲン（いまやモーゼル県となった）のドイツ系鉄鋼会社の鉱山・工場・付帯施設（コークス製造炉，発電施設，その他）などの財産・利権は休戦後にフランス軍によって差し押さえられ，19年から20年にかけて競売に付された。フランスの諸鉄鋼会社は5ないし6のグループを形成

してそれぞれが落札し新会社を形成したが，もともと非常に安い価格であったうえに，代金は10年間の年賦払いであり，しかも実際には種々の理由をつけて支払いを遅らせたから，インフレの進行とあいまって結局はタダ同様の払下げであった[43)44)]。つぎにザール地方のドイツ系鉄鋼企業は，ロレーヌに所有していた資産を失っただけでなく，ドイツ系企業として残りえたレヒリングを除き，おおむね株式・利権の60％内外をフランスの会社あるいはグループに引き渡した。しかしその詳細はいまもってわからない。さらにルクセンブルクでもドイツ系財産にフランス資本の手がのび，ここではフランス，ベルギー，ルクセンブルクあるいはドイツ合弁の3大コンツェルンが形成された。以上のような旧ドイツ西南部鉄鋼業の解体とフランスによる接収については，あまりにも不明瞭なところが多く，したがって誤りも多いと思われるが，表3-14をあえて示しておく。そういうものとして参照されたい。なおフランス資本の進出はドイツ領ライン左岸の炭鉱・冶金業にも及び，また中東欧にもドイツやオーストリア・ハンガリーの資本が撤退するにつれ進出していった。だが，旧ドイツ領ロレーヌの合併だけでフランスの製銑・製鋼能力と鉄鉱石生産は倍増したはずであり，それにフランス重工業の勢力が格段に高まったザールとルクセンブルクを考慮すれば，フランス鉄鋼業が少なくとも生産能力ではルール鉄鋼業のそれに匹敵する可能性さえみせていたのである。

(2) 復興と発展

　戦争中の後方における生産拡大と技術発展，近代的なロレーヌ（モーゼル県）鉄鋼諸工場の獲得に続いて，フランス鉄鋼業は戦災を受けたノール・ロレーヌ（ムルト・エ・モーゼル県）の諸鉱山・工場の復興にとりかかった。もちろんこの場合，たんなる復旧ではなく，外国とくにアメリカに技術調査団が送られて，鉱石採掘・高炉・製鋼炉・圧延などあらゆる工程とその連結に技術改善の方策が追求された。たとえば復興高炉の日産能力は戦前の2倍に増大した（もっともフランスはアメリカやドイツのような大型高炉は選択しなかった）。20年代後半に入っても，各地の鉄鋼業で近代化・大型化が進行し，その設備投資の余波は世界恐慌勃発後の30年代初頭にまで及んだ。そ

表 3-14　旧ドイツ西南部主要鉄鋼会社の変化[1]（1920年前後）

会社名	資本系	製銑量 (1913年)	製鋼量 (1913年)	新会社名（資本系）
ロートリンゲン				
ゲルゼンキルヘン	独	260	—	テール・ルージュ冶金，鉱山 （仏，白，ルクセンブルク）
ロートリンゲン	〃	620	468	クヌタンジュ冶金
ロンバッハ	〃	769	590	ロンバ製鋼
ディリンゲン	〃	91	—	ルダンジュ・ディルラン（仏，独）
リュメリンゲン＝サン・イングベルト	〃	144	—	ディファダンジュ・サン・タン グベール・リュムランジュ （仏，ルクセンブルク）
シュトゥム	〃	281	—	ノール・ロレーヌ製鋼
ティッセン	〃	490	435	金属消費工業連合＝U.C.P.M.I. （アゴンダンジュ）
レヒリング	〃	316	—	ロレーヌ鉱山・冶金
ド・ヴァンデル	独（仏）	848	740	
ザール				
シュトゥム	独	232	465	ノール・ロレーヌ製鋼（仏，独）
ディリンゲン	〃	284	260	ディルラン（仏，独）
ベッキング	〃	158	—	
レヒリング	〃	316	500	
アルベッド（ARBED）	独・仏・白	317	460	アルベッド・シュネーデル（仏， 白，ルクセンブルク）
リュメリンゲン＝サン・イングベルト	独	—	215	ディファダンジュ・サン・タング ベール・リュムランジュ（仏， ルクセンブルク）
ルクセンブルク				
ゲルゼンキルヘン	独	928	275	アルベッド・シュネーデル（仏， 白，ルクセンブルク）
ドイチェ・ルクセンブルク	〃	640	450	アディール（Hadir）（仏，白， ルクセンブルク）
シュタインフォルト	〃	70	—	アングルール・アチュ（仏）
リュメリンゲン＝サン・イングベルト	〃	160	—	ディファダンジュ・サン・タング ベール・リュムランジュ（仏， ルクセンブルク）
アルベッド（ARBED）	独・仏・白	750	590	アルベッド・シュネーデル（仏， 白，ルクセンブルク）
ウーグレ・マリエ	白			

（注）　1) 本文でもふれたように正確な表ではない。　2) 下線はグループ内の主要会社を示す。

（資料）　旧会社については資本国籍を除いて，N. J. G. Pounds and W. N. Parker, *Coal and Steel in Western Europe*，
　　（工業図書，1940年）第 3 編第 1 〜 5 章；M. Brelet, *La Crise de la métallurgie: la politique économique et
　　Biard, La Sidérurgie française: contribution a l'etude d'une grande industrie française*, 1958, その他による。

第3章 両大戦間期のフランス資本主義

参加した主要フランス会社 [2]

{ シュネーデル, ド・ヴァンデル, シャチヨン・コマントリ,
サンテチエンヌ, ドナン・アンザン, スネル・モブージュ

{ マリーヌ・オメクール, ミッシュヴィル,
ポンタムソン, アレ, フランス製鋼

マリーヌ・オメクール (48%)

{ ノール・エスト, バス・ロワール, ポンタヴァンダン,
エスペランス
{ ルノー, プジョー, ロンウィ, フィーヴ・リル,
ダンロップ
{ ロンウィ, ホチキス, サンティニョン, ゴルシ,
プロヴィダンス, シェ

1957, pp. 368-370, 新会社については, 沢村宏『世界各国の製鉄工業』 sociale du Comité des Forges, 1923; Pounds and Parker, op.cit.; Roger

の結果, 銑鋼生産は表3-15, 表3-16にみられるように, 大戦前比ではさしたる伸びを示さなかったものの増大し, 20年代後半にはイギリスを抜くとともに, ザールを加えればドイツを一時期凌駕するかの勢いをみせた [45]。

ところでこの復興・発展において見逃しえないのは, その設備投資資金の多くを国家資金に直接・間接に依存していたことである。国家との関係については後述するような諸点もあるが, ここで設備資金の問題だけを先取りしておけば, すでに戦時利得が大きかったことに加えて, 主要鉄鋼企業の多くはノール・ロレーヌに本拠を置かない企業も含めて多額の戦災補償金を受領した [46]。また政府への補償金請求権や関係会社の資産を担保にした債券発行によっても, インフレ進行のなかで利益を得た。一説によると, 大戦以降20年代

表 3-15 西ヨーロッパ諸国の銑鉄生産（1913〜38年）

（単位：千トン）

	フランス	ベルギー	ルクセンブルク	ザール	ドイツ	イギリス
1913	5,207	2,485	2,548	1,371	15,393	10,424
(1913)*	(9,071)				(10,916)	
1920	3,434	1,116	693	644	3,691	8,163
1921	3,417	876	970	896	4,547	2,658
1922	5,229	1,613	1,679	1,157	9,194	4,981
1923	5,432	2,148	1,407	929	5,028	7,558
1924	7,693	2,844	2,157	1,345	7,856	7,436
1925	8,494	2,542	2,363	1,450	10,089	6,362
1926	9,432	3,368	2,559	1,625	9,636	2,498
1927	9,273	3,709	2,732	1,771	13,089	7,410
1928	9,981	3,857	2,770	1,936	11,804	6,716
1929	10,364	4,041	2,906	2,105	13,239	7,711
1930	10,035	3,365	2,473	1,912	9,698	6,291
1931	8,199	3,198	2,053	1,515	6,061	3,833
1932	5,537	2,749	1,960	1,349	3,932	3,631
1933	6,324	2,710	1,888	1,592	5,247	4,202
1934	6,151	2,952	1,955	1,827	8,716	6,065
1935	5,789	3,030	1,872	1,972	10,874	6,527
1936	6,230	3,161	1,987	2,212	13,090	7,845
1937	7,914	3,804	2,512	2,221	13,739	8,629
1938	6,061	2,426	1,551	2,410	15,635	6,870

（注） ＊第一次大戦後の領土に換算した数字。
（資料） I. Svennilson, *Growth and Stagnation in the European Economy,* Geneva, 1954, p. 258.

におけるフランス鉄鋼業の復興と近代化に対して，国はその費用の約3分の2を負担したことになるという[47]。それも，すでに述べたロレーヌ（モーゼル県）諸工場の安価な払下げや，つづいて述べる石炭・コークスやプラントの現物賠償およびドイツ市場への圧力といった諸好条件を別にしてのことである。

（3）均衡回復への苦悩

しかしその生産力基盤の激変のうえでの復興・発展過程が容易ならぬものとなったことは，フランス重工業を19世紀からみてきたわれわれにとってはみやすいことであろう。だからこそフランスにとっては理の当然として，既述のヴェルサイユ条約における対独経済諸条項があったのである。問題点を絞れば，ロレーヌ（モーゼル県）の奪還でいっそう緊要度を増したルールからの石炭・コークス供給問題，そのロレーヌ併合で倍加したフランスの生産設備過剰＝製品販路不足問題，ミネットの販路問題の三つとなる。その現実的な一応の解決が仏独協調の経済的「ロカルノ」であるが，ここではまずそ

表 3-16　西ヨーロッパ諸国の粗鋼生産（1913～38年）

(単位：千トン)

	フランス	ベルギー	ルクセンブルク	ザール	ドイツ	イギリス
1913	4,687	2,467	1,336	2,080	15,519	7,787
(1913)*	(6,973)				(12,223)	
1920	3,050	1,253	585	740	8,538	9,212
1921	3,102	764	754	987	9,997	3,763
1922	4,534	1,565	1,394	1,313	11,714	5,975
1923	5,110	2,297	1,198	1,064	6,305	8,617
1924	6,900	2,875	1,887	1,485	9,835	8,332
1925	7,446	2,549	2,084	1,582	12,195	7,503
1926	8,430	3,339	2,244	1,737	12,316	3,654
1927	8,306	3,680	2,471	1,895	16,267	9,243
1928	9,500	3,905	2,567	2,073	10,476	8,656
1929	9,711	4,109	2,702	2,209	16,210	9,790
1930	9,447	3,354	2,270	1,935	11,511	7,443
1931	7,822	3,105	2,035	1,538	8,269	5,286
1932	5,640	2,790	1,956	1,463	5,747	5,345
1933	6,531	2,731	1,845	1,678	7,586	7,136
1934	6,174	2,944	1,932	1,950	11,886	8,992
1935	6,277	3,023	1,837	2,117	14,302	10,017
1936	6,708	3,168	1,981	2,315	16,860	11,974
1937	7,920	3,869	2,510	2,339	17,478	13,192
1938	6,221	2,279	1,437	2,557	20,099	10,564

(注)　＊戦後領土換算。
(資料)　*Ibid.*, p. 262.

れにいたるまでの混乱と苦悩の経過を時間的に簡単に追っておこう。

戦争直後は破壊と混乱のなかでの，とくに運輸機構の半身不随，燃料危機，そして労働不安に 8 時間制実施が加わった労働力不足，などの諸困難による生産危機の時期である。しかし諸隘路がしだいに解決されて生産も増大しはじめ，ヴェルサイユ条約賠償条項によるルールからの石炭・コークス引渡し不足問題もスパ会議（20年7月，フランスはドイツからの石炭供給量軽減に同意する見返りに，ドイツの協定実行違反の場合にはルール占領権を得るという「石炭議定書」が結ばれた）によって順調になりはじめた頃，世界的な戦後恐慌の到来によって状況が逆転し，過剰生産＝過少消費という危機に陥ることになった。

この戦後恐慌は，フランス経済全体にとっては他国に比し軽微に終わったが，それでも鉄鋼業にとっては以下のような諸現象が生じた。第1に，安定的な販路を再確立しえていなかった新ロレーヌ3社（ロンバ，クヌタンジュ，

アゴンダンジュ）が赤字に陥り，ノルマンディ冶金会社（カーン製鉄）が一応清算申請をした。とくにロレーヌ（モーゼル県）の諸会社は，一方でルールからの石炭・コークス供給を絶たれ，他方でルールへの無関税での輸出可能性はドイツのインフレ＝マルク下落のため困難であり，窮地に陥ったのである。第2に，第一次大戦前からの諸鉄鋼コントワール（カルテル）が，歴史の最も古いロンウィ・コントワールをはじめとして，21〜22年に解散ないしは活動停止に追い込まれた[48]。とくにロレーヌとザールの鉄鋼業の併合による供給過剰問題を見越して政府の勧誘のもとに19年に結成されたフランス鉄鋼コントワール（Comptoir Sidérurgique de France, 略称 C.S.F.）が，ザールおよびベルギー系の企業によるフランス国内クォータ要求を処理しきれずに潰れたことは特徴的であった[49]。

　上述の第1の点とあわせて，明らかに戦利品的設備の過剰が問題であり，その解決のためにはドイツやベルギーさらにはイギリスとの間に国際的生産・市場協定を結ぶ必要があることを示していた。しかし戦災工場の復興によって設備過剰が強まり，国内カルテルすら崩壊するような状況では，もちろん国際的協定などできるはずはなかった[50]。

　そこで第3に，フランス重工業界の一部から，問題の核心であるルール重工業への宥和論，ロレーヌ（モーゼル県）とルールとを再結合しようという議論が登場した[51]。もちろんこの種の主張は，賠償と復興の両問題のからまりのなかでフランスのドイツに対する憤懣が昂まり，フランス工業も22年に入ると復興景気に入ったという状況のもとでは，現実的な問題とはならなかった。フランス・ベルギー両国軍によるルール占領の直前，フランス鉄鋼業は繁忙し，コークス不足のため注文を断らざるをえないほどであった。23年1月初旬，フランスの軍靴が110年以上ぶりにラインの彼方に鳴った。しかし周知のように，賠償への「生産的担保」を取るはずのルール占領は，さしあたりドイツ経済の破滅をもたらしただけで，フランス経済へのプラスにはならなかった。むしろ逆に，フラン為替相場の下落とインフレ，それに国民感情のより左への移動を引き起こしたのである。フランス重工業にとっても，銃剣によって石炭・コークスの引渡し量が増えたわけでもなく，むしろ

新しく必要となったドイツという鉄鋼輸出市場を一時失わせたという意味ではマイナスであった。ただ国内の復興景気と，対外的にはフラン下落による競争力の増大およびドイツ重工業の輸出力麻痺の間隙を縫った輸出増大とによって，23年から26年までインフレ下での繁栄の時代を招来せしめる一因となったことだけは事実である。

(4) 経済的ロカルノ

24年から26年にかけては，国際政治的には周知のようにフランスが24年に賠償に関する「ドーズ案」を呑み，ついで25年にロカルノ条約に署名することによって，ドイツへの妥協的協調に転換したときにあたる。やや遅れるものの経済的にもそうであって，その「経済的ロカルノ」の核心は，フランスとドイツの重工業が協定を結び，それによってヴェルサイユ条約が西ヨーロッパ大陸の重工業に課した再編成から生じた諸問題に一応の現実的解決を与えたことにあった。

フランスの側からみれば，まず第1に，コークス不足問題はドーズ・プランの実行によるドイツからの実物賠償引渡しによって当面解決された[52]。もっとも原料問題の反対面であるロレーヌの鉄鉱石については，その頃までにルール鉄鋼業がミネットのかわりにスウェーデン鉱石その他に供給源を求め，それに即した生産体制をほぼ整えてしまった。石炭と鉱石の交換という形での両地方の結合は復活しなかったのである。

第2に，ロレーヌ（モーゼル県)，ザール，ルクセンブルクの鉄鋼業の輸出市場問題であるが，なかでもこれら地域の銑鉄・粗鋼・半製品の伝統的な販路であるドイツ市場の確保が解決されるべき問題として残っていた。当時，フランスとザールの輸出は一般的に好調であり，そのなかでルール向けはごく少量でしかなかったが，しかしフランスの鉄鋼生産が戦前水準まで回復すれば，国内鉄鋼消費力からみて約半分近くを輸出しなければならない見通しであって，その場合，海から遠いロレーヌやザールにとってルールの市場は欠くことのできない死活的重要性をもっていた。ところが25年1月にはドイツが関税自主権を回復して鉄鋼関税を復活させ，ロレーヌ・ザールの関税免除特権は失われた。またこの前後にドイツ重工業の再結集への動きがはじま

り,たとえば24年秋の粗鋼共同体の結成,25年5月の製鋼連合の再建,ライン・ヴェストファーレン石炭シンジケートの復活といった形で,ルール重工業独占体がふたたびその姿を大きく現しつつあった[53]。フランス鉄鋼業とくにロレーヌのそれはルールとの協商を急がざるをえず,24年秋,ドイツとの通商条約締結のための政府間交渉と並行して民間業者間の交渉が開始された。協議は難航し長びいたが,26年秋にロレーヌ・ルクセンブルク・ドイツの民間業者間の割当協定調印にいたった。これによりフランスとドイツの両鉄鋼業の握手が成立し,しかも同時にこの割当協定を核としそれを包み込んだ形で国際粗鋼カルテル(Entente Internationale de l'Acier : E.I.A.)がブリュッセル協定によって創立され,またこの割当協定の成立が翌27年のフランス゠ドイツ通商条約の妥結を可能にしたのであって,こうしたことがロカルノ体制あるいは相対的安定を経済面から裏打ちしていたのである。

ところで国際的協定が成立しうるためにはその前提として国内での協定が確立していなければならないが,フランス鉄鋼業も上述の協商の進展とともにカルテルを再建した。

フランス鉄鋼コントワール このC.S.F.は既述のように22年末に共販機能を停止したが,その後も業界のグループ活動の事務を取り扱い,将来の協定を研究する機関として存続し,たとえば23年から24年にかけて政府のために「無料で」ルールからの戦利品(屑鉄と半製品)の分配を行った。25年初頭に製鋼業者と大半の加工業者とが製品の最低価格を設定し監視するために鉄鋼製品統計事務所(Office statistique du produits métallurgiques,略称O.S.P.M.)を創設したが,そのサービスはC.S.F.が行った。また国際軌条カルテルの再建に備えたフランスの26年1月の軌条コントワールもC.S.F.内に成立した。そうした経過から,またとくに国際粗鋼カルテルの成立に促されて,26年12月,C.S.F.はその内部に複数のコントワールを包摂しうるように規約を改正し,可変資本でメンバーも変更可能な株式会社として再建された。

新C.S.F.の特色は,第1に,傘下諸コントワールの複合体(オムニアム)であったこと

にあり，30年代初めでみると，軌条部，線材部，A製品部，国際粗鋼カルテル（E.I.A.）部，各種鋼板部の6部から構成されていて，諸企業はそのうちのいくつかの部に登録していた。第2に，各コントワールは取引の自立性をかなり有していた。C.S.F.は自己の勘定で購販するのではなく，企業と顧客との直接取引を各製品グループあるいはコントワールの会員共通の勘定で一定の原則のもとに履行（決済）するという形をとり，価格と数量のうち販売数量の統制の面はあまり厳密ではなかった。このようにC.S.F.と傘下の諸カルテルは，20年代のドイツのカルテルより結成の時期が遅れただけでなく，その統制の度合いも緩やかだったといえる。その理由は，19世紀からのフランス重工業の伝統的特性のほか，20年代中頃のフランス鉄鋼業がドイツのそれより好条件に恵まれ，好景気下ではルーズな形の弾力的な協定がより適合的であったことに求められるであろう。事実32年以降，世界恐慌下においてC.S.F.は独占的販売権をもって生産割当を行う，よりドイツ的な厳格なカルテルになっていくのである[54]。

国際粗鋼カルテル　これは，26年10月1日，ドイツ，フランス，ベルギー，ルクセンブルク，ザールの生産者組合を母体にして，粗鋼および鋼製品の生産と価格をコントロールすることを目的に発足した国際（大陸ヨーロッパ）カルテルである。ベルギーの国内グループの結束が難航したため交渉は数回中断したが，それでも約半年の商議で当時の世界鉄鋼輸出の65～70％をカバーし，その意味ではかなり強大なカルテルが誕生したのである。このカルテルは，四半期ごとに粗鋼の総生産量（数量計画）を決め，加盟各国グループが事前に定められた一定の割当比率でそれに参加し，割当生産量を超過した場合には超過量に罰金を課すことで，各国に割当量遵守を強いる，という仕組みのものであった。だがこの生産割当には，前述のフランス，ドイツ，ルクセンブルク3国間の民間「割当」協定とそれを補足するザールに関するフランス・ドイツ政府間協定が土台としてあった。民間協定では，ロレーヌとルクセンブルクはドイツの圧延製品消費量の6.5％まで，銑鉄消費量の10.5％までを，関税を支払ってドイツに輸出することができるが，それを超過することはできないと定めた（そのうちフラ

表3-17 国際粗鋼カルテルの年産量に応じた割当量の変動例

	最低割当		最高割当	
	千トン	%	千トン	%
ドイツ	10,227	40.4	12,645	43.2
フランス	8,066	31.9	9,133	31.2
ベルギー	3,180	12.6	3,385	11.6
ルクセンブルク	2,160	8.5	2,431	8.3
ザール	1,654	6.5	1,693	5.8
年産量	25,287	100.0	29,287	100.0

(資料) ギュンテル・キールシュ,八幡製鉄ほか訳『国際粗鋼カルテル その機構と運用の実際』(鉄鋼新聞社,1955年) 19頁。

ンスの割当持分はそれぞれ3.75%, 7.463%)。またザールに関しては, 政府間協定がザールのドイツ向け無関税輸出割当を150万トンと定め, ついで民間協定がザールのフランス向け供給50万トンの割当を認めた。ザールはこの輸出量と供給量をもってドイツ, フランス双方の鉄鋼カルテルに加盟した。

　ところで以上のような付随的協定をともなった国際カルテルは, 第1に, フランスにとって満足すべきものであった。ひとつには, ロレーヌ・ザール・ルクセンブルクという輸出依存度の高い銑鉄・粗鋼・鋼製品生産基地にとって必須のドイツ市場を, 量的には不満足であってもひとまず確保しうる可能性を得たからであり, いまひとつには, 総括的生産割当 (表3-17参照) においても, 算定基準年次にドイツが不況でフランスが好況という26年第Ⅰ四半期の実績がとられたため, フランスに有利な割当率になっていたからである (規定を遵守すれば, カルテルの最初の四半期における操業率はドイツ78%, ザール83%, フランス95%, ベルギー85%, ルクセンブルク90%となった)。実際にもこの有利さは, カルテル発足時がフランの安定にともなう安定恐慌の開始時にあたっていたから, 27年に入るとさっそく発揮されて, その恐慌を比較的軽いものとする一因となった。ということは裏返していえば第2に, ドイツが相当に譲歩し不利を忍んだことを意味するが, これはマルクを復活させ関税自主権も得たドイツ重工業が, 企業の再編成とカルテルの強化を行いつつ「合理化」運動を開始しようとしていた時期にあたり, 多少の不利は忍んでも近隣小諸国への影響力の大きいフランスとの通商条約締結によって, 国内市場を確保するとともにカルテルを確立し, フランスその他の市場を再開拓していく必要に迫られて

いたからだと思われる。割当量が低すぎるため生産超過に対してドイツが支払う罰金は巨額にのぼり、調整支払制度によりフランスがその主要な受取り手となったが、ドイツは29年末までその不利に耐えた。しかしこの国際カルテルは世界恐慌がはじまって早々の30年夏までに崩壊し、その再建は33年6月までまたなければならなかった[55]。

以上みてきたように、ロレーヌ（モーゼル県）鉄鋼業の獲得とザールおよびルクセンブルクへの影響力拡大によって、フランスはドイツ、イギリスと並ぶ一大鉄鋼生産・輸出国となったかの如き観を呈したが、それを除けば、資料の制約もあって20年代のフランス鉄鋼業について指摘すべきことは少ない。前章で要約した第一次大戦前のその諸特徴に革命的な変化はなかったように思われる。

エネルギー産業
（1）石炭鉱業

大戦中フランス炭田の主力であるノールの全域とパ・ド・カレの過半がドイツ軍に占領され、その撤退時に意図的な設備破壊を受けて水没させられた。休戦後その復旧は国の最優先の課題となった。他面、フランスはヴェルサイユ条約によって、この被害による産出減に見合う石炭の現物賠償権を得、加えてロレーヌ炭田（戦前380万トン）を取り戻し、ザール炭鉱（戦前1320万トン）の所有権と採掘権を得た。大戦による石炭の単純な収支計算はプラスになるはずであったが、現実にはフランスはルール占領までの一時期を除いて石炭不足に悩んだ。もっともそれ以降はノール＝パ・ド・カレ炭田の復興に加えてドイツの現物賠償引渡しがあり、フランスのイギリスからの輸入量が減って、それがイギリスの石炭業危機を招く一因ともなったほどであった。

それはともかく、20年代のフランス炭鉱業については、第1に、鉄鋼業の場合と同じく、ノール＝パ・ド・カレ炭田の復旧と返還されたロレーヌ炭田のいっそうの開発とが、技術進歩と石炭業の多角化をともなっていたことに注意しなければならない。採炭・洗炭等の機械化、コークス製造炉の近代化

表 3-18　フランスの主要炭鉱（1913年, 1927年）

炭鉱名	鉱区（ヘクタール）	労働者数 1913年	労働者数 1927年	石炭（百万トン） 1913年	石炭（百万トン） 1927年
ロレーヌ（モーゼル県）[1]					
プチット・ロッセル[2]	5,147	—	13,359	—	2.3
ザール・エ・モーゼル	12,441	—	11,308	—	2.2
ラ・ウーヴ	1,732	—	5,577	—	0.8
ノール県					
アンザン	28,088	16,393	28,049	3.4	4.1
アニッシュ	14,700	10,567	18,484	2.2	4.0
パ・ド・カレ県					
エスカルペル	5,883	4,841	6,523	0.9	1.1
ドゥルジュ	3,787	6,152	10,043	1.4	1.7
オストリクール	2,300	3,407	6,134	0.7	1.3
クーリエール	5,459	14,859	22,115	3.1	4.1
ランス	8,924	16,319	19,537	3.9	3.6
リーヴァン	4,145	9,695	9,493	2.0	1.5
ベチューン	6,352	11,317	11,064	2.4	2.3
ヴィコワニュ・ニュー・ドロクール	18,262	12,679	17,390	2.6	2.8
ブリュエ	4,901	11,271	18,347	2.7	3.4
マルル	5,036	7,629	17,943	2.0	3.0
中・南部地方					
ブランジ	8,761	7,708	10,582	1.8	2.2
カルモー	8,800	—	3,497	—	0.7
ドゥカーズヴィル	3,118	—	4,578	—	0.8
ロワール	2,231	4,525	6,584	0.8	0.9
モンタランベール	1,876	3,370	4,798	0.7	0.8
ラ・グラン・コンブ	17,148	—	7,035	—	0.8
サン・テチエンヌ	1,573	3,456	5,027	0.7	0.6
ロシュ・ラ・モリエール	4,641	4,674	6,379	0.9	1.0

（注）　1）1913年はドイツ領（ロートリンゲン）。
　　　2）プチ・フィス・ド・ヴァンデル（フランス系）所有。
（資料）　J. R. Cahill, *Report on Economic Conditions in France in 1928*, 1928, p. 102.

とその副産物の化学的利用，低品位炭を利用した火力発電などがそれである。そのためフランスの主要石炭会社は，前章でみたようにそれまで相互間でもまた鉄鋼会社や銀行との関係でも，長い年月にわたり独立王国的なまま緩やかな発展をみせてきたのであるが，それがここへきて技術革新と戦後的状況のなかで新展開をみせることになる。

　そこで第2に，大戦から復興の過程で石炭業内部における集中と協力関係

が強化された。もっとも吸収合併的な集中の例はそう多くなく[56]，業界内部の協力関係の緊密化のほうがめだった。混乱していた戦時中のことをいま措けば，返還されたロレーヌのザール・エ・モーゼル炭鉱（戦前120万トン）を，ノール＝パ・ド・カレの石炭会社9社，他地方の炭鉱6社および3ないし4の鉄鋼会社からなるグループが政府から99ヵ年賃借したことが，そのひとつの機縁であった[57]。またノール＝パ・ド・カレ炭田の戦災に対するドイツからの石炭現物賠償は，罹災業者からなる機関[58]の手をつうじて国内に配給され，その売上代金は復興のために使用された。それにとどまらず，ノール＝パ・ド・カレの被災炭鉱グループが補償金受領権を持ち寄って21〜22年に17億フランにのぼる政府保証の起債を行って復興資金に充てたことも，業界一体化への契機をなした。それにつぎに述べる化学，電力，ガスへの進出も共同的行動を促した。最後に労働組合対策[59]や労働力不足による外国人労働者の募集といったことも共同歩調を必要としたのである。

　第3に，他業種との関係でも，まず鉄鋼企業との結びつきが強まり，石炭乾溜に関連して有力化学工業会社との提携，火力発電・配電をつうじて電力・電機業界との連携，といった発展をみせた。

　以上3点にわたる大戦後フランス炭鉱業の変貌を象徴したのが，ユニオン・デ・ミーヌ（Union des Mines, 23年設立）である。同社はフランスの主要炭鉱会社をすべて糾合して炭鉱業のありうるべき発展を期した一種の投資会社としてスタートしたが，20年代末には有力鉄鋼会社，加里会社，電力会社，さらにはアメリカ資本も参加した持株会社に発展し，29年末の資本金2億6000万フランに対して内外での株式保有・金融参加2億7100万フラン（その内訳は55種の株式・社債保有，37種の金融参加）という石炭業の「事業銀行」ともいえる存在となっていたのである[60]。

(2) 電力業

　電力業の起源は大戦前に遡るが，戦中・戦後の政府の水力発電所建設助成政策，戦後のノール＝パ・ド・カレのみならずロレーヌ，ザールの石炭を利用した火力発電の発展，政府による鉄道や農村などの電化促進策などにより，フランス電力業の骨格は20年代から30年代初頭にかけて形成された。20年代

末,水・火の発電量比率は火力がなお優位にあったが,水力がかなり追い上げていた。総電力生産量はドイツのそれに近かった。

石炭資源が十分でないフランスにとって「白い石炭」(水力)は貴重な資源であり,国策的に開発が進められた。主要な電源地帯は,水力発電量の約半分を占めるにいたった南東部(フランス・アルプスから地中海),ついで南西部(ピレネ)と中央高地であって,このうちアルプス地方ではすでに01年にグルノーブルに水力・電気冶金・電気化学・関連工業会議所が設立され,地元のほかパリやスイスの銀行の資金供給によって,アルプスから流下する水力開発と電力利用工業(電気製鋼,アルミ,電気化学など)が発展した。同会議所はのちにパリに移り鉄鋼協会と密接に結びついた。それより南の地中海地方では,トムソン・ウストン電機会社とマルセイユの諸大事業会社とが07年に地中海沿岸電力会社を設立したことから発展が開始された。ピレネ地方では南部鉄道が中心となり,そこにペシネー(アルミ),工業電力会社,窒素会社,ペナロヤ鉱山・冶金会社など8会社が集まって開発が進められた。

火力発電では,産炭地の北部(ノール゠パ・ド・カレ)とロレーヌ,それに大電力消費地であり発電量でも群を抜くパリ地方が中心地であった。北部では戦前いくつかの大炭鉱会社が小規模な自家用発電施設をもっていたが,戦後復興過程で低品質炭の活用ということもあって発電所建設に努め,各会社が提携しながら2大配電会社に集約していった。ロレーヌでは戦後になって大鉄鋼会社がロレーヌ炭とザール炭を利用して北東地方への電力供給者となっていった。パリ地方は北の火力と南の水力の電力供給接合地点ともなったが,もともと火力発電の一大セクターであり,ここではベルギーのアンパン財閥の電力・電鉄などでの活動が目立っていた。なお火力発電に付随してガス製造・販売業も発展していったことを付け加えておこう。

このようにフランスの電力業は,石炭・冶金・電機・化学・鉄道などの諸産業や事業銀行の手によって発展し,国の厚い保護育成政策と公益性からいって当然のその規制のもとに,20年代末には形式上は多数の発電・送電・配電会社が存在していたが,実際には地方別の8～10の電力関係企業集団に統合されていた。加えてヴェルサイユ条約によって水利利用・開発権を得てい

た仏独国境のライン河開発，ローヌ河総合開発（発電・水運・灌漑）が国，地方公共団体，主要電力消費産業の参加を得て進められようとしていた[61]。

（3）石油関係業

周知のように第一次大戦は，国防上・産業上での石油の重要性を一般にも認識させた。そこでフランスでも，大戦後に石油業の保護育成がある意味では石炭・電力産業の場合以上に国策的に重視された。第1に，戦前とくにパリのロスチャイルドも参加して進められていたロシアの油田への投資と利権がロシア革命によって失われたため，戦後にその回復が外交的に進められたが徒労に終わった。第2に，20年4月のサン・レモ協定によってフランスは，ドイツがトルコ石油会社（ドイツ，イギリス，トルコ合弁）にもっていた25％の持分を与えられ，同会社（29年にイラク石油会社に改名）に参加するため23年に半官半民のフランス石油会社を設立した。これにはフランスの諸銀行とフランスに以前から進出していた英米系国際石油会社のフランス子会社とが参加し，フランス政府はのちのことになるが結局同社の40％の支配権を握った。このフランス石油は，パイプラインが通っていたシリアがフランスの委任統治領となったこともあって，いわゆるメジャーとの協力関係を保ちつつ国際石油業界の末席に準メジャーとして列なる国策会社となった[62]。第3に，北アフリカ，マダガスカルにおける石油層探鉱と国内における人造石油製造奨励のため，やはり半官の「国民液体燃料局」が25年に設立された。第4に，20年代後半から国内での石油精製工業育成政策すなわち国内精製主義が打ち出された。原油の輸入関税を引き下げるとともに原油輸入をライセンス制によって統制し，その輸入割当政策と関税差別によって石油輸入・精製業界の集中統合とフランス系企業の発展とを期したのである。これにより大戦前からフランス市場を握っていたアメリカ系，イギリス＝オランダ系の石油精製販売会社（スタンダード・ヴァキュウム，アングロ・イラニアン，ロイヤル・ダッチ・シェルなど）と並んで，フランス石油の子会社であるフランス石油精製会社（政府の10％資本参加）のほか，サン・ゴバン（化学）系，アルザスのペシェルブロン石油系，鉄道・海運会社等の石油消費グループ系などフランス資本による輸入・貯蔵・精製・輸送・販売にあたる諸会社

も一定の優遇的地歩を保証されるにいたった。これによりフランスの石油精製工業は30年代初頭に発展し[63]，第二次大戦直前ではその能力はイギリス本国を上回ってヨーロッパ大陸各国への精製品供給基地という性格をもつにいたるのである[64]。

機械・電機・化学工業

ドイツやイギリスに比べて遅れていたこれら諸工業も，20年代には相当の発展を示した。その全容をここで紹介することはできないので，特徴的と思われるいくつかの点を指摘するにとどめたい。

まず機械工業関係では，造船・重機でも発展はあったが，国際市況や環境もあってイギリスの場合などと同様にその程度は限られていた。工作機械でも小型汎用機はほぼ自給しうる状況にまで発展したが，大型・特殊・精巧機器についてはドイツ，イギリス，アメリカからの輸入（ドイツからの場合は現物賠償を含む）になおかなり頼る状態にとどまった。そうしたなかにあって自動車製造業はヨーロッパ一ともいえる興隆をみせた。シトロエン，プジョー，ルノーの3大会社が20年代末にすでに生産の4分の3を支配し，その残りをアメリカ・フォード，ベルリエ，マチス，ホッチキス，タルボなどが分け合うという寡占的状況が形成され，29年の生産台数（乗用車・商業車の計で25万台強）はイギリス（同25万台弱）をほんのわずかだが抜いてヨーロッパ第1位であり，国内における自動車普及率もイギリスを少し抜いてドイツよりはるかに進んでおり，またフランスの自動車は有力な輸出商品となっていた。

電機工業は，前述の電力業の発展を誘導しつつ重工業・鉄道業などと密接に関連して発展した。ここではフランス系会社と並んで外資系会社の活躍が目立ち，かつ両者の間にかなり融合関係が進展したこと，主要電機会社が持株会社化し，小規模ながらもコンツェルン化する傾向があったこと，が特徴的であった。フランス系としては，総合電機会社（C.G.E.），シュネーデル，機械製造アルザス会社がおもなものであり，それにトムソン・ウストン（アメリカG.E.系），ウェスティングハウス制動機・信号会社（アメリカのウェ

スティングハウス電機系)，ジュモン工場（ベルギーのアンパン〔Empain〕財閥系)，エレクトロ・メカニク会社（スイスのブラウン・ボヴェリ系）などの外国系会社が主要メーカーであったが，以下では外国系も含めて若干の企業を紹介しておこう。

トムソン・ウストン　1893年設立で，インターナショナル・ジェネラル・エレクトリック会社の子会社であったが，後述のベルギーのソフィナ（Sofina）とも関係するにいたった。1928年，機械製造アルザス会社とともに設立したアルストム会社（Alsthom）に重電部門の大部分を移し，持株会社としての性格を強めた。その関係する事業は，上述のアルストムのほか，ランプ会社など多数の弱電関係，それに地中海方面からボルドーにかけての電力業，さらには全国の発電・配電業，各地の電鉄会社にも及び，電力関係の持株は電力金融会社（Société financière électrique）にまとめられていた。なお電力関係をつうじてベルギーのアンパンとも関係をもっていた。

総合電機会社（C.G.E.）　名前のとおり総合的な電気機器メーカーであったが，同時に弱電関係の諸会社や電力業に金融参加する持株会社でもあった。持株をつうじてフランスの他の電機会社，石炭会社，電力会社，それにアメリカ資本（ブレア商会〔Blair et Cie〕，のちトランス・アメリカ・コーポレーション）とも複雑多岐な関係を有していた。31年，銅関係の事業を割愛し，ディーヴ（Dives）電気冶金会社と折半で電気製銅会社を設立した。

シュネーデル・アンパン・グループ　有力鉄鋼・機械企業であるシュネーデルは，電機・電力業でもベルギーのアンパン・コンツェルンと密接な関係を保ちつつ発展した。29年，シュネーデルはその電機部門を電気設備会社（Matériel électrique）として分離新設し，同会社にはウェスティングハウスが技術協力で参加したほか，同会社はその後の吸収合併でジェネラル・エレクトリックとも関係をもつにいたった。シュネーデルの電力業参加は，その本社所在地ル・クルーゾに近いアルプ，ジュラ，ローヌといった地域に重点があった。ベルギーのアンパンは，ベルギー工業銀行を背景にしてベルギーの電力・電鉄事業に支配的な地位を占め，フランスでは子会社の

パリジエンヌ・エレクトリク会社をつうじてフランス北部とパリの電力，電鉄，それにジュモン冶金工場などの電機会社にも強力な地歩を築いていた。29年末，アンパン・グループのフランス資産は持株銀行であるパリ工業銀行（Banque parisienne pour l'industrie）の手に集中され管理されるにいたった。

ソフィナ（Sofina : Société financière de transports et d'entreprises industrielles）1898年にベルギー金融家とドイツ電機資本 A.E.G. によってブリュッセルに設立された会社で，結局フランス，ドイツ（Gesfürel），イギリス，アメリカ（G.E.C.），ベルギー（ブリュッセル銀行）の資本が錯綜的に参加したまさに国際的な電力・電機関係のトラストに発展した。同金融会社の事業は，銀行・持株会社，電鉄，電力，諸工業にまで及び，フランスでは上記トムソン・ウストン，したがってジェネラル・エレクトリックと関係をもつほか，北部とパリの電力業で一大勢力をなした。

広義の化学工業でも，フランスは戦中・戦後の発展により一流化学工業国の末尾に列するようになった。周知のように化学工業は製品の範囲が広いが，肥料では，アルザス・ロレーヌの返還によってアルザスの加里が手中に入り，ロレーヌのトーマス燐肥生産の増大も従来の北アフリカからの過燐酸石灰のうえに加わり，窒素系も戦時中からの国策会社によって発展した。かつてドイツの植民地となっていた染料工業部門も，その生産高はドイツ，アメリカ，イギリスにつぎ，スイスとならんで世界第4位を占めるまでになった。そしてこれには石炭乾溜工業の発展が影響しているが，そのほか広義の化学工業として石油精製，電気化学・冶金，ゴム，アルコール，人造繊維の発展もみられた。加えて軽化学薬品や香水製造もフランスについては指摘しうる分野であろう。そうした多面的な発展の結果，フランスの化学工業は輸出産業としても無視しえない存在となり，20年代末には工業製品輸出において化学製品が繊維，機械，金属についで第4位に上昇した。26年センサスで広義の化学工業企業は従業員1000人以上が17社あり，ガス会社6社，香水2社，重化学2社，ソーダ，石油，植物油，ステアリン，人絹が各1社であった。ここ

でもアメリカやドイツに比べると，フランスとしては大会社であっても国際的には中小企業的であり，また実際に中小企業も多数存在していたが，国際的にも遜色のない大企業のいくつかを以下で簡単に紹介しておこう。

サン・ゴバン（Sain-Gobain）　すでに指摘したように事実上ヨーロッパ最古で最大のガラス・メーカーであって，第一次大戦後フランス国内でガラス工場4（ガラスでのシェア50％），薬品工場25を有し，過燐酸肥料，石油精製にも関係し，国内のみならず諸外国にも子会社や関係会社を多数もち，実質上は持株会社といってもよい大化学工業会社であった。

キュールマン（Kuhlmann）　大戦中に設立された窒素用の国策会社，国立染料会社（Compagnie Nationale des Matières Colorantes）を23年に吸収し，染料分野ではベルギー・フランスに16工場をもち，生産の90％を独占するにいたった。アンモニア，窒素など合成品生産に関連して，アンザン炭鉱などノール＝パ・ド・カレ石炭業とも提携し，共同子会社を形成していった。最有力重化学メーカーであると同時に，やはり持株会社としての性格も併せもつにいたった。

ペシネー（Péchiney）　アルミ生産で世界的な先駆者であったペシネーは，大戦前からの吸収・合併運動を21年にフランス電気冶金会社（Froges会社）との合併により基本的には終え，アレ・フロージュ・エ・カマルグ会社（ペシネー）として，水力発電所，ボーキサイトその他の鉱山，アルミ・銅・その他非鉄の電気冶金，化学薬品，肥料などの諸生産工場を支配するコンツェルンとして発展した。アルミ生産ではフランスの大半を占め，生産量ではずっと落ちるいまひとつのアルミ会社ユジーヌ（Ugine）とともに事実上ペシネー1社あるいは2社による寡占状況をつくり出した。

ローヌ・プーラン（Rhône-Poulenc）　染料と薬品を中心としてきたローヌ化学が，22年，大戦前からレーヨン工業に手を染めていたジレ家と共同でローディアセタ（Rhodiaceta）を設立して人絹分野に進出し，28年には医薬品，フィルムなどのプーラン工場を吸収し，医薬品，フィルム，アセテート，レーヨンなどにおける有力化学工業企業として台頭した。

以上のほかでは酸素のレール・リキッド（l'Air Liquide），重化学のボーゼル・マレトラ（Bozel-Malétra）などが指摘すべき化学会社である。

3 金融制度の変貌

以上，第一次大戦後の財政赤字とインフレ，フランの減価，それに促された工業の顕著な発展をみてきたが，それらは当然，金融のあり方にも大きな変化をもたらした。しかし，その実態を全面的に見極めることは，その種の本格的研究がフランスでも皆無に近いため，きわめて困難である。そこで以下では，公的金融機関・商業銀行・事業銀行の3者について，金融機構の変容を追うなかで，その機能の変化を探ることとしよう。

公的金融機関の発展

いわゆる財政・金融問題の登場と国家の経済的役割の増大が，各種の公的金融機関とその役割の肥大化をともなったことは，容易に推察しうるであろう。ここではそれを3点にまとめておこう。

第1には，フランス銀行の現代的中央銀行としての役割の増大があげられる。すでにみたように，戦中から戦後にかけて同行は政府の付属機関と化して赤字財政の継続を可能にしたが，それは中央銀行が国家機関に変貌する現代的過程の開始を意味していた。もっとも20年代中頃，とくに26〜28年のフラン安定後，同行はその自主性をいったん回復するが，30年代半ば以降，国家の財政困難と人民戦線の政策のもとでふたたび自主性を失い，第二次大戦後には正式に国有化されるにいたるのである。

それはともかく，20年代のフランス銀行の業態に即していえば，ひとつには商業手形の利回り減少・政府短期証券の増大という新しい事情のもとで，短期資金市場における役割を増加させた。前章でみたように第一次大戦前の同行は，3大商業銀行の急追にあってその地位を相対的に低下させていたのであるが，大戦後にその地盤沈下傾向は止まった。戦後のインフレ期に同行は，政府短期証券の一括引受けによって大量の通貨を増発し，他方，民間商業銀行は短期資金市場における新事態（商業手形の出回り減少と政府短期証

券の膨張）への対応に追われたというだけではなかった。フラン安定後に商業銀行が急発展をとげるなかでも，フランス銀行はその預金口座数，残高を増加させ，預金高や対民間短期貸出において戦前のシェアをほぼ保持し続け，おもに地方の商工業ないし中小企業のための銀行という性格をむしろ強めた。このように同行は，市中の商業銀行と競合する側面をなお残し，いわゆる銀行の銀行としての中央銀行に成りきっていなかったという点で，欧米諸国の中央銀行のなかでは異色の存在だったといえるが，そうしたなかでも中央銀行としての性格は明確になっていった。たとえば同行の再割引は，民間大銀行からの依頼はなお少なかったものの，その他からの依頼で戦前より増加し，公定歩合操作による貨幣市場コントロール機能が増大した。また公開市場政策も，本格化するのは30年代末であるが，すでに第一次大戦中から事実上行われ，28年のフラン安定関係諸法でその権限が与えられ，政府，半官半民金融機関との関係も密になっていった。さらにフラン防衛や国際通貨制度維持あるいは変革という問題に関連して，英，米，欧州大陸諸国通貨当局との連携もかつてなく必要とされるようになったのである。

　第2に，復興金融公庫（Crédit national）や減債自立金庫など国家の財政機能の一部を直接代行する政府金融機関が登場したり，国庫が一時期，異常な金融的役割を担ったりした[65]ほか，預金供託金庫もフラン安定後に急速な発展をとげた。このうち前者についてはすでに述べたので繰り返す必要はないが（注23），ひとつには膨張した赤字財政と累積した国家債務の管理が国庫だけでは間に合わなくなり，特殊機関にその一部を分権せざるをえなくなったこと，いまひとつにはそうした特殊機関が赤字財政の実態を国民の目から見えにくくする隠れ蓑の性格をもっていたことを，指摘しておこう。

　他方，預金供託金庫（前章，注76参照）の資金量はインフレ期には低迷していたが，フラン安定とともに急増傾向に入り，恐慌下でさらに増嵩して，30年代中頃には民間諸銀行の総預金額を上回るにいたった。それと同時に同金庫の資金運用も変化し，それまでの政府証券の底支え機能をやや減じて，政府施策住宅への金融，地方自治体への貸付け，鉄道証券の購入など，財政投融資の機能を増大させはじめた。それが本格化するのは30年代前半，少なく

とも結果的には不況対策としてであり，より大規模には第二次大戦後のことになるが，それがすでに相対的安定期にはじまっていたことは注目すべきであろう。

第3に，以上のような政府金融機関のほか，両大戦間期には半官半民ないし半公共的な金融機関が多数設立され，農業保護，中小企業保護，輸出促進，地方自治体援助などの面で活動した。戦前からの不動産銀行（Crédit Foncier），既述の19年設立の復興金融公庫（Crédit national）のほか，17年から18年にかけての庶民銀行（banques populaires）と郵便振替制度（chèques postaux）の創設，20年の農業信用中央金庫（Caisse nationale de crédit agricole）の設置，23年のホテル業・商工業中央金庫（Crédit Hôtelier），31年の県・市町村信用金庫（Caisse de crédit aux départements et aux communes），20年のフランス外国貿易国民銀行（Banque nationale française du commerce extérieur）などの創立，28年の漁業相互信用金庫（Crédit maritime, 1913年に設立）の整備，をあげることができる。これらの金融機関は，いずれも政府の出資・融資あるいは補助金を与えられ，フランス銀行，国庫，預金供託金庫からの便宜提供あるいは協力を受けるものであった。それらの実際の役割は両大戦間期にはまだ限られていたが，しかし第1に，国が国民経済の各分野に経済政策的に参加し責任を政治的に負うという，資本主義の現代化の開始を財政・金融制度面から表現していたこと，また第2に，銀行制度内に限っていえば，かねて大戦前から問題になっていたフランスの金融制度の欠陥，すなわち，商業銀行制度が中小企業や農業を取り残し，産業銀行的側面からみても中長期信用給与の面でドイツなどに遅れていたという問題に，ある程度応えるものであったこと，この2点で意義があったといえよう。

以上のような公的金融部分の肥大化を数字で示せば，第一次大戦直前にあい拮抗していた公共・民間の各金融部門の預金高が，第二次大戦直前までに，計算の仕方にもよるが11対6，または7対5〜6の比率で公共部門の優位にかわっている。数字の正確さはむろん望むべくもないが，第一次大戦に起因する財政・金融・通貨問題の登場とそこでの国家の役割の増大はあまりにも明白であった。だが公共部門の膨張は，そのまま民間金融部門の後退を意味

するものではない。公的機関の資金は圧倒的部分が国債支持に充当され，政府の経済・社会政策に使われたのはまだごく一部にすぎず，商工業への信用供与では民間金融部門が重要な役割を果たしていたからである。そこでつぎに商業銀行を取り上げることにしよう。

商業銀行の発展

　第一次大戦後のインフレ過程で3大商業銀行の預金高は実質（戦前金フラン換算）で戦前以下となり，フラン安定後の預金急増によっても戦前水準にどうにか回復しうる程度にとどまった。しかもその間に3大銀行は支店・営業所を大幅に増設し，全国的営業網を完成したのである。

　しかし，20年代の銀行集中の特徴は，むしろ上述の3行とは別に4大銀行を構成した商工信用銀行（C.I.C.），20世紀に入って誕生した国民信用銀行やフランス商業銀行，それにいくつかの地方銀行が顕著な発展をとげたことにあった。C.I.C.は第一次大戦後に，同行の創立当初の特色であった地方子銀行設立政策をふたたび強め，また既存の地方銀行への資本参加にも努めて，30年頃までに主要商工業地帯の連携地方銀行から成るC.I.C.グループとでもいうべき全国的銀行に発展した[66]。また前章でその出自を述べた国民信用銀行とフランス商業銀行の2行も，戦中・戦後に支店開設と並行してむしろ地方銀行の吸収合併によって急発展をとげ，準一流の全国的銀行に成長した。ただその業態は3大銀行よりも兼営銀行的であり，その点も含めて強引な業務拡大の咎めは，32年に国民信用銀行が行き詰まり，国の救済によって国民商工銀行（Banque Nationale pour le Commerce et l'Industrie : B.N.C.I.）に生まれ変わったことに表われた[67][68]。さらにそうした動きを地方的に追いかける形で，主要商工業地帯でいくつかの地方銀行が小地方銀行の吸収と店舗の新設によって発展した。ここでも地元商工企業との結びつきによる事業銀行的性格をかなり濃くもつものが多かったが，地方的な純商業銀行への動きもみられた。ただし20年代に発展した有力地方銀行の過半は，C.I.C.との以前からの関係を20年代に強めた銀行か，あるいは20年代に新たC.I.C.と関係を結んだ銀行であったことを指摘しておこう[69]。

表3-19　4大商業銀行[1]の資金運用（1927～37年）
(単位：百万フラン)

各年末	総資産	割引[2]		当座貸越	
		金額	%	金額	%
1927	30,131			4,280	14.2
1928	38,618	21,284	55.1	6,930	17.9
1929	39,272	21,063	53.6	8,609	21.9
1930	41,525	20,185	48.6	9,632	23.2
1931	42,658	18,325	43.0	8,560	20.1
1932	41,833	21,971	52.5	7,037	16.8
1933	36,632	19,760	53.9	7,223	19.7
1934	34,878	18,236	52.3	6,910	19.8
1935	31,693	16,110	50.8	6,906	21.8
1936	32,721	17,460	53.4	6,515	19.9
1937	35,009	18,146	51.8	6,800	19.4

(注)　1) クレディ・リヨネ，ソシエテ・ジェネラル，パリ国民割引銀行，商工信用銀行の4行。
　　　2) 商業証券，大蔵省証券，国防証券の保有高総計。商業証券と政府証券の仕分けはできない。
(資料)　L. Petit et R. De Veyrac, *Le Crédit et l'organisation bancaire*, 1938, pp. 490, 492.
(編者注)　注71を参照。

以上のような20年代における商業銀行の発展は，1890年代以降の経済発展にともなう銀行集中（それはなお1930年代前半の銀行恐慌で補足される）を基本的に達成した過程であった。すなわち3大ないし4大銀行の地位の確立，それにつぐ準一流ないし二流の全国銀行2，3行の成立，それと深く関連した有力地方銀行の発展である。それは，フランスでは数多くしかも執拗な生命力を示したパリおよび地方の個人銀行＝金融家，中小地方銀行の相対的な犠牲における大銀行および中銀行の集中的発展であった。そしてこの銀行集中の特徴としては，つぎのような諸点があげられる。①パリのごく少数の大商業銀行は，地方銀行の吸収合併にはあまり頼らずに，それぞれ独自に全国的営業網を新設する形で集中を進めた。②しかし地方銀行の吸収による集中も，大戦中から30年代にかけて進展した。③地方銀行が完全には統合されない形で，パリとコルレス関係を結ぶことで商業銀行網の形成に参加した。④それでもパリ大銀行から独立した10ばかりの地方銀行，計算方法によって違うが200から500の個人銀行・小地方銀行がなお残存した。⑤以上の諸点でフランスの銀行集中はイギリスやドイツのそれとはやや異なり，フランスの工業化の相対的な遅れ，中小企業の根強い残存，経営の個人主義的性格などによく照応したものであった[70]。

こうした戦後の銀行集中ないし商業銀行網の完成過程のなかで，商業銀行の業務にはかなりの変貌がみられた。もっともそれは戦時・戦後のインフレ

過程とフラン安定後とでは様相を異にし，インフレ期には政府の圧倒的な財政・金融政策のもとでそれを支持する役割を果たさざるをえなかった。しかし20年代をつうじて，フランスの大商業銀行の資金運用は，当座貸越の増大[71]と中長期信用のための傘下金融機関の創設[72]の2点で新しい展開を示した。そのいずれも，商工業界とくに大企業に対する長短期の金融活動（いわゆる成長金融）の積極化と理解しておいてよいであろう。

事業銀行の発展

　事業銀行も第一次大戦中から戦後にかけて公債引受機関の色彩を濃くせざるをえなかったが，外国という投資領域を大きく失ったことも，その活動を顕著に変化させる要因であった。表3-20にみるようにフランスにおける証券発行は，戦前には国内証券（主として民間証券）と外国証券とがほぼ肩を並べていたが，大戦中から政府証券が急膨張し，これを主とする国内証券が戦後の発行市場を支配した。外国証券の発行は，財政金融上の必要から一部を除いて28年まで禁止されたが，同年の解禁とその後の金融緩慢にもかかわらず，その規模は31年を例外として戦前とは比較にならないほど衰微したままであった。そこには，大戦によってフランスの投資家層が受けた打撃の後遺症と，より基本的には戦後の世界の政治・経済構造の激変・不安定化が働いていた。インフレに促された工業発展とフランの割安による国際収支の黒字，赤字財政による資金の創出等に起因したフランスの過剰資金が，もはや戦前のように安定的な長期対外投資には向かわずに，不安定な短期の国際浮動資金と化し，その投機的移動が国際的にも悪役を演じることとなったのである。

　むろんフランスの事業銀行が国外での活動を止めたわけではない。ヴェルサイユ体制で新たにフランスの同盟国ないし勢力圏となった中東欧諸国や地中海東部，また戦前から地歩を築いていたアジア，アフリカ，南米等で，事業銀行は数多くの子銀行をつうじて金融活動を行っていた。しかし，証券発行による資本輸出という伝統的な翼をもぎとられた状態では，その活動も大幅に制限され，対外投資活動は一時期の対中東欧を別とすれば対植民地に限

表 3-20　証券発行額（1910〜36年）

年次	民間			政府		
	株式	社債	計	鉄道債	中央・地方政府	計
1910〜13	7,780	6,060	13,840	2,128	1,428	3,556
(同)1)	4,708	5,133	9,841	…2)	1,144	…
1913	7,300	5,700	13,000	2,580	544	3,124
(同)1)	5,745	6,171	11,915	…2)	1,064	…
1921	3,990	6,134	10,124	6,055	18,846	24,901
1922	2,758	5,286	8,014	4,528	17,262	21,790
1923	3,588	3,957	7,545	3,391	15,216	18,607
1924	5,184	1,664	6,848	3,276	3,270	6,546
1925	3,274	1,582	4,856	1,064	11,508	13,112
1926	2,405	1,535	3,940	1,942	2,220	4,162
1927	4,056	2,939	6,995	3,847	7,152	10,199
1928	6,496	3,404	9,900	3,563	9,048	12,611
1929	8,323	6,377	14,700	4,130	7,038	11,168
1930	4,373	18,304	22,677	4,920	3,937	8,857
1931	2,092	14,346	16,438	6,349	5,023	11,372
1932	1,291	5,072	6,363	8,818	16,144	24,962
1933	1,043	2,663	3,706	6,831	19,346	26,177
1934	987	3,104	4,091	5,572	16,377	21,949
1935	919	2,142	3,061	4,602	19,216	23,818
1936	503	466	969	2,563	15,639	18,202

(注)　1) 既出の図2-1, 図2-2の数値を5倍して1928年フランで表示。
　　　2) 鉄道債は民間社債に含まれる。
(資料)　C. Rist et G. Pirou, *De la France, op. cit.*, pp. 425, 429.

定された。むしろ戦前とは逆に国内での業務，とくに工業発展への参加が，戦後の事業銀行の主要な活動領域となったのである。

　その国内業務では，第1に，最大の事業銀行パリバにとくにみられたように，一般からの預金受入れを増大させる反面で，手形割引やとくに当座貸越の形で信用供与を増大させた。それは，ひとつには商業銀行的業務を強化してより兼営銀行的になろうとする動きであり（この方向は30年代の不況下でさらに強まる），いまひとつには事業銀行が関与する国内諸企業への金融活動を強化したことを意味する。パリバの数字は表3-21の如くであり，これにみるように20年代には当座貸越の比重が急増しながら，証券保有・金融参加の比重は低位のまま推移しているが，これには多少疑問も残る。ちなみにフランスの銀行や企業では，同国の伝統的な守秘主義に戦後の脱税方策が重

（単位：1928年フラン評価の百万フラン）

債券計	国内証券合計	外国証券
9,616	17,396	…
6,277	10,984	9,641
8,824	16,124	…
7,234	12,979	7,234
31,035	35,025	—
27,046	29,804	—
22,564	26,152	3,000
8,210	13,394	—
14,694	17,968	—
5,697	8,102	162
13,138	17,194	500
16,015	22,511	579
17,545	25,868	1,100
27,161	31,534	1,400
25,718	27,810	11,064
30,034	31,325	1,645
28,840	29,883	1,300
25,053	26,040	—
25,960	26,879	225
18,668	19,171	—

なって，また第二次大戦まで明確な銀行統制法規がなかったこともあって，貸借対照表の項目は恣意的に計上され，その多くは過小評価されて，外からはその内容をうかがうべくもないといわれる。むしろ普通一般にいわれるように，大事業銀行は，国内の公益事業（電力・石油など）のほか，とくに戦災地復興に関連して鉱山・冶金・機械・電機・化学といった重化学工業，さらには繊維などの軽工業や商業の分野にまで手をのばし，大戦前の産業との関係を締め直したかあるいは新たな関係を結んだ，という評価をしておくのが妥当であろう。

第2に，その点と関連して事業銀行は，関係諸部門について持株会社的な金融機関を子会社として設立するという，一部は戦前にすでにみられた新たな経営方向をあらわにした[73]。いうまでもなくそれは，親銀行が子会社の支配権を握り，この子会社が同じ方式でさらに孫会社を統括するというピラミッド的経営組織体の形成を意味し，親銀行の金融力と知名度が公衆からの資金調達を可能にするシステムであった。

だが第3に，以上二つの新傾向と関連して，大事業銀行および一部の商業銀行と重化学工業企業との相互浸透が進行したことを，強調しておかなければならない。この事態は産業界が自ら主導的に設立した新たな事業銀行・業界銀行・持株会社に事業銀行が参加することをつうじて[74]，また事業銀行と大工業企業とがその代表を相互に取締役会に送り込む人的結合をつうじて進行した[75]。この点は，前節で指摘したように重化学工業の一部の大企業が

表3-21 事業銀行パリバ[1]の資金運用 (1922～37年)

(単位：百万フラン)

年次[2]	総資産	当座貸越	同構成比(%)	証券保有と金融参加[3]	同構成比(%)
1922	1,805	365	20.2	225	12.5
1923	2,228	546	24.5	225	10.1
1924	2,553	847	33.2	253	9.9
1925	3,512	1,157	32.9	288	8.2
1926	3,193	1,133	35.5	316	9.9
1927	4,138	1,680	40.6	363	8.8
1928	4,510	1,781	39.5	393	8.7
1929	4,551	1,870	41.1	498	10.9
1930	4,236	1,333	31.5	541	12.8
1931	3,323	844	25.4	550	16.6
1932	3,395	572	16.8	549	16.2
1933	3,102	736	23.7	518	16.7
1934	2,676	650	24.3	535	20.0
1935	2,469	581	23.5	533	21.6
1936	2,937	502	17.1	578	19.7
1937	3,806	518	13.6	568	14.9

(注) 1) Banque de Paris et des Pays-Bas.
2) 各年末の貸借対照表による。
3) その内訳はわからない。

(資料) Petit et Veyrac, op. cit., pp. 515-516.

独自の金融力をもつほどに経営基盤ないし経済力を確立し，自己金融の傾向を強めたばかりか，傘下の諸企業に対して事実上「事業銀行」の役割を果たしうるだけの発展をとげ，その一部は自ら持株会社に転身したという，フランス経済発展下での産業界の新動向に対して，銀行資本側がとった対応でもあったことに留意して評価すべき事柄であった。第一次大戦以降，株式会社の特性を大いに利用した産業の集中・集積が金融的側面でも進行し，そこには銀行と産業とのいわゆる癒着が従前以上にみられたのである。レーニンの定義による「金融資本」の形成が明瞭に認められるようになったということができる[76]。

4 フランス金融資本の確立と限界[*1]

(1) レーニンの古典的規定に近い金融資本がこの時期に確立された。すな

---

*1 編者注：本項については原稿が遺されていない。しかし執筆のための覚え書は何種類かあり，それらを整理すれば，ここで著者が述べようとした内容はほぼ以下の如くであったと思われる。

わち，第一次大戦後の工業発展のなかで，重化学工業では国際カルテルとの関係のもとに独占＝寡占の形成が進んだ。それに対応して銀行も，外国証券の引受け・発行にかえて国内の産業金融に積極化し，両者による人的交流，資本参加，中長期金融会社・持株会社・共通子会社の共同設立をつうじて融合が進んだ。こうした産業企業の金融部面への，また銀行の産業部面への進出によって，産業間のこみいった網の目が形成された。しかし，この事態は，産業と銀行との融合というレーニンの古典的テーゼにそのまま当てはまるものではなかった。それは，明確な人的結合，企業合併，吸収，組織化という性格をもたず，あいまいな星雲的グループ間の相互連携という性格をもった。またシュネーデル，電力，化学の例にみるように，主要産業企業がみずから金融資本化していく傾向が優越していた。

（2）このフランス金融資本の活動の場は，第一次大戦後の新版帝国の領域内に限定された。世界経済・政治構造の根本的な変化のもとで，フランスの国際的活躍の場は限られていた。戦前に重要な意味をもった外国証券の引受け・発行は停止し（対外投資の短資化がそのひとつの象徴），他方，重化学工業の展開は，さしあたりドイツとの，さらにはイギリスとの調整・協商を受身の形で行わなければ，その前途はないという状態であった。

（3）そこで国内をみると，ここでは国家の経済的役割が増大し，金融資本の蓄積はそれと交錯する。この国家の役割増大には2面があり，一方では財政金融および戦略部門での政府の主導・介入の強化であり，他方では労働者・農民・中小企業等に対する社会的対応の必要からの制約的動きの強化である。

（4）第一次大戦後のフランス工業は，フランの過小評価に支えられて，イギリス・ドイツと比べれば相対的に地位を高めたが，世界的には現状維持にとどまった。その重工業は植民地を含めた自国市場の枠内には収まりきらず，輸出市場を必要としたが，合理化がなお不徹底のため競争力が弱く，とくにフラン安定後にそれが問題となる。このため，鉄鋼・化学・電機等の諸産業は容易に自立できず，ドイツと離れて単独の行動はとりえない。その対策として，植民地の囲込みや東欧・近東の勢力圏化をはかるが，資本輸出が内外

の事情から停止しているもとでは，フランス重工業の力をもってしてはそれは困難であったし，さらにフランス自身が農産物輸入国になったとはいえ農業国でもあるため，それら地域と農工間分業関係を展開することはできなかった。こうしてフランス金融資本は自己の発展を積極的に切り拓くような活力と展望を欠いていた。このような状況のもとで世界恐慌が勃発し，20年代にフランスに有利に展開してきた不均等発展が，30年代には裏目に展開することになるのである。

第3節　1930年代——世界恐慌と人民戦線*2

これまでみてきたように20年代とくにその末期のフランスは，多事多端だったヨーロッパのなかで「繁栄する離れ小島」の感があり，30〜31年前後，外の世界はすでに恐慌過程に入っているのにフランス経済だけはあたかも免疫されているかのごとくであって，20年代の発展の余熱が残っていた。29年秋，結果的にみれば束の間のことにすぎなかった当時の財政余剰に頼った約50億フランの公共事業政策（タルデュ・プラン）も刺激となって，鉄鋼業，電力，港湾など主として公共的部門における投資活動がなお高水準にあったからである。また対外的には高い金・外国為替保有もあってフラン貨は安泰であり，外国短資のフランスへの逃避を招いたほどであった。超金融緩和のなかで高原的好景気が続いていたのである。

しかし世界恐慌は，フランスを見逃しはしなかった。卸売物価および証券価格は29年2月にピークを記録しており，そのときすでに綿工業など軽工業の不振および第一次産品市場の悪化による植民地の経済苦境ははじまっていた。30年6月から工業生産は低下しはじめ，同年末にはほとんどすべての経済市況が悪化しはじめていた。そのうえに31年夏〜秋におけるオーストリア・ドイツの金融的崩壊とイギリスの金本位制離脱（9月20日）が重なって

---

*2　編者注：以下は，いくつかの，それも断片的に存在する異稿から再構成した。未整理の図表は本文の記述にしたがって挿入し，番号を付した。

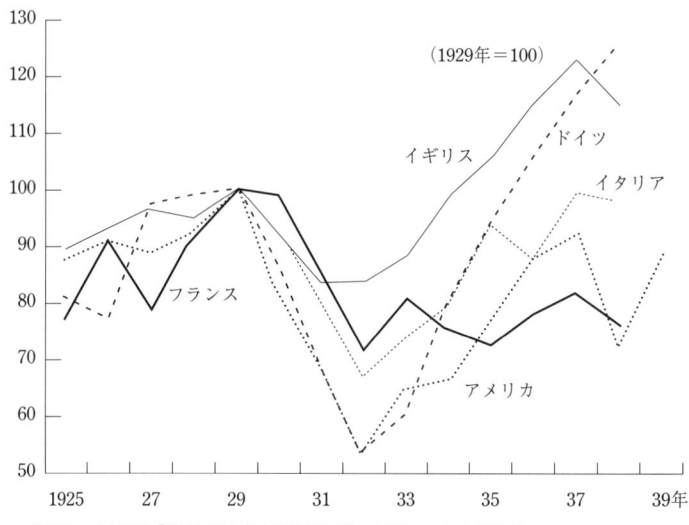

図 3-3　主要国の鉱工業生産指数の推移 (1925～39年)

(1929年＝100)

（資料）　日本銀行『明治以降本邦主要経済統計』1966年，397頁。原資料は，League of Nations, *World Production and Price 1925-34; Statistical Yearbook of the League of Nations, 1938/39.*

フランスにおける不況あるいは恐慌が本格化し，33年のドル切下げによってその深刻さを増していったのである。

こうしてはじまったフランスの30年代は，第1に，図3-3に見られるように他の資本主義諸列強と比較して，32年が経済活動の底とならずに35年にも二番底をつけ，しかもその後の回復過程はイギリス，ドイツにも遅れ，アメリカとともに最も低迷した先進国となった。なお同図に示されてはいないが，日本およびソ連の工業生産は30年代にそれら諸国とはまったく様相を異にする急成長をみせたのである。こうして第2に，30年代末におけるフランスのダウンぶりは，ドイツより大きなものがあったといってよく，また第3に，これは緊迫する国際情勢とともに国内の階級闘争の先鋭化をともなうものとなったのである。

1　フランスにおける世界恐慌

1930年代のフランス経済は，恐慌の到来が他の主要諸国より遅く，かつそ

表 3-22　世界の工業生産・貿易に占める主要国のシェア
（1913～38年）　　　　　　　　　　　（単位：％）

	年	アメリカ	イギリス	フランス	ドイツ
銑鉄生産	1913	40.4	13.2	11.4	15.3
	1925	49.1	8.3	11.0	14.7
	1933	27.8	8.6	13.1	13.5
	1938	23.8	8.4	7.4	21.5
自動車生産	1925	87.5	3.4	3.6	1.0
	1929	85.2	3.7	4.2	1.1
	1933	71.8	10.5	7.2	4.0
	1938	62.2	11.2	5.4	8.8
輸入	1911～13	8.4	17.4	7.8	12.1
	1926	13.6	18.5	5.9	7.3
	1934	8.3	18.4	7.6	8.9
	1938	8.2	18.9	5.6	9.2
輸出	1911～13	12.4	15.3	6.7	11.4
	1926	15.9	12.4	6.3	8.1
	1934	11.5	12.1	6.3	9.0
	1938	14.1	11.9	4.1	9.7

(注)　銑鉄は鉄合金を含み，うちドイツは1938年を除いて推定。
　　　自動車のうちアメリカは外国で組み立てたものを含む。
(資料)　宮崎犀一・奥村茂次・森田桐郎編『近代国際経済要覧』（東京大学出版会，1981年）111，114頁。原資料は，OECD, *Industrial Statistics 1900-1962*, 1964; U. S. Dept. of Commerce, *Foreign Commerce Yearbook*.

れによる落込みが比較的に軽かったが，その反面で第二次大戦勃発まで不景気がダラダラと続いたことにその特徴があった。すなわち工業生産でみるとフランスは，32年を底にして反転し緩やかな生産回復をみせたイギリス，ドイツ，またむしろ30年代に急成長したソ連，日本とは異なり，そして事情は違うが結局は停滞的であったアメリカをも下回るほどの低迷ぶりを示したのである（前掲の図3-3）。このため，フランス工業がとくにイギリス，ドイツとの対比ではこれら両国を凌ぐ発展をみせていた20年代の傾向は，30年代後半には逆転し，第二次大戦直前の時点では世界の工業生産および貿易におけるフランスの地位が低下していたことは表3-22にみる如くである。鉄鋼業におけるその相対的低下は，前掲の表3-15，表3-16にもみられる。

　フランスの工業生産は30年央から低下しはじめたが（図3-4），当初のそれは比較的緩やかであり，同国で大恐慌の到来が意識されたのは，ドイツの金融恐慌とそれにすぐ続いたイギリスのポンド・スターリング兌換停止（31年9月のポンド切下げ）以降のことであった。それはひとつには，鉄鋼など重化学工業の設備投資，鉄道電化・農村電化政策に誘発された電力関係および港湾・運河等への公共的投資活動と，国際政治的に自立しはじめたドイツ

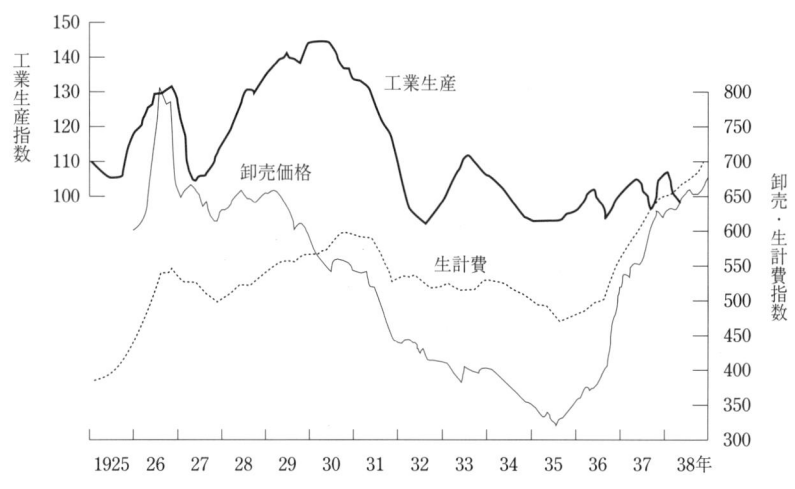

図 3-4　フランスの経済指標（月次，1925〜38年）

（注）　工業生産と卸売価格は1913年＝100，生計費は1914年＝100の指数。
（資料）　*Annuaire Statistique de la France*, various issues.

に対して北東部工業地帯を守るための要塞「マジノ線」建設に代表される軍備拡充政策などによって，30年代初頭においても20年代の経済発展の余熱と完全雇用がなお続いていたことによっていた。いまひとつには，アメリカの銀行恐慌，それを前にしてのポンドやマルクの脆弱性が，フランスをフランス人をも含めた世界の国際的短期資本の避難地とし，フランス銀行の金・外貨準備高が増大し，世界的な不景気がはじまっているなかでフランスは超金融緩慢の状況を呈したこと，これによってポアンカレ・フランは当面，世界一の安定性を備えているかの如くであったこと，によっている。19世紀以来，世界的恐慌の影響が鈍かったことによる「楽園フランス」（La France est un jardin），20年代および30年前後におけるドイツ，イギリスの経済苦境との対比での「幸福の小島」（L'île heureuse）フランスというイマージュが，内外でなお残っていたのである。

しかしすでにふれたように，28年頃より綿工業など一部の軽工業および植民地の第一次産品関係は不振を示しており，卸売物価および証券価格は29年2月にピークを記録していたのであって，フランスとしても恐慌への下地

表 3-23 主要部門別工業生産指数（1929〜38年）
(1929年＝100)

	エネルギー	投資財	消費財	総合
1929	100.0	100.0	100.0	100.0
1930	103.0	101.3	97.0	98.4
1931	97.0	87.3	83.8	83.6
1932	89.5	69.4	78.0	71.1
1933	94.8	73.9	94.3	81.3
1934	96.9	68.2	85.7	76.4
1935	96.9	64.3	83.8	74.6
1936	100.0	68.2	95.2	82.7
1937	102.0	73.3	97.1	87.6
1938	105.0	63.7	95.2	80.3

（資料） A. Sauvy, *op. cit*, tome II, p. 439. 原資料は M. J. Mothes, *Etudes et Conjoncture*, 1953, n° spéciale《L'industrie française》.

は十分に準備されていた。「実際には，フランスは(28年の）平価切下げ（の効果）を喰いつぶし，(世界恐慌という）大ドラマにたんに遅れて参加しようとしていたにすぎなかった」[77]のである。

その後フランスの工業生産指数は，32年夏を底に少し反騰したものの，35年春に二番底を記録し，財別にはとくに投資財の低下が著しくなり（表3-23），36年夏からの人民戦線政府による経済回復政策，それ以降のフラン切下げ，再軍備政策の展開によっても，さしたる増加をみせなかった。38年9月ミュンヘン会談以降の遅ればせの軍需生産増大による回復によっても，29〜30年の水準はもとより28年の水準を取り戻しえないまま第二次世界大戦を迎えたのである（図3-5）。

その結果，第二次大戦直前のフランス経済は，第一次大戦時を除く平時としてははじめて，生産と国民所得の10年前比が減少しているという状況にあった（図3-6）。この背景には，恐慌下多年にわたる設備投資の沈滞とそれによる国の生産設備の老朽化，財政の破綻（後述）とフランス銀行の信用膨張によるインフレーション（30年代後半の物価上昇については図3-4参照），ポアンカレ・フランからのさらに60％のフラン価値の喪失，があった。また第一次大戦前から停滞的だった出生率の低下，同大戦の影響（第一次大戦におけるフランス兵死傷率はドイツを上回り西欧最大）にもよる人口構成の歪み，老齢化の進展による壮丁の不足があった（図3-7）。さらに，人民戦線の後遺症にもよる国内の政治的分裂――左右の諸党派間，およびそれぞれ党派内での労使の対立と農民その他の諸階層の利害がからまっての分裂――など，社会的沈滞あるいは無力感といった病状を呈していたのである。それらの帰結

図 3-5　大戦間フランスの工業生産と国内粗生産（実質，1920〜38年）＊

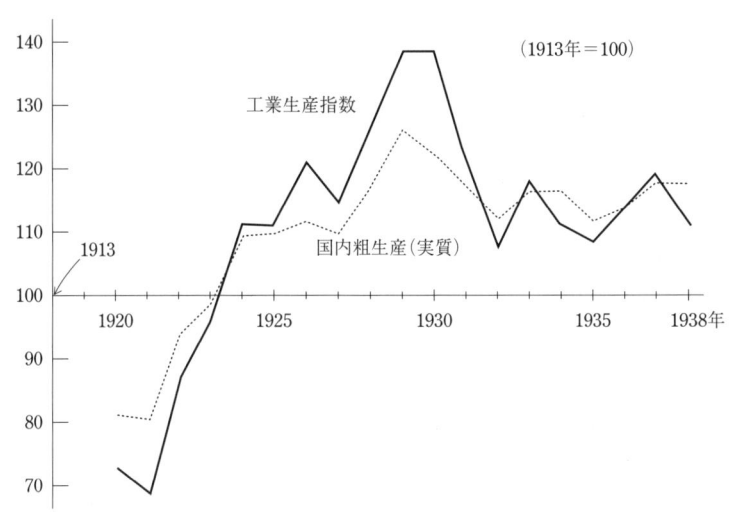

（1913年＝100）

工業生産指数

国内粗生産（実質）

（注）　＊いずれも90県（アルザス・ロレーヌを含む）についてのもの。
（資料）　André L. A. Vincent, Les Comptes nationaux, dans: A. Sauvy, *Histoire économique, op. cit.*, tome IV, pp. 339-340 より作図。

図 3-6　フランスの国民所得＊（1900〜60年）

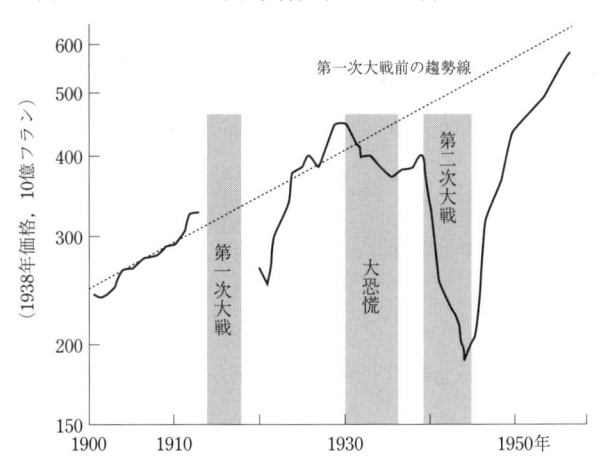

（1938年価格，10億フラン）

第一次大戦前の趨勢線

第一次大戦　　大恐慌　　第二次大戦

（注）　＊A. Sauvy の試算による推計値。
（資料）　J. A. Lesourd et C. Gerard, *Histoire économique XIXe et XXe siècles*, tome II, 1963, p. 436. 原資料は H. D'Herouville, Réflexions sur la croissance, *Études et Conjoncture*, novembre 1958.

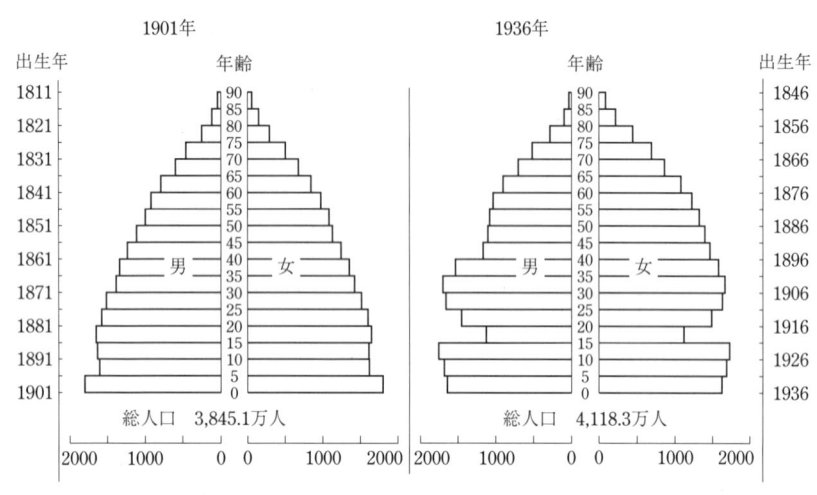

図3-7 フランス人口の年齢別・性別ピラミッド（1901年，1936年）

（資料） J.-M. Jeanneney, *Forces et faiblesses de l'économie française 1945-1959*, 1959, p. 17.

が，ナチス・ドイツとの「奇妙な戦争」の数ヵ月後のあえない敗北と被占領，第三共和政の自滅とペタン傀儡政権（ヴィシー政府）の成立，であった。このフランス人にとっての痛恨の歴史は，第二次大戦とその後のこともあって，後述するようにフランス人が現在なお正視しえないか，セクト的にしか回顧できない過程をなしているのである。

その間におけるフランスの恐慌脱出を求めての政策的苦闘の歴史は次項のこととして，ここではフランスにおける30年代の不況の諸特徴を，やや繰り返しになるが不十分ながらの統計[78]によってまとめておこう。工業生産と国民所得の推移についてはすでに示した（図3-4～図3-6）。第1に，30年代初頭の打撃が比較的軽かったとはいえ，経済不況がいつまでも続いたことの累積的結果が招いたものは，上にみたようにかなり悲惨であって，第二次大戦直前におけるフランスの工業と貿易が世界において占める地位は，20年代の興隆を打ち消し，13年に比してさえ一段の衰退を来していたことが指摘される。第二次大戦後50年代にかけて，ドイツへの屈辱的記憶とアメリカの圧倒的生産力を目前にして，フランス経済の停滞性＝フランス資本家のマルサ

ス主義（資源有限説にたつ人口制限主義）に対するアレルギー的な批判，すなわち経済成長至高主義が，フランス官界を中心として極左まで含めた左右両派から表明されるにいたるのは——実はそのときフランスはすでに第二次大戦後の資本主義世界の高度成長過程に入っていた——，そうした前史があってのことである。

しかし第2に，その停滞的な30年代においても，フランス経済の産業構造の高度化はそれなりに進行した。ラフな生産部門分類と数字によっても，製紙，ゴム，化学（薬品），映画，人絹，窒素・加里肥料，電力，石油，アルミ，道路運輸などが発展を示したのに対し，機械，人絹を除く旧来の諸繊維，農業，食品などは低下しながらも辛うじて平均生産水準の近くに踏みとどまり，平均水準以下だったのは石炭，冶金，皮革，金属加工，建築材料，鉄道・河川運輸などの分野であった。ただしこうしたことの意味を確定するのは，そう簡単ではない。そこに現代の技術発展が現れていることは当然として，さしあたりここでは，①フランス人民の生活が結果的には最も保証されたこと，②それはそのために，企業の投資意欲を最も冷やすプロセスであり，しかもそこにおいて大企業が優位を占めた過程となったこと，を指摘しておくにとどめよう。

2　恐慌初期の対策

30年代後半の人民戦線の実験との対比上，ここではまず30年代の前半を一括してみておくが，実はその期間でも31〜33年と34〜35年とではかなり違うところがあった。31年にはじまる恐慌当初は，事態の進行の前で反射的に救済政策がとられる面が強かったのに対し，34〜35年にはフラン防衛と経済立直しのため，財政緊縮によるデフレーション政策がとられるからである。そしてフランスの場合，このあとの点，すなわち遅れて到来した恐慌の底で，しかもアングロ・サクソン諸国の経済が平価を切り下げたうえでのいわゆるリフレーション政策によって回復しはじめていたときに，財政支出削減と物価抑制という，いわば逆の政策をとった点に特色があった。しかもこの緊縮政策は，32年春の選挙によって成立した第二次左翼連立内閣（急進社会党を

中心とする）がつぎつぎに行き詰まったのち，34年2月の諸事件による混乱と分裂からフランスを救うべく，国民休戦と宥和のため登場した右寄りの連立政権の手によって実施されたのである。しかし，このデフレ政策への幅広い階層にわたる不満は，人民戦線を勝利させる一因となった。もっともこの間のデフレ政策も，後述のようにその効果はもとよりその性格も総体としては不分明なものであり，ただ，それがもつ響きが長引く不景気とあいまって政治的な問題になった面があった。こうしたこの期の政策の特徴を，為替・通商・財政の面についてみよう。

(1) フラン平価維持政策

　30年代前半の不況対策あるいは経済政策の第1には，フラン金価値と為替の取引自由との二つを固守しようとしたことを，まずあげなければならない。それはつぎにみる通商・財政などの諸政策の大前提となり，またそれら諸政策に制約を与えたからである。この場合，フランスはなぜ，再建国際金本位制の崩壊（31年）に際してイギリスおよびそれに続いた諸国のように金本位制から離脱せず，かといってもちろんドイツなど中東欧諸国のような為替管理あるいは通商統制への途をとらなかったのか。その理由，あるいはそれが如何に愚策であったかについては，政策論的にこれまで繰り返し議論あるいは指摘されてきた。すなわち，フランス人は20年代のインフレとフラン切下げの後遺症的な通貨アレルギーが強く，右から共産党まで全党派的に切下げには反対で，この問題に言及しようとさえしなかった，加えて当時のフランス人はそうした経済問題に無知であった，というのである。こうした指摘が間違っているというわけではないが，しかしここではむしろ，金本位制――といってもまえに述べたように金為替本位制であったが――の放棄を余儀なくさせるだけの事情が少なくとも恐慌初期には存在せず，フランスには他国に比べてまだ余裕があったことを再び指摘するほうがよいであろう。

　フランスの経常収支は31年から赤字に転じたが――フラン切下げ（28年）以降の貿易収支赤字増大傾向が世界恐慌によって加速された，利子・配当収入も世界の不景気で激減した，観光収入も大きく減少した，ドイツからの賠償収入がストップしたなどの諸要因による――，それをはるかに上回るフラ

ンス在外短資の引揚げおよび外国からの逃避資金流入があり，他方，恐慌下の外国への投資または貸付けは問題になりえなかったから，フランスの国際収支は黒字であった。また28年からはじまっていた金流入は31年にも続き，ポンドの切下げ後にフランス銀行が保有外国為替を積極的に金に換える政策に転じたこともあって，32年には公的金保有高が世界のそれの25％を占めるにいたった。それはもちろん超金融緩和をともなったが，そうしたフランの地盤堅固という状況，国内経済の収縮も他国より軽いという事情のもとでは，フラン切下げや為替管理が問題にならなかったのも当然のことである。

　それどころかフランスは，周知のように33年のロンドン通貨経済会議で金為替本位制の復活を主張し*3，すでにそれを離脱していたアメリカ，イギリスと対立した。そして会議後，フランスはイタリア，オランダ，ベルギー，ポーランド，スイスに呼びかけて金本位制や為替取引の自由の維持をはかる6ヵ国協定を結び，いわゆる金ブロックを形成した。しかしこれは，ニューヨーク株式取引所での株価暴落やオーストリア・ドイツの金融恐慌の発生をきっかけとする世界金融恐慌の打撃がまずアメリカ，イギリスで大きく，その波及の遅かった国々が自国通貨の一時的・相対的な安定をよりどころに，旧システムへの固執を当面有利としたものにすぎなかった。このため早くも35年には，ベルギーが貿易収支の悪化から金本位を停止し，以後，同盟国の離脱があいつぎ，主唱者フランスも36年にはついにこれに追随して，金ブロックはあえなく崩壊したのである。

　このように金ブロック維持は束の間のことになったが，スターリング・ブロック，ドル・ブロックに対抗してのその形成は，国際的にはフランスに自国植民地のより強い囲込みをもたらすとともに，国内的には景気対策を制約した。前述のように初期恐慌対策による財政の赤字を抑制するため，34，35年には緊縮政策がとられ，それと貿易収支悪化の影響で国内経済は二番底をつけることになり，労働運動も次第に高揚した。そのうえ，平価維持を困難

---

*3　編者注：本段落はここで原稿が切れているため，本段落のうちの以下の部分は，残されていた筆者自身のメモにより再構成した。

表 3-24　資本移動の推移（1910～36年）[1]　　　　　　　　　（単位：百万フラン）

年度	見える移動		見えざる移動		流出超過	流入超過	1928年価格でのバランス[4]
	流出[2]	流入[3]	流出	流入			
1910～13年平均	—	1,843	6,241	—	4,398	—	▲21,990
1913	—	1,948	5,682	—	3,734	—	▲18,671
1920	10,180	5,900	—	28,143	—	23,863	△66,816
1921	4,166	1,415	7,298	—	10,049	—	▲20,098
1922	1,190	2,676	8,322	—	6,836	—	▲12,646
1923	5,050	—	—	281	4,769	—	▲6,438
1924	2,640	—	11,004	—	13,644	—	▲19,111
1925	—	—	11,478	—	11,478	—	▲10,904
1926	2,089	2,851	13,095	—	12,333	—	▲12,333
1927	24,590	1,182	—	8,644	14,764	—	▲14,764
1928	10,527	167	—	5,000	5,360	—	▲5,360
1929	4,796	6,956	4,344	—	2,184	—	▲2,184
1930	7,066	4,408	—	6,796	—	4,138	△4,138
1931	14,614	6,350	—	27,176	—	18,912	△18,912
1932	1,645	17,844	—	2,366	—	18,565	△18,565
1933	1,300	8,682	682	—	—	6,700	△6,700
1934	200	500	—	2,450	—	2,750	△2,750
1935	225	2,000	16,375	—	14,600	—	▲14,600
1936	—	430	18,310	—	17,880	—	▲10,728

(注)　1) 賠償と戦債を除く。
　　　2) 外国のフランスでの借入れ，フランスの借金返済，為替購入。
　　　3) フランスの外国での借入れ，外国の借金返済，為替購入。
　　　4) △は流入超過，▲は流出超過。
(資料)　Rist et Pirou (éd.), *De la France, op. cit*, p. 416. 原資料は Léonard Rist, Phillippe Schwob が推計したもの。

とみる思惑も加わった資本・金の流出が35年から強まって（表3-24），これを機にフラン切下げ問題がようやく国会でも論議されるようになり，政府はデフレ政策の継続か平価切下げかの岐路に追い込まれていった。まったく異なる事情のもとではあるが，国際短資の大量移動が危機を決定的なものにしたという点では，20年代と同様の状況が再現したのである。

(2) 通商政策

27年以降すでにはじまっていた貿易とくに輸出の停滞あるいは低下傾向が世界恐慌でいっそう加重され，他方，比較的に高物価で経済状況も良好なフランス市場へ外国からの輸出圧力が強まったとき，フランスの反応は，ほとんど反射的に輸入を制限し，自国市場をフランス産品のために確保しようと

いう衝動であった。もちろんそうした反応はフランスに限ったことではなく，アメリカのホーレー・スムート関税（30年6月），イギリスの輸入関税法（32年2月），大陸諸国の為替管理による輸入統制措置など，いわゆる近隣窮乏化政策が一般的になりつつあった。そうしたなかでのフランスの特徴は，関税引上げももちろん行ったが，それより輸入量制限ないし輸入ライセンス制（quota system）を各国に先駆けて組織化した点に現れた。欧米諸国の動きの時間的な前後関係をいま度外視すれば，フランスは輸入割当制を柱としつつ，イギリス帝国およびスターリング・ブロックなど為替ダンピング諸国に対してはそれと為替差課徴金（exchange surtax）によって対応し，中東欧の為替管理に走った諸国に対してはまさにライセンス制そのものによって，やがてはそれを武器として清算協定を結ぶことによって適応していったのである。その場合，各国別割当制は輸入制限という防衛的な性格だけでなく，クォータおよびそれをめぐる交渉をつうじての輸出攻勢の武器でもあるという積極性ももっていた。また金ブロック強化のために，傘下諸国のクォータを優遇するということも行われた。為替切下げ競争に参加せず，また為替取引の自由を他方では維持したフランスにとって，それは少なくとも結果的にはかなり効果的な対処策となったのである。またそのライセンス制は海外フランスには適用されず，植民地からの輸入はその点では自由であったから，その面では積極的には何もしないというこの方途によって，フランスはその海外帝国をいっそう囲い込むという結果をも招いていった。

　ここでその詳しい説明をしている余裕はないが，事実を少し時間的に追っておくと，まず31年に入ると5月に窒素製品に輸入ライセンス制が行われ，7月に石炭輸入制限措置がとられ，7,8月から年末にかけてフランスが国内で生産している農産物のほとんどすべてに割当が施行された（小麦は例外で，関税保護によっていた）。32年に入ると輸入数量割当は工業製品にも適用されはじめ，次第にその範囲を拡げていった。33年2月には輸入許可証に手数料が課され，この手数料はまもなく関税にかわる機能をも果たすことになった。輸入許可証税が関税率から計算した輸入関税より高くなるということもあったのである。前述した33年6,7月のロンドン通貨経済会議が失敗に終

わったのち，フランスの輸入割当制は工業製品への適用をさらに拡げ，通商政策の主役としての座をはっきりと占めることになった。その間，国際鉄鋼カルテルなど国際的協約（アンタント）が存在する工業製品については，フランスの製造業者と主としてドイツの製造業者あるいは輸出業者との交渉が先行し，そうした民間協定をフランス政府は奨励しつつそれを追認的に輸入割当政令に載せていた。そうした双務的あるいは「友好的」クォータは，一般的な片務的クォータとは区別されていた。こうして割当制は，当初，農産物については1898年の「錠前法」，より一般的には1910年関税法の緊急措置権にもとづく政府のごく臨時的な行政権行使と考えられていたのであるが，徐々に範囲を拡げるとともに輸出入統制および国内物価統制の手段になっていったのである。しかもその法的根拠は明確でないままにである。関税についてはうるさい議会も，政令による割当にはとりたてて問題としないまま事態が進行したのであった。

とはいえ割当制度が通商政策のすべてであったわけではなく（36年で輸入の65％がクォータ制のもとにあった），31年7月以降，政令で関税率を修正する権限が次第に範囲を拡げる形で政府に与えられ，関税引上げによる国内市場保護政策も脇役として機能していた。そして31年11月，イギリスおよびそれに追随した平価切下げ国の産品に対しては為替差課徴金（従価15％）を課して対抗したが，33年のアメリカのドル切下げに際しては，フランス政府はアメリカ産品にあえて課徴金を課すことができず，イギリスの抗議を受けて同年6月それを廃止し，主としてイギリスから輸入される産品を割当制に組み込んだということもあった。

(3) 財政

30年代初期財政政策の特徴は，恐慌に対する反射的対応であり，上にみた関税引上げ・輸入割当制による輸入防遏策とともに，まず31年の赤字財政による失業対策事業に現れた。すなわち同年2月6億7000万フラン，12月34億7600万フランと2回にわたって国内公共施設強化のためのプログラムが採択されたが，とくに12月のそれは，差し当たっての失業救済と景気振興をねらったものであり，長時間の準備を要する事業や熟練労働者を多く要するよう

表 3-25　予算の動き（1930～39年）　　　　　　　　　　（単位：百万フラン）

年度	成立予算			実行予算（決算）				減債金庫の純受取 [4]
	歳入	歳出	黒字・赤字	収入	支出	うち軍事費 [3]	黒字・赤字	
1930～31 [1]	51,465	50,398	+1,067	50,794	55,712	15,326	−4,918	9,890
1931～32	50,643	50,640	+3	47,944	53,428	12,925	−5,484	5,080
1932	41,101	41,098	+3	36,038	40,666	8,809	−4,628	3,880
1933	45,646	50,487	−4,841	43,436	54,945	11,711	−11,509	3,880
1934 [2]	48,281	50,163	−1,882	41,070	49,883	10,223	−8,813	3,610
1935	46,992	47,817	−825	39,485	49,868	10,370	−10,383	3,620
1936	40,450	46,572	−6,122	38,893	55,789	14,404	−16,896	3,540
1937	43,482	64,307	−20,825	44,451	68,164	20,775	−23,713	4,030
1938	54,776	68,969	−14,193	54,653	82,345	28,419	−27,692	4,750
1939	66,388	94,600	−28,212					

(注)　1）減債金庫については1930, 1931, 1932の暦年の数値である。予算については年度の日付変更があり、1932年度は9ヵ月の予算（前掲表3-5、参照）。
　　　2）1934年の支出（決算）はデフレ諸法令によって当初成立予算のそれより減少している。
　　　3）陸海空3軍省の支出。ただし空軍省については民間向け支出が除かれている。
　　　4）利子支払額および管理費を除外。
(資料)　A. Sauvy, *op. cit.*, tome II, p. 576.

な事業は避け，必要資材はできるかぎりフランス産品とするという方針を打ち出していた。そのおもな支出先は公共教育，農業そしてもちろん一般公共事業である。またこれは，フランス財政が再び借金，赤字による運営を開始したことを象徴するプランでもあった[79]。

　こうして恐慌下のフランス財政は，30/31年度に早くも一般予算の決算が赤字に転じ，31/32年度は減債自立金庫の純収入を含めても赤字となった。32年度（4月1日から年末までの9ヵ月）予算案は，小手先的手段によって収支均衡を見せかける予算の再開始となり[80]，33年度の新カルテル（連立）政権の第1回予算は，12分の1予算すなわち1ヵ月ごとの暫定予算を組みつつ6月1日になってやっと可決されたが，それは子どもっぽいしかも骨の折れる術策を弄したうえ，なお50億フラン近い財政欠陥を当初から計上せざるをえないものとなった（表3-25）。これ以降，第二次大戦までの財政を決算の数字でみると，赤字幅は増大傾向を強めるのみであった。そうなった原因は簡単であって，経済下降により税収が減少し，不景気下において増税は困難であったのに対し，経費のほうは第一次大戦以降の遺産的重負担に加えて

軍事費，恐慌対策費，社会政策費などが必要となって，その削減が容易ではなかったことにある。

3 人民戦線の経済政策

前項でみたように30年代半ばのフランスの経済政策が各面で行き詰まってきたときに成立したいわゆる人民戦線は，その誕生と終末とその意義とはいまだ必ずしもはっきりしないフランス史の一頁をなしている[81]。世界史的にみれば，それはいうまでもなく，まず第1に恐慌脱出のフランス版であった。第2にそれは，ドイツ共産党の敗北とナチスの台頭，そしてソ連におけるスターリン主義の確立とに起因するコミンテルンの戦略変更の主要な一環であり，スペイン人民戦線および中国その他後進的諸国の民族解放運動にまで影響をもち，かつ第二次大戦中および戦後まで余映を残した改革劇のフランス版であった。

フランスの政治史からいえば，それは34年2月6日の右翼暴動に触発されてはじまり，36年4～5月の総選挙での社共統一側の勝利と，その結果としての社会党党首レオン・ブルムの政権掌握によって，現実の政治面で本格化した。そして38年11月のミュンヘン協定によって終止符を打たれ，39年8月の独ソ不可侵条約の締結および第二次大戦宣戦直後のフランス共産党の非合法化によって追打ちをかけられる，という過程であった。社会経済史的にみるともう少し時間が限られるが，それでもスタートは同じく36年4～5月選挙における人民戦線派の勝利であり，それと5～6月のいわゆる工場占拠ストライキの自然発生的な高揚，6月初めのブルムの組閣と「マチニョン協定」による労使調停，同協定の短時日での議会における立法化，という36年6月「革命」あるいは混乱によって彩られている。これをピークとして，それ以降は，①同年夏のストライキの終息，②同年10月1日のフラン切下げ以降における暗黙の休止，③37年3月，ブルムによる正式の「休止」(la Pause) 宣言，7月のブルムの政権放棄，④38年3月，36年6月の後産であった全国的ストライキの波のなかでの第二次ブルム主導挙国一致内閣の試みの失敗，⑤同年末ミュンヘン協定が巻き起こした国内動揺のなかでの11月末のゼネスト

の失敗，と次第に瓦解への歩みをたどった。そしてこの前後からの国家総動員体制への順応のなかで，39年，社共は分裂し，統一戦線の崩壊は決定的となった。こうして社会経済史的なフランス人民戦線は，極論すればすでに36年6月の1～2ヵ月において，または上記の節々のいずれかで終わっていた，ということができる。

　そうした曖昧さは，ひとつにはその運動が国際的には悲劇的な状況のなかで展開されたことによる。端的にいって34年2月の右翼暴動の諸事件には，前年1月のナチス政権獲得の影響がすでに色濃かったのであって，イタリアについでドイツで現実化した国家社会主義的政府に対するフランス右翼の共感とその運動の高まりがあり，それに対抗する出遅れた左翼平和主義からの反撃は，第三共和政および自由を守るという防衛的な性格を初発からもっていた。そのなかでフランス共産党は，実際上プロレタリアの蜂起とそれによる政権奪取の教義を放棄して180度の方針転換を行ったのであり，その歴史的意義は第二次大戦中のレジスタンス，第二次大戦後アメリカのもとでのフランス経済復興への労働者の動員加担，その後フランス公的政治から排除されてふたたび革命的言辞を弄するものの結局社共統一戦線を指向するしかないという，その後の40年以上にわたるその歴史が明らかにしている。当時の共産党にとって最大の課題はフランス国内の「和解」にあり，それをつうじて国際平和を達成するということであった。マルセィエーズにインターナショナルを混ぜ合わせるというこの新政策をひとたび是認すれば，それはいうまでもなく社会排外主義的愛国主義あるいは好戦主義の立場から，国内の階級闘争とくに労働運動を自ら弾圧するという結果を招いたのである[*4]。

　上述のような経緯をたどった人民戦線政府の経済政策は，いうまでもなく不況からの脱出，そして国民生活の向上を中心的課題とした。これをいくつかの分野に分けて述べれば，第1は社会＝労働面での改善・改革であり，こ

　[*4] 編者注：著者の原稿はここで終わっている。以下は，著者のメモおよび著者が「フランス人民戦線の経済政策」と題して，1975年6月24日，東京大学社会科学研究所の資本蓄積班研究会において行った研究会報告をもとに，巻末に付論として収めた著者の論文中の該当する箇所を参照しつつ再構成した。

れが先行したところにフランス人民戦線政府の特徴がある。この特徴をもたらしたものは36年5～6月の自然発生的とされるストライキであった。不況下で鬱積していたエネルギーあるいは社会政策面での遅れが，総選挙における人民戦線の勝利に刺激されて噴出したのである。このストライキは街頭に出るのではなく職場に座り込むという当時としては新たな形態をとったが，これは資本の権威ないし所有権にかかわる性質のものであった。人民戦線政府＝第一次ブルム政権の最初の仕事はこのストライキの波を鎮静することであった。政府の斡旋により労使代表のトップ会談が実現した。資本家側はフランス生産同盟（C.G.P.F.），鉄鋼連盟，パリ金属・機械工業会，パリ商業会議所の代表者が，また労働者側はC.G.T.の代表者（社会党系と共産党系）が，首相官邸（マチニョン館）における会談に臨み，交渉の結果，①使用者側は労使団体協約の即時締結に応じ，そのなかで労働組合活動の自由と権利，企業内での従業員代表（団）を認める，②総額で12％までの賃金引上げを呑む，③ストライキという事実行為に制裁を加えないが，しかしそのかわりに労働者代表は就業再開──ストライキ鎮圧──に責任をもつ，という文書約束をした。マチニョン協定と呼ばれるこの合意の原型はパリ金属・機械・関連工業の労使交渉のそれまでの実践にあったが，また新政府が団体協約，週40時間労働制および有給休暇に関する3法案の議会上程と早期成立を，発足早々から公約していた（6月7～8日）という事情もあった。

　ストライキが簡単には終息しない状況のなかで，ブルム政権はマチニョン協定で合意された諸点を盛り込んだ法案を国会に提出し，小党分立のフランス議会としては珍しく短期間でこれらの諸法案は可決された。これはフランス史上画期的な労働者階級の大勝利であったが，しかしそれがピークであって，勝利宣言した社共両党とC.G.T.および政府がストライキ鎮圧に奔走したのち，ただちに逆流がはじまった。資本家団体側はマチニョン協定に署名した代表を更迭して宮廷革命を行い，フランス生産総同盟は下部組織の整備と中小企業主の糾合をはかってフランス経営者総同盟（略号は変わらずC.G.P.F.）に改組し，反撃に移った。労働組合側は組合員の急増をみて力を強めていたが，C.G.T.内には内部の勢力争いがあり，またフランス・キリスト教労働者

同盟（C.F.T.C., 1919年創立）の存在も無視しえなくなっていた。そして統一戦線とその政府を守るため社会平和を維持しようとして受身に回り，政府と議会（法律）に頼ろうとして経営者側の失地回復を許していった。こうして，ストライキの圧力下に得られた成果はその終息とともに次第に希薄になり，人民戦線の第1の成果は幾つかの点で第二次大戦期にかけ有名無実化していった。

　ブルム政権の施策の第2の分野は中小企業・農業であった。この分野への政策的配慮は，中小企業へは金融を行う程度であった。農業については農業金融の整備および小麦局の新設による価格支持政策がとられた。中小企業・農業問題に関しては本来議会を構成する左右ともに異論はないはずであり，挙国一致のもとになされるべき施策であったが，社会・共産党の支持する人民戦線政府が政策を実施しようとするがゆえに保守側は抵抗するという面もみられた。

　第3の施策として構造改革があり，これは二つの分野で遂行された。そのひとつはフランス銀行の改組である。前節でふれたように，20年代の「左翼」カルテル（連立）政権とフランス銀行との不和がフランの動揺を招き，一部民間銀行がフランス銀行に借入れを申し込んで断られたりするなど，「左翼」カルテルにとってのいわゆる「金銭の壁」という事態があった。30年代前半においてもフランス銀行は急進社会党政権にはあまり好意的ではなかったから，左翼政権の政策を阻害するような同銀行の体質が問題とされたのである。同銀行の株主総会を構成する200人の大株主は前世紀からの銀行家や重化学工業の代表からなり，このいわゆるフランスの二百家族は人民戦線にいたる選挙戦のなかで「社会の敵」として指弾されるという経緯があった。このときのフランス銀行の改組については金融の封建性の打破なる名分が立てられたが，当時のフランス資本主義の抱える諸問題からすればこれはやや焦点をずらしたものであった。すなわちこの姿勢はフランス金融資本の核心にはふれずに，フランス銀行の改組によってあたかも事態が好転するかのごとき幻想を抱かせる方向へと進んでしまったのである。その結果，フランス銀行の改組は理事会の民主化にとどまることとなった。いまひとつの構造改革は，

当時の平和主義あるいは軍事的問題に関連して，軍需工業の一部とくに航空機工業を政府が国有化しうる権利の制度化であり，また鉄道の国営化・国有化であった。後者に関してみれば，フランスの大鉄道は第一次大戦後経営的に弱体化し赤字が続いていた。政府はその赤字を補塡していたが，37年ブルム政権のあとを襲ったショータン政権の手で国有化されてフランス国有鉄道となった。これらの構造改革は第一次大戦直後からC.G.T.が打ち出していた重要産業国有化ないし公営化のスローガンに連なるものであったが，盛り上がった下からの力は抽象的には働いていたものの，それがそらされたところでの改革となった点において改革は限定的なものにとどまった。

施策の第4は公共事業および軍備であった。この面では人民戦線政府はニューディールに倣い，この両部門に対する財政支出をつうじて積極的なデフレ対策をとろうとした。しかし実際には巨額の財政赤字に対する議会の抵抗によって当初の目論見どおりには進まず，財政支出したがって財政赤字の幅が抑えられた。この財政赤字の幅およびその解消策をめぐる財政問題によって第一次ブルム政権は倒れたといってよい。この公共事業および軍備の面では，すでに30年代前半から微弱ながらもデフレ対策がとられてきたが，それが人民戦線政府によってより積極的に展開されようとしたところにこの施策の特徴があった。しかし結果的にはそれには狭い限界があったのである。

施策の第5としてフラン切下げ問題があった。既述のようにイギリス，アメリカが平価切下げを行うなかで結果的には取り残された形で，フランスは金ブロックの中心として36年9月までフラン平価を守った。切下げについては人民戦線政府成立以前から議論されていたものの，どの政党も国民から嫌われる切下げを実施しようとはしなかった。人民戦線も建前としては切り下げないといいつつ，結果的には政権に就いて3ヵ月でこれを断行したのである。もちろんこれをめぐっては，イギリス，アメリカとの話合いによるやむをえざる国際協調という形をとって行われた。以前から必至であったフラン切下げを樹立の予想される人民戦線政府の手によって行わせようという策謀が働いていたという説もあるが，その真偽のほどはともかく，人民戦線は政権に就いた直後からアメリカなどと話合いをはじめていたことは事実である。

フラン切下げをめぐっては下げ幅の問題があった。切下げが物価騰貴を招くようでは政府にとっても国民の支持を失う恐れがあり，したがって切下げがやむをえない場合でもその幅をなるべく小さくしたいという意向が働いた。このため，9月26日発表された下げ幅（フランの金価値を43～49ミリグラムとする25～33％範囲内の下げ）は，それまでのフランの過大評価とそれによるフランス経済の弱化を十分に折り込んだものとの国際市場の評価を得ることができなかった。また政府は金本位制離脱後も為替管理を行うことをしなかった。共産党はこれを主張したが，自由主義＝資本の自由にとって都合の悪い為替管理はナチス・ドイツがとっていた政策でもあり，反ファッショと自由をスローガンとする新政府にとっては採用しにくい施策であった。こうして，再切下げを見込むフラン投機，金・短期資金の流出は止まらず（前掲の表3-24参照），平価維持のための為替平衡基金は枯渇し，景気対策に必要な金利の低下も妨げられた。

　人民戦線政府は，以上のような国内・国際にわたる諸施策を進めるなかで，中心的には財政の赤字問題と通貨問題（フラン切下げ幅の不十分ゆえの金流出，フラン投機，資金流出）によって追い込まれていった。その背景には労働者階層の力の強化に対する中産階級および大資本家たちの不安感が潜在していたことがあげられよう。またおりから国際関係はスペイン戦争，ナチス・ドイツの対外侵略の進展，イタリアのエチオピア侵攻等，厳しさを増しており，国内的な施策に限界があったことと合わせて，人民戦線政府は「宥和政策」に傾いていったのである。

　最後に人民戦線とは何を意味したのかを振り返ってみよう。その課題であった恐慌脱出政策，成長政策，あるいは国家独占資本主義的な財政金融政策の面では，その施策は経済の実態からしても成功したとはいいがたい。最大の貢献は社会＝労働の面で一定の発展あるいは飛躍がみられたことであろう。もっともこの面でもその後第二次大戦期にかけて反動が起こり，労働者の権利は半身不随化していった。金融資本の代表は労働者代表の働きかけにもかかわらず団体交渉を拒否し，中産階級は労働者の賃金引上げやフランの切下げが物価騰貴の原因になったとして不満を強め，こうした中産階級と金融資

本の側からの反撃により労働者側は追い込まれていった。しかも労働者の内部では社共の争いが強まったが，これはたんに社共の問題にはとどまらずソ連の政策をめぐる国際関係を反映していた。このような形での行詰りは，両大戦間では3度目であったといってよい。すなわち相対的安定期に入る頃，30年代前半，そしてこの30年代後半の人民戦線後の時期である。そしてこの過程で，議会次元でいえば政府はより右へと動き，そこで第二次大戦を迎えることになった。

上記のような国際・国内関係のなかで景気は好転せず，国内では各勢力が相互に対立し，戦争への気運，準備はむろんなく，その帰結は「奇妙な戦争」と呼ばれる状況とそれに続くナチス・ドイツ軍の侵攻による瞬時の敗戦であった。なお両大戦間における3度目の行詰り状況の評価にふれておけば，カトリック側からのニュアンスの強い解釈のひとつとして，当時のフランスはプレ・ファッシズム状況にあったとする説があるが，プレ・ファッシズムと規定しうる時期を長めにとったとしても，この説には疑問が残る。34年2月の右翼の暴動事件が左翼人民戦線誕生への機縁となったことは事実であり，左翼は人民戦線の理由づけという意味もあってファッシズムの脅威を強調するが，少なくとも大衆運動までをも含むような形でのファッシズム運動はフランスでは存在したにせよ微弱であった。むしろ大衆運動としては，人民戦線とその政府が次第に形だけのものになっていくなかで，大衆運動の主導権を握っていたのが労働運動であったところにフランスの特色があった。しかし，労働運動が大衆運動を握りながらも，フランスにおけるいわゆる三つの階層——労働者，中産階級および農民——の各勢力が相互にすくみあって行き詰まる状況であり，この点でプレ・ファッシズムとはいいがたいと思われるのである。

注

1） 大戦中と直後のフランス経済については，カーネギー国際平和基金（Carnegie Endowment for International Peace）による大戦社会経済史研究プロジェクト（Economic and Social History of the World War）によって，その前後のフラン

ス経済史に比しやや厚い研究文献が残されている。それらにも現在では不満が残るが,以下ではその英訳省略版であるつぎの3点を利用した。Arthur Fontaine, *French Industry during the War*, 1926; Michael Augé-Laribé and Pierre Pinot, *Agriculture and Food Supply in France during the War*, 1927; Charles Gide (ed.), *Effects of the War upon French Economic Life*, 1923.

なおフランスの大戦経済史を簡潔にまとめたものとして,Achille Viallate, *L'Activité économique en France de la fin du XVIIIe siècle à nos jours*, 1937, pp. 295-325; Louis Pommery, *Aperçu d'histoire économique contemporaine*, tome I, 1890-1939, 1952, chap. II がある。

2) David Thomson, *Democracy in France*, 2nd ed., 1952, p. 45.
3) 石炭と石油という2大必須原料については別の統制方法がとられた。石炭の輸入は「全国石炭局」が集中的に取り扱い,石油については戦争末期に石油コンソーシアムから政府の「ガソリン・燃料総合局」に取扱いが移った。
4) とはいえロレーヌとノールを占領されていたフランス鉄鋼業界ないし重工業界の実態や動向については,今日でもなおよくわからないところが多い。
5) そうした問題の他面が,いわゆる戦争利得者問題であった。大戦中に「戦時利得税」が創設されたが,これも戦争成金会社の所得捕捉にはほど遠く,戦後には問題が逆転して後述の戦災補償要求に移ってしまった。また世人の関心は,流通関係の闇業者や,戦時中の技術革新で大をなした新興会社(たとえばルノーやマルセル・ダッソー),それに都会人の目についた一部中農層以上などの戦争成金たちに集中した。
6) 以上,大戦中の労働力政策については主として,A. Fontaine, *op. cit.*; Val R. Lorwin, *The French Labor Movement*, 1954 によった。
7) 植民地の大戦への貢献は,まず直接的な人員供給において表3-4の如くであり,大なるものがあった。そこには中央・西アフリカにおける黒人狩り,有名なセネガル狙撃兵を使っての北アフリカ治安維持といったことも含まれ,また動員された者は帰還後にメダルと恩給とで植民地先住民のエリートやフランス植民地行政の手先となる反面,そのなかから植民地解放・民族独立の闘士を生むという副産物をもともなうことになった。またフランス本国への物資供給(徴発を含む)や国債購入などによる金融的助力もあった。以上については,Robert Cornevin, La France d'outre-mer, dans: A. Sauvy, *Histoire économique de la France entre les deux guerres*, tome III: Divers sujets, Chap. XI および第一次大戦直後のフランス植民地白書といってよい Albert Sarraut, *La Mise en valeur des colonies françaises*, 1923 を参照されたい。

なお周知のように，フランスの植民地とくに北アフリカは，第二次大戦においても，フランス本土を占領していたナチス・ドイツに対する抵抗，反撃の基地としての役割を果たした。

8) 政府とフランス銀行はすでに11年11月11日に，政府が総動員を行うときには同行は最高29億フランまでを政府に貸し上げる，ただしその政府貸上げを公認し，銀行券発行限度を拡張し，かつ兌換を停止する法律の制定を前提とする，という内容の協定を結んでいた。14年8月5日法は，その協定の発動であった（十亀盛次『仏蘭西の貨幣銀行制度と金融市場』一元社，1937年，31-34頁）。

9) 国防証券は期限1年以内（1ヵ月，3ヵ月，6ヵ月，1年）の大蔵省（国庫）証券で，3％利付が普通であった。そのほか，長期公債とならんで期限10年未満の短期国防債も発行された。

10) 以上フランス戦時財政の数字については主として，A. Sauvy, *op. cit*., tome I: 1918-1931 によったが，その評価については既出あるいは後出のフランス戦時・戦後の財政・金融問題についての諸研究による。

11) 第一次大戦のフランスにとっての経済的な決算については，後述の賠償問題ともからんで当時から内外でさまざまに論じられてきている。その最近におけるひとつが，A. Sauvy, *op. cit*., tome I, pp. 19-38 であるが，これとてもまだ満足のいくものではない。

12) 旧独領アルザス・ロレーヌについてはすでに前章までに述べたが，いまいちどその経済的重要性を指摘しておけば，まず資源としてはロレーヌのミネットと石炭はいうまでもないとして，1904年にオー・ラン（上アルザス）で加里塩鉱床が発見され，そのコンセッションの大半がドイツ人の手中にあったことが特筆される。加里はいうまでもなく窒素，燐酸とならぶ重要な農業肥料原料である。またバ・ラン（下アルザス）の Pechelbronn ではごく少量ながら石油の産出をみていた。将来開発されるべきライン河の発電水利権ももなっていた。ついで産業的には，いうまでもなくロレーヌの冶金・鉱山業，アルザスの繊維（綿，ついで羊毛と人絹）工業のほか，機械・化学・紙・食品・衣料・木工などの諸工業も盛んであった。またアルザスは豊かな農業地域でもあったことを付言しておこう。

　アルザス・ロレーヌの奪還はフランス本土に面積で3％，人口で4％（200万人弱）の増加をもたらし，行政的にはアルザスはオー・ラン，バ・ランの2県に，ロレーヌはモーゼル県となった（それまでの仏領ロレーヌはそのままムルト・エ・モーゼル県）。

13) 鉄と石炭におけるこの問題については，のちにまた取り上げるが，さしあ

たりここでは以下のことを指摘しておこう。まず第1に，フランスは石炭についてロレーヌとザールの両炭田（それぞれ年産200万トン，1300万トン）を入手したほか，本文でつづいて述べる賠償規定によって，ノール＝パ・ド・カレ炭田の被害補償として当初5年間は年2000万トン以内，その後の5年間は800万トン以内の石炭引渡し，さらに現物賠償として10年間は年700万トンの引渡しを受けうるものとされた。以上を単純合計した戦後当面の最大入手可能石炭量は年4200万トンに達し，13年の輸入量2200万トンの2倍に近いが，その反面で13年のフランス国内生産高4100万トンは当時半減していたことを考慮すれば，ヴェルサイユ条約の石炭関係条項は，コークス用炭の問題を別とすればフランスが石炭を自給しうるに近い状態になることを規定しようとしていた，と少なくとも数字的にはいえる。

その反面で第2に，フランスは，大戦直前にドイツ産出鉄鉱石の4分の3にまで達していた独領ロレーヌ（ロートリンゲン）のミネットと仏領ロレーヌからのミネットの対ドイツ供給については，ドイツ側がフランスへの上記石炭・コークス供給への見返りとしてその確保を条約に入れさせようと努力したにもかかわらず，すべてその後のフランス側の自由意志にかかるものとして押し通した。ちなみに13年に全ドイツの高炉が呑み込んでいた鉄鉱石2900万トンのうち，その約4分の3は独仏両ロレーヌと部分的にはルクセンブルクからのミネットであった。

第3に，フランス政府は，上述の石炭・鉄鉱石問題を国民経済的ににらみながら，ルールと関係のあるザール・ルクセンブルクの重工業資本とその利権を押収するという，実際的には重要で現実的には厄介な意図については口を拭っていた。そして後述するように，その問題の経緯はいまもって明らかになっていない。

14) パリ平和会議の経済条項の諸問題とその評価については，J. M. Keynes, *The Economic Consequences of the Peace*, 1919（救仁郷繁訳『講和の経済的帰結』ぺりかん社，1972年）が当時の時論的パンフレットでありながら古典としての役割をなお果たしている。ぜひ参照されたい。

本書ではその問題を正面からは取り上げないが，ヴェルサイユ体制とそれがとくにドイツをめぐって20年代にもった意義については，有沢広巳・阿部勇『世界恐慌と国際政治の危機』（改造社，1931年），加藤榮一『ワイマル体制の経済構造』（東京大学出版会，1973年）を参照すべき邦語文献としてあげておきたい。

15) パリ平和会議におけるそのようなフランスの経済的・政治的思惑とそれを大きく包み込んだ当時の戦勝列強の姿勢，ことにロシア革命とそのヨーロッ

パへの余波がヴェルサイユ体制にもった意義については本書では取り扱わないので，さしあたり『講座世界歴史25 現代2 第一次世界大戦直後』（岩波書店，1970年）および続巻を参照されたい。

16) 簡単には Lorwin, *op. cit.*, pp. 52-54, 参照。

17) 法律は鉱山・船員については特定していたが，その他産業では労使交渉の結果に任せていた。パトロン側は一般に協約締結を拒否し，したがって団体協約は普及しなかった。そこでこの問題は，30年代の人民戦線において再登場する。

18) これは当時のフランス財政の乱脈さを示す有名なエピソードである（A. Sauvy, *op. cit.*, tome I, pp. 363-364)。公債紛失の原因やその巨額な横領の犯人はいまもってわからない。

19) 以上の人的・物的戦後処理については主として，A. Sauvy, *op. cit.*, tome I によった。

20) 付属予算の主要科目は，郵便・電信・電話，西部国有鉄道，アルザス・ロレーヌ鉄道，火薬，郵便貯金，造幣，海軍廃兵，その他であった。その予算規模は20年代後半で一般予算の10％台であった。

21) 詳しくは，森恒夫『フランス資本主義と租税』（東京大学出版会，1967年）を参照されたい。

22) なお4大「旧税」税（前章参照，いわゆる「老婦人税」）は地方税に回され，なお命脈を保った。

23) Crédit National pour faciliter la Réparation des Dommages causés par la Guerre. 直訳すれば「戦争災害補償のための国民信用金庫」であり，民間出資会社（銀行および産業諸団体がそれぞれ半額出資）の形式はとるが，明らかに政府金融機関であって，第二次大戦後のわが国の経験からすれば「復興金融公庫」と意訳しうる。長短期債を発行して得た資金でもっておもにフランス工業の復興に役立てた。なお，同金庫債は前掲表3-7のなかに含まれている。この公庫についてはまた後述する。

24) ソーヴィはつぎの6点をあげている（A. Sauvy, *op. cit.*, tome I, p. 59)。Mermeix, *Fragments d'histoire 1914-19*, tome VIII, 1926; F. Piétri, *La Querelle du franc 1924-1928*, 1929; R. Philippe, *Le Drame financier de 1924-1928*, 1931; É. Moreau, *Souvenirs d'un gouverneur de la Banque de France*, 1954; M. Perrot, *La Monnaie et l'opinion publique en France et en Angleterre 1924-1936*, 1955; A. Neurisse, *Histoire du franc*, 1963（上杉聡彦訳『フランの歴史』クセジュ文庫，1971年）。そのほか，以下の5点を追加しておく。H. G. Moulton and C. Lewis, *The French Debt Problem*, 1926; E. L. Dulles, *The French Franc 1914-1928*, 1929

(矢野庄太郎訳『仏蘭西インフレの全貌』森山書店，1933年），勝田貞次『フランスのインフレーション』（上田屋書店，1939年），A. Aftalion, *Monnaie, prix et change*, 1927（松岡孝児訳『貨幣・物価・為替論』有斐閣，1937年），Martin Wolfe, *The French Franc between the Wars 1919-1939*, 1951．なお，主として財政面からの文献については，森，前掲書を参照されたい。

25) アンドレ・ヌリス，前掲書，78-85頁。
26) 24年の選挙では普通選挙としてはじめて民意が率直に表明され，かつ選挙戦ではじめて卑俗な経済問題が重要なイッシューとなった（A. Sauvy, *op. cit.*, tome I, p. 55）。塹壕も戦勝もドイツ野郎への恨みも遠くなり，物価・為替・賠償・税金・賃金・財政といった現実的経済問題が，左右諸党派のこれといったプログラムもないままに有権者（男性のみ）のまえに投げ出されたのである。結果は，「左翼」カルテルが投票数では絶対多数を取れなかったものの，選挙法の変化もあって下院議席数では多数を制した。その「左翼」とは，第一次大戦前と同様に急進社会党に政権が戻ったことを意味し，それに社会党が閣外協力するという構図であった。しかしフランスのブルジョアジーはこの「左翼」を名乗る「中道」政権に対してすら，以下述べるように拒絶反応を示した。
27) 所得税制を完全に実施せよ，金持ちや大企業の「資本」や「収益」に重課せよという，いまもって存在する社会主義的と称される主張が左翼からなされ，その資本課税問題が幻想的に議会で争われたのである。いまからみれば，「金はそれがある場所から取ってこなくてはならない」という社会党の主張に対して，「取ってくるためには，まずその場所に残しておかなければならない」という財界の返答があった，という程度の問題であった（W. シャイラー，井上勇訳『フランス第三共和制の興亡』I，東京創元社，1971年，172頁）。もっともシャイラーは同書で，フランスの大ブルジョアジーの貪欲さと仮想的な社会主義や共産主義への恐怖ぶりについて口をきわめている。もちろんイギリスやドイツに比べてフランスの税制および財政の民主化の遅れは指摘しなければならないが，現実の問題点は，高額所得者（企業）への課税が必要ではあるが，それを継続するには彼らに安心して儲けさせ続けることが前提となる，ということであった。事実，事態はそう進むのである。
28) この左翼の認識は，30年代の人民戦線におけるフランス銀行への攻撃，同行の政策を左右していると思われた大株主「二百家族」への攻撃として，追憶的かつスケープ・ゴート的テーマとして再燃することになる。
29) 戦前からあった「減債金庫」（Caisse d'amortissement）が，「国防証券管理・タバコ産業経営・公的債務償還のための自立金庫」（Caisse autonome

d'amortissement）に組織替えされた。同金庫は，タバコ専売益金，不動産移転税（新税），相続税収入およびのちにはドイツ賠償金収入の一部を自立的な（すなわち内閣の交代や議会の干渉に影響を受けない）財源として，短期国防証券の管理・償還の仕事を国庫から引き受けた。20年代後半における財源は年に約60億〜100億フランであり，それを使って国庫証券への利払いと償還を行った（その活動の数字については A. Sauvy, *op. cit.*, tome I, p. 515）。予算単一化の原則をあえて破ったこの措置は，ひとえに国防証券保有者の不安を鎮めるためのものであって，それ以上の意味はなかった。

30) このときの税制手直しは奇妙な性格をもった。総合所得税の60％から30％への減税などでブルジョアジーを喜ばせておきながら，他方で新税・増税（不動産譲渡税の新設，証券・外国証券所得への増税，ぶどう酒・自動車税の増税など）によってより多くを取り上げたからである。「左翼」カルテル政権が実施しようと苦闘していた「資本税」はむしろここで不動産譲渡税の形で実現する。24年春に同カルテルが選挙戦で主張していた曖昧な直接税増税策が，選挙直前にポアンカレ政府によって実は先取りされていたことに照応することである。

31) カルテル政権のブリアン首相＝ペレ蔵相が26年5月，財政健全化方策をただすべく「専門家委員会」（Comité des Experts）を設置した。その13人のメンバー構成は，①官学から政治経済学教授シャルル・リスト，法学教授ガストン・ジェーズ（G. Jèze），②金融界からパリ国民割引銀行，クレディ・リヨネ，アルジェリア銀行（É. Moreau），パリバ，ラザール兄弟商会，ソシエテ・ジェネラルからの6名，③重工業代表としてはフランス生産総連盟（C.G.P.F.）のRené-P. Duchemin，経済拡大協会，石炭中央協会からの3名，④さらにフランス銀行からの2名，であった。諮問は，資本の海外流出を止め母国に召還すべく，有産階級への攻撃中止を含みうる方途如何というものであって，それがすでに結論を出していたようなものであったが，同年7月初めの委員会答申は，戦前金フランへの復帰などという幻想は事実上捨て去り，フランの早急な安定が必要であって，そのため「国際収支，予算および財政の均衡，金または外貨によるフランス銀行券の大幅なカバー」（アンドレ・ヌリス，前掲書，88頁）が必要であるという，至極当然なオーソドックスな回答となった。とはいえその報告書の提案の大筋はポアンカレ政府によって事実上実施されたという名誉を残している（A. Sauvy, *op. cit.*, tome I, pp. 67-99; É. Moreau, *Souvenirs, op. cit.*; D. L. Dulles, *The French Franc, op. cit.*, X. Stabilization 1926-1928）。

32) この当時，議会の混乱と政府の不安定のなかから，政府が数ヵ月間の財政全権（pleins pouvoirs）を請求し，それが認められれば法律的政令（décrets-lois,

統令，政令などと訳されてきているが，その大部分はのちに議会での追認を要するものの，政府＝官僚機構が議会から一時の権限委譲を受けて発する法律に等しいものとしての行政命令，したがってそれは既成事実となる）によって財政面等での諸措置を講じてしまうという風潮が生じた。後述するように，30年代には政権に就いた左右諸政府がそれを盛んに利用しようとした。財政全権を要求して，それが議会で認められなければ総辞職するという慣習も生じた。いうまでもなく国民議会＝立法府の党派的政略の錯綜あるいは行詰まりから帰結した議会制民主主義機能の麻痺の産物であった。そのテクノクラート論的解釈，またいわゆる「審議会」なるものの役割の評価については，ジャン・メイノー，寿里茂訳『テクノクラシー』（現代思想5，ダイヤモンド社，1973年）90-99頁，参照。

33) フランス銀行新総裁エミール・モロー（上記「専門家委員会」の一員）の回想的日記がそれを明らかにしている（É. Moreau, *Souvenirs, op. cit.*）。大蔵省内では若手財務官ジャック・リュエフがポアンカレ首相からフランの妥当な安定点についての研究と報告を求められ，フランス銀行側とほぼ同じ結論を出した（Jacques Rueff, Sur un point d'histoire: le niveau de la stabilisation Poincaré, dans: *Revue d'Economie Politique*, tome LXIX, mars-avril 1959および上記モローの遺書へのリュエフの「序文」参照）。リュエフによると，当時の彼は知らなかったが，C.G.T.書記長ジュオー（Jouhaux）が失業なく賃金引下げもない産業繁栄のフラン安定点決定をポアンカレに直訴していた。

34) ポアンカレ首相はフランの戦前価値回復論者としてとおっていた。その彼にフランス銀行総裁が決断を迫る「ドラマ」，そして同総裁に対するフランス銀行理事会内におけるフラン引上げ論者のド・ロスチャイルド，ド・ヴァンデルなどの抵抗については，É. Moreau, *op. cit.* が興味深い。もっともこの日記が決定的資料であるかどうかは，いまひとつ留保が必要と思われる。なおJ. ブーヴィエ，井上隆一郎訳『ロスチャイルド ヨーロッパ金融界のなぞの王国』（河出書房新社，1969年）275-287頁を参照されたい。

35) このいわば「相対的安定期」末期のフランス財政については，つぎの2点を補足的に指摘しておきたい。第1は，29年暮，時の一時的財政黒字をかねてから誇示していた政府が，タルデュ・プランとして50億フランの5ヵ年計画（農業・商工業・保健・教育など国の設備充実）と植民地経済振興のための35億フランの起債計画を打ち出したこと，第2に，翌30年春にかねて懸案となっていた社会保険制度と軍人恩給制度が不十分ながらスタートしたことであって，その意味は，ポアンカレ以来の保守的フランス政府が束の間の財政余剰を利用して，左翼諸野党も要求していたような財政的大盤振舞いを国民の前に演出し

て見せたことにある。いうまでもなくそれは，オーソドクスな財政思想——当時のフランスでは不思議にもそれを社会党などむしろ左翼が強調していた——からすれば，すでに大恐慌が襲来している時点での噴火山上の舞いであった。

36) J. R. Cahill, *Report on Economic Conditions in France in 1928*, 1928, pp. 141-150.
37) 13年の紡錘数は700万余，それにアルザスの200万があったが，それが30年には1000万を超えた。
38) 以上主として，F. Capronnier, *La Crise de l'industrie cotonnière française*, 1959 による。
39) J. R. Cahill, *op. cit.*, 1928, 参照。
40) I. Svennilson, *Growth and Stagnation in the European Economy*, 1954, p. 124.
41) M. Brelet, *La Crise de la métallurgie: la politique économique et sociale du Comité des Forges*, 1923, pp. 104-107, 130-132.
42) これに対応するドイツ重工業の「戦争目的」については，フリッツ・フィッシャー，村瀬興雄監訳『世界強国への道』I（岩波書店，1972年），とくにその312-316頁，参照。その最低限綱領はフランスのブリエ鉱床を奪取することであった。
43) この間の事情と，この問題を調査した下院の「取引委員会」の報告書（いわゆるクリュゼル報告）が結局は公開されなかったことについては，R. Biard, *La Sidérurgie française: contribution a l'étude d'une grande industrie française*, 1958, pp. 124-129, 参照。
44) なおノルマンディのカーン製鉄所はシュネーデルの手に落ちた。
45) 以上の20年代については，J. R. Cahill, *op. cit.*, 1924, 1925, 1928, 1934; Roger Biard, *op. cit.*; Pounds and Parker, *op. cit.*; I. Svennilson, *The Growth and Stagnation*, *op. cit.* による。
46) たとえばマリーヌ・オメクールは大戦中，過少資本であったとはいえ資本金額（2800万フラン）に近い年平均利潤をあげたうえ，22年までにすでに1億7700万フランの補償金を得ていた（R. Biard, *op. cit.* p. 125）。それに大戦中フランス砲兵隊は着弾距離内にあるにもかかわらず，敵陣内にあるロレーヌの鉱山・工場を砲撃しなかったともいう。
47) J. R. Cahill, *op. cit.*, 1934, pp. 214-216.
48) ロンウィ・コントワール解散の直接の原因は，復興により戦前以上に生産能力を増大させた諸企業のクォータ増大要求を，戦後加入したロレーヌ（モーゼル県）・ザールを含めたその他の企業が呑めなかったことにあった（W. F.

Ogburn and W. Jaffé, *The Economic Development of Post-War France*, 1929, pp. 558–562)。

49) フランス鉄鋼コントワールについては，J. Tchernoff, *Ententes économiques et financières*, 1933, pp. 131–133; Ogburn and Jaffé, *op. cit.*, 参照。

50) 20年にフランス，ベルギー，ルクセンブルク3国の銑鉄協定が成立に近いところまでいったが失敗した。21, 22年にもドイツやイギリスまで含めた商議が続けられた。

51) 本文ではふれなかったが，ルールがミネットを購入せずにスウェーデンその他に鉄鉱石を求めてしまうのではないかという心配もあって，21年からそうした声があがりはじめた。22年5月，「ルール王」シュティンネス（Hugo Stinnes）とジュール・ベルナール（Jules Bernard, パリバのほか数多くの鉄鋼会社の重役であった）との間に以下のような商議が一応結ばれた。①ドイツでの高炉新建設を中止する，②ドイツは賠償終了後もロレーヌにその所要コークス量を安定的に供給する，③ロレーヌのアゴンダンジュ，クヌタンジュ，ロンバ諸工場はドイツ工業に一定量の半製品を割引価格で供給する，④上記3社へのドイツの資本参加を認める（25%という線が話し合われた）（M. Brelet, *op. cit.*, pp. 107–112)。なおシュティンネスとド・リュベルサックとの協定については，G. W. F. ハルガルテン，富永幸生訳『ヒトラー・国防軍・産業界』（未来社，1969年）を参照されたい。

52) たとえば25年の引渡し量はコークス329万トン，コークス用石炭88万トンに達した。それを含めた同年のドイツからのコークス輸入量は412万トンであった（同年のフランスの総輸入量は500万トン）。しかしそれでもフランス側には賠償コークスの量と価格の両面でなお不満が残っていた。なおコークス不足が緩和したのには，国内の炭鉱と製鉄所でコークス生産に努力が払われたことも一因をなした。なお26年9月，つづいて本文で述べる粗鋼協定締結のさい，ルール・コークスの価格引下げと運賃の節減について両国業者間に合意が成立した。

53) 加藤，前掲書，第2章Ⅳ，参照。

54) 以上C.S.F.についてはJ. Tchernoff, *op. cit.*, pp. 75–142 によった。

55) 以上E.I.A.については，おもにギュンテル・キールシュ，八幡製鉄ほか訳『国際鉄鋼カルテル その機構と運用の実際』（鉄鋼新聞社，1955年）によった。ドイツ重工業からみた同問題については，加藤，前掲書，297–316頁を参照されたい。

56) 19年に Vicoigne et de Noeux と Drocourt とが合併したことが目立つ程度である。

57) そのほかロレーヌ炭田ではプチット・ロッセルがド・ヴァンデルの手中に残され、いまひとつのずっと規模の小さいラ・ウーヴ炭鉱は30年前後に賃借契約により民間に払い下げられた（表3-18参照）。
58) L'Office des Houillères Sinistrées du Nord et du Pas-de-Calais.
59) 石炭業は1890年代から、地域別ではあったが事実上の団体協約関係が成立したきわめて数少ない部門のひとつであり、坑内・坑外就労者への労働立法的配慮でも先行していた。
60) ユニオン・デ・ミーヌおよび上述の炭鉱業については、J. Tchernoff, *op. cit.*, pp. 101-112; J. R. Cahill, *op. cit.*, 1934, pp. 108-142 が比較的詳しい。なおユニオン・デ・ミーヌは恐慌下で資本金を半額に減資する苦境に陥った。しかしその後立ち直り、第二次大戦後には石炭業国有化の代償を基にさらに有力な持株的金融会社に発展した。
61) 以上、主として J. R. Cahill, *op. cit.*, 1934, pp. 176-206 による。なお一部は J. Tchernoff, *op. cit.*, pp. 143-157 をも参照。
62) イラク石油会社とその設立前後における国際的問題やそれへのフランスの参加については、諏訪良二訳『米国連邦取引委員会報告書 国際石油カルテル 1952年』（石油評論社、1959年）第Ⅳ章を参照されたい。
63) フランスの石油精製工業政策については、J. R. Cahill, *op. cit.*, 1934, pp. 152-176, 参照。
64) 38年のフランスの原油輸入量約700万トン、製品輸入量133万トン、製品輸出66万トンに対して、同年のイギリスの原油輸入231万トン、製品輸入954万トン、製品輸出60万トンであった。なおドイツの原油輸入量は499万トンであった（B. R. Mitchell, *European Historical Statistics 1750-1970*, 1975, E-12）。
65) ここでいう国庫（Trésor）とは、その中心機構である資金運用部（Mouvement général des Fonds）を指し、主としてフランス銀行をつうじた政府財政資金のほか、より直接的にパリ市、県、コミューン、預金供託金庫、さらには植民地・保護領行政当局の行政資金などの管理と預貸を行っていた。

これは第一次大戦中に、一方では国内戦時財政の運営とくに短期国防証券の発行にあたり、他方では軍需物資の輸入およびフラン相場釘付けのためポンド・ドル為替の購入に努めたほか、ロシアその他の弱小連合国への緊急資金貸与にもあたるなど、その活動と重要性を格段に増大した。

ついで20年末には、赤字復興財政の運営が苦しいため、一般の個人および法人からの預金を3％の利付で受け入れることにした（ちなみにフランス銀行への預金は無利子）。この民間預金は、最低受入れ額が50万フランで、主として

市中銀行からのものであったが，当初はあまり伸びなかったのが，フラン安定間近になると急増し，27年央には110億フランの巨額に達した。逃避資金を還流させ為替をフランス銀行に売った市民または外国人が，その代価のフランを銀行に預け，銀行はその遊資をフランス銀行よりも利付の国庫に預けたからである。これによって資本流入の影響は，それに見合うフランが国庫に入り，国庫はそれをフランス銀行に預けるという形で吸収され，資本還流によるインフレ圧力が緩和されることになった。しかし，国庫が銀行化することはあまりにも不自然であるから，フランの事実上の安定期間中にその機能は閉塞させられた。以上のような推移は，財政苦境のなかでフランス銀行が必ずしも時の政府の意のままにならないため，国庫が部分的ながら現代的中央銀行の役割を果たそうとしたことを意味するものといえよう。

66) C.I.C.は19年にアルザスC.I.C.（31年にアルザス・ロレーヌ工業信用銀行に改組）を創設したほか，ノールの Banque Dupont, Banque Scalbert を系列化して北部に地歩を築き，ブルターニュからノルマンディにかけてのフランス西部でも，ナント信用銀行，西部信用銀行，西部地方銀行，ノルマンディ工業信用銀行（ただし32年）などをつうじて進出し，戦前からのナンシー，リヨン，マルセイユ，ボルドーなどのC.I.C.系地方銀行とともに，C.I.C.銀行グループを形成した。30年，グループ内で中長期金融機関 Union des Banques Régionales（地方銀行連合）を発足させた。これは，既述のように1899年に地方銀行シンジケートとして発足し，1904年に地方銀行中央会社という事業銀行になった組織が，戦後恐慌下の21年に清算されたあとを受けて，C.I.C.色をより濃厚にした機関であった。C.I.C.はその後さらに小地方銀行150行を結集して「全県銀行家組合」（Syndicat des banquiers des départements）を結成し，加盟銀行間の資金需給の調節，大工業企業の証券発行への参加斡旋などを行った。ただしこうして形成されたC.I.C.の営業地点は，3大商業銀行の場合と違い，上述の主要商工業地帯に限られていた（L. Petit et R. de Veyrac, *Le Crédit et l'organisation bancaire*, 1938, pp. 498-502; C. Rist et G. Pirou (éd.), *De la France d'avant guerre à la France d'aujourd'hui*, 1939, pp. 388-341; J. S. G. Wilson, *French Banking Structure and Credit Policy*, 1957）。

67) フランス商業銀行は発足以来スイスとくにバーゼルの金融界と協力関係を保っていたが，大戦後ノール，マルセイユその他への支店開設のほか，主要なところではニース信用金庫，ボルドー銀行，ミュルーズ銀行を吸収し，C.I.C.と同じ方向で，しかしはるかに限られた形で主要商工業地域を綴る商業銀行システムを形成した。

68) 国民信用銀行は，前章でみたようにアルザス（当時ドイツ領）のミュルーズ割引銀行のフランス領内営業分を13年に独立させたものであるが，大戦中に支店開設と小地方銀行の合併によって急発展し，終戦時にすでにフランス第4位の商業銀行になっていた。戦後もその発展政策を追求したほか，22年にはその創立に参加した事業銀行，通称ルーヴィエ銀行（前章参照）を統合し，30年には親銀行であったミュルーズ割引銀行をも合併した。事業銀行的で産業企業への固定的投資も多かった同行の31年の破綻＝取付騒ぎに対して，政府（大蔵省）・フランス銀行・パリ大銀行による救済の手がのび，同行は翌年に国民商工銀行（B.N.C.I.）として再生し，その後は窮境に陥った小地方銀行・個人銀行の吸収によりかえって発展した。同行は出自からして対ドイツ国策銀行という性格をもっていたが，それが30年代にも続いたとみてよかろう。

　ちなみに以上の6大銀行のうち，第二次大戦直後に国有化ないし公営化されたのは，上記3大商業銀行（クレディ・リヨネ，ソシエテ・ジェネラル，パリ国民割引銀行）のほかではこのB.N.C.I.であり，C.I.C.とフランス商業銀行の2行は，全国的な地方的利害の複雑さの故かそれをまぬがれた（この注67，注68についての参照文献は基本的には注66と同じである）。

69) 発展をとげた地方銀行のおもなものは，北部の Crédit du Nord; Banque générale du Nord; Banque Dupont, 東部の Société nancéienne de crédit; Société générale alsacienne de banque; Crédit industriel d'Alsace et de Lorraine, 南東部の Société lyonnaise de dépôts et de comptes courants; Société marseillaise de crédit, ノルマンディからボルドーにかけて Crédit de l'Ouest; Société normande de banque et de dépôts; Société bordelaise de crédit industriel, さらに北アフリカで Compagnie algérienne; Crédit foncier d'Algérie-Tunisie の2行であった（Petit et Veyrac, *op. cit*., p. 498）。

70) ジャン・ブーヴィエは，以上のような20年代の銀行集中について，二流全国銀行や有力地方銀行が大商業銀行や小地方銀行よりも相対的に発展したことに着目して，大戦前の好況期につづいて20年代にも大銀行への集中傾向が逆転したと強調している（Jean Bouvier, *Un Siècle de banque française*, 1973, Chap. IV, 1. もっとも権上康男・中原嘉子訳『フランス帝国主義研究 19, 20世紀』（御茶の水書房，1974年）では発言をずっと抑えている）。それは，正統派マルクス主義の集中・集積論を単純素朴に意識しすぎたために彼が創作した「論争点」であるように思われる。

71) 交互計算勘定による当座貸越は，戦後に増大しはじめた。とくに25〜26年，政府短期証券の優越と民間商業手形の出回り減少のなかで資本逃避によって金

第3章　両大戦間期のフランス資本主義　253

融が逼迫したとき，フランス銀行が借手の約束手形（銀行間で相互に裏書きすることによってフランス銀行での割引適格条件の3個の署名を得た）を割り引いたことによってそれは急増し，一時期，銀行の信用供与の85％は当座貸越だとまでいわれた。26年9月，フラン安定過程の初期にフランス銀行がそれらの融通手形ないし金融手形をもはや割り引かないという方針を表明したことにより事態は平常化したが，しかし表3-19にみるように，その後も30年にかけて当座貸越は手形割引の相対的減少のもとで増大した。この現象には，一面では以前からフランスの企業が大企業といえども手形による支払いを好まず，また手形割引は満期日までの利子を取られるのに対して，当座貸越では利子が割引より割高だったとはいえ借入日数分だけ支払えばよいという，企業の短期資金管理上の政策が働いていたが，他面では企業がさしあたり銀行借入によって経営規模の拡大や設備投資を実現し，その借入金を増大した利益や増資・社債発行で得た金で返済するという，かつて大戦前にドイツの大企業の金融に特徴的であった「成長金融」の面も働いていた。ただ残念ながらこの後者の点での実際の意義の大きさは確定できない（Petit et Veyrac, *op. cit.*, pp. 488-496; M. G. Myers, *Paris as a Financial Centre*, 1936, Chap. V）。

72)　この点についてはのちにまた取り上げる。

73)　パリバはモロッコ総合会社（Compagnie générale du Maroc）を11年に設立してその先蹤を示していたが，20年に他の多くの企業の協力を得て植民地総合会社（Compagnie générale des colonies）を設立した。同じくユニオン・パリジエンヌは20年に鉄鋼・重機のシュネーデル・グループとともに中東欧の主として鉱山・冶金関係の諸企業を統合すべくヨーロッパ工業金融連合（l'Union européenne industrielle et financière）を創設し，また23年にはベルギー・ソシエテ・ジェネラル銀行と対等でベルギー石油金融会社（Pétrofina）に参加した。以上は主として国外との関係における主要事業銀行の持株会社設立の例であるが，本文でつづいて述べるように，フランス国内における工業系の持株会社にも参加した。

74)　的確な紹介はできないが，事業銀行が参加した新たな事業銀行ないし持株会社の例としては，既述のシュネーデル系のヨーロッパ工業金融連合，次第にド・ヴァンデルの銀行となっていったユニオン・デ・ミーヌ（鉱山連合）をあげることができる。業界銀行（上記のユニオン・デ・ミーヌも本来はこれに属した）の例としては，パリバによる綿業銀行（la Banque cotonnière，既出）と食品・植民地産物銀行（la Banque des produits alimentaires et coloniaux）の2例をあげておく。電力業界でとくに目立った持株会社的金融会社への事業銀行

の関与の程度は不明である。以上，煩雑のため個々の典拠は省略したが，既出の諸文献の断片的な記述による。

75) J. Bouvier, *Un Siècle de banque française, op. cit.*
76) Petit et Veyrac, *op. cit.*, pp. 518-521; ジャン・ブーヴィエ，前掲『フランス帝国主義研究』132-134頁，参照。
77) A. Sauyy, *Histoire, op. cit.*, tome I, p. 116.
78) これについては，中近世フランス農村史の大家で第二次大戦の受難者となったマルク・ブロックがその遺書において，フランス統計の不備さかげんをフランスのパトロンの秘密主義に言及して嘆いているほどである（Marc Bloch, *L'étrange défaite. Témoignage écrit en 1940*, 1946, 井上幸治訳『奇妙な敗北』東京大学出版会，1955年，181-182頁）。またたとえば物価統計についても，パリおよび地方における統計作成委員会内での労使双方の思惑により正確さを期しがたかったという。
79) このプランは29年11月，新首相が26年来の財政余剰約170億～190億フランを背景に公共施設強化による「繁栄政策」として打ち出した約50億フランのいわゆるタルデュ・プランに淵源する。しかしそれが曲折のあった後，31年に実施されたときには財政赤字による不況対策にその性格をかえていたのである。
80) 32年予算は暦年予算への復帰のため9ヵ月予算となったことから，下半期に集中する所得税収入1年分をあてにしうる有利さを有していた。それにもかかわらず財政困難時におけるかねての慣例である歳入過大見積りを復活させたほか，財源なきままの資本支出記載，すでに終結していたにもかかわらずドイツからの賠償金収入をそれまでの半分くらい根拠なきまま計上する，専売・造幣会計（付属予算）などからの前借，などによって辻褄を合わせる態のものとなった。
81) Front populaire, この名称は34年10月頃，フランス共産党によって使用されだし，その後，世間に拡がり一般に使用されるようになった通称である。フランス左翼諸政党，労働組合，知識人のそれを含めた各種民主団体＝グループが結集した組織の正式名は「人民連合」あるいは「人民総結集」(Rassemblement populaire) である。フランス人民戦線に関する参考文献としては，G. ルフラン，高橋治男訳『フランス人民戦線』（文庫クセジュ，1969年），竹内良知編『ドキュメント現代史6 人民戦線』（平凡社，1973年）の巻末文献紹介を見られたい。その後の邦語文献としてはJ. エレンスタインほか，杉江栄一・安藤隆之訳『フランス現代史』上下（青木書店，1974・75年），ジャック・ダノス／マルセル・ジブラン，吉田八重子訳『フランス人民戦線 1936年民衆蜂起』（柘植書房，1975年）がめぼしいところである。

付論　国家独占資本主義へのフランスの道*
――人民戦線，ヴィシー体制，「解放」と復興――

第1節　問　題

　資本主義の20世紀は第一次世界大戦とともにはじまり，世界大恐慌と第二次大戦を経てアメリカを中心とした「現代資本主義」に帰結した。大内力先生の「国家独占資本主義」論は，この過程と帰結を，他方における社会主義をにらみながら，アメリカ，イギリスをはじめとする西欧主要諸国およびわが国日本について，さしあたりあるいはいちおう総括されたものにほかならない。そこで，この小論では資本主義の現代化あるいは国家独占資本主義への歩みをフランスの場合について報告してみることにしたい[1]。

　フランスの場合，取り上げるべき時期はおのずから人民戦線――ナチス下のヴィシー――解放という，三つの準（疑似）革命を含む激動の1930〜40年代ということになろう。ベル・エポックとの訣別はあとにもある程度言及するように第一次大戦とその帰結とによってすでに与えられていたが，資本主義的発展の歴史が古くかつ漸進的であったがゆえに，また第一次大戦に曲りなりにも勝利したがために，フランスでは現代への転換がやや遅れてその時期に鋭くかつ劇的に現れたからである。

　フランスにとってその転換とは，国内的には，政治制度面ではドイツ占領下の疑似ファッシズム体制の4年間をはさんでともかく共和制＝議会民主主義制を維持しつつ，経済・社会面では，まず社会主義を――1917年のロシア革命の衝撃によって社会民主主義と共産主義とに分裂したヨーロッパ社会主義のフランス版を――，資本主義体制の改良あるいは構造改革によってどう

　＊　編者注：日高普・大谷瑞郎・斎藤仁・戸原四郎編『マルクス経済学　理論と実証』（大内力教授還暦記念論文集，東京大学出版会，1978年）。

にか体制内に統合しえたこと，その過程で金融資本が事態に適応しつつ成熟したこと，フィスカル・ポリシーをつうじて現代生産力を実現する資本蓄積を行うにいたったことを意味する。第二次大戦後のフランスは混合経済，協調経済あるいはいわゆるテクノストラクチュアによる誘導経済などと特徴づけられながら，高度経済成長＝フランス経済の奇蹟を達成したのである。その間国際的には，第1に，米・ソの迫間に次第に深く陥り，第二次大戦後のアメリカ体制のもとに入った，第2に，イギリスを脇においての長年の対独抗争を，ヨーロッパ共同体の形成で落着させる方向をとった，第3に，植民地からの離脱を余儀なくされた，この3面でのフランス帝国主義の凋落と変貌とに結果した。フランス資本主義の改革は，そうした帰結をもたらした世界史的な大状況のもとで，その時々の国際事情に深く影響されながら進行したのであった。

とすると，フランスの国家独占資本主義化という課題も広範な考察を要する大きな問題になるが，しかし以下この小論では，そうしたフランスの歩みの全体的な構図を念頭に置きつつ，問題をフランス国内経済・社会の変化ということに絞って，具体的にいえば人民戦線から解放の過程における労使関係（社会立法），国有化などの構造改革，経済計画によるフィスカル・ポリシーといった柱に限って，概観する。人民戦線からレジスタンスにいたる左翼および労働運動の成果と限界，それがどのように新しい資本主義機構に回収されたか，ということが主要な関心問題である[2]。

なお，本論に入る前にフランスの社会民主主義的な改良＝構造改革路線について解題的に言及しておこう。その左翼路線は第一次大戦のなかから生まれ，のちに本論でみるように，第二次大戦直後にその要求の大筋の実現をみたのち，現在なお基本的には同じ発想と幅のなかで左翼統一戦線のなかに生きている。その間には驚くほどの一貫性が認められる。最初は1918年12月，フランス労働総同盟（C.G.T.）が打ち出した「最低限綱領」であって，これは第一次大戦に「神聖同盟」——労使休戦による挙国一致の臨戦体制，ドイツでは「城内平和」——を結んで積極的に加担した左翼が，大戦前の革命的サンジカリスムの精神は継承すると言いつつも，戦後における経済的民主主

義の到来を希望して，明らかに資本主義的体制内での社会経済改良という新しい「公式」を提起したものである。主要産業の国有化（鉄道，海運，鉱山，電力と銀行の国有化，ただし国有化といっても政府・労働者・消費者の3者による経営を主張していたから企業の国民化あるいは公営化）と労働者の権利・参加・責任の各方面での拡大を主眼とし，具体的には国有化のほか，団体協約（賃金）の一般化，公務員への組合権拡大，8時間労働日制の実施，社会保険の拡充などのスローガンを掲げていた。このC.G.T.新路線は当時すぐの成果は少なかったが[3]，35年のC.G.T.プラン，36年の人民連合（戦線）綱領，44年のレジスタンス全国評議会綱領のなかに脈々として生き，国有化と労働者参加（管理）という基本線は72年のフランス社共両党による共同政府綱領にまで及んでいるのである。

　もっとも，フランスにおける社会民主主義の進展は，けっしてあるいはもちろん単純なものではなかった。第1にその社民的新路線を破って出たフランス共産党とその指導下の労働組合運動の軌跡の問題がある。フランス共産党は「社会ファッシズム」と不毛な闘いをしたのち，ドイツ共産党の潰滅とナチスの勝利という教訓から路線転換したコミンテルンの指導下に，34年以降社会党とC.G.T.を越えて中産階級（政治的代表は急進社会党）にまで手をさしのべ人民戦線をリードしたが，そのなかでは社民路線を労働者に社会主義の幻想を与えるもの，統一戦線をくずしかねない挑発的なものとしてセーブしようとした。ファッシズムと闘った「愛国者」共産党は，しかしいざ戦争というときの独ソ不可侵条約に混乱させられ，フランスの潰走に少しばかり手を貸した。しかし独ソ戦以降レジスタンス運動を展開，米英軍による国土解放のもとでは政府参加して，このときは社会党のお株を奪ってフランスの社会主義化＝構造改革に率先した。しかしそれによってはフランス労働者階級とソヴィエト・ロシアの利益を守りきれなかったので，米ソ冷戦体制がはっきりしてくるなかで「モスクワの長女」に戻った。フランス資本主義からいえば共産党を追放したわけであるが，フランス共産主義はフランス社会主義のなかから出て，左から入って右へやや行き過ぎてたたらを踏み，また左へ飛び出してワン・サイクルを終えた。その出た先がどのような「左」で

あったか，あるいはありうるかはこの小論の範囲外に出る現在のフランスの問題である[4]。

　第2にフランス・サンジカリズムの第一次大戦後の路線もつぎのような洗礼を受けた。その誕生は，第一次大戦前のフランス社会主義の総帥ジャン・ジョレス（開戦前夜暗殺された）とオーストリア・マルクス主義者オットー・バウエルの議論に影響されながら第一次大戦中の経験のなかからのことであったが，30年代に入ってナチス革命に触発されたベルギーのアンリ・ド・マンの構造改革論の影響を受け，他方アメリカのニュー・ディールの実験（それとイギリスの静かな改革）をも取り入れようとした。その方向は左からは共産党に抑えられ，右からは急進社会党の躊躇にあって構改論を後退させ，労働者・農民・プチブルの所得増による景気回復，「購買力理論」，を前面に出すことになった。その人民戦線が失敗したのち，「奇妙な戦争」の数ヵ月のうちに共産党的ミリタンを追放したのち，フランス社民およびサンジカリズムは，ナチス・ドイツの制圧下での裏と表のある4年間の屈辱的な生活を強いられた。しかしレジスタンス綱領はフランス・サンジカリズムが前面に出た改革プランであり，解放後その実現に努めたが，C.G.T.は共産党に掌握され，社会党は第三勢力となって凋落傾向に入った。

第2節　改　革

1　労働・社会立法

　人民戦線の運動のハイライトは，36年5～6月の労働者大衆のストライキ——自然発生的で，街頭に出るのではなく職場に座り込むという形のストライキ，経営者側は暴力を使わなければ対抗的にロックアウトもできない——の大波が，成立したばかりの人民戦線政府の仲介による労使代表のトップ会談をはからずも引き出し，「マチニョン協定」を生んだこと，つづいて議会での社会諸法案によるあわただしい革命を生み出したことにあった。

　資本家団体側（フランス生産同盟C.G.P.F.，鉄鋼連盟，パリ金属・機械工業会，パリ商業会議所の代表4名）と労働組合側（C.G.T.代表6名，うち組

織的に復帰したばかりの共産党系旧統一派の代表2名)の両者は，首相官邸マチニョン館において，第1に使用者側は労使団体協約の即時締結に応じ，そのなかで労働組合活動の自由と権利，企業内での従業員代表(団)を認める，第2に総額において12％までの賃金引上げを呑む，第3にストライキという事実行為に制裁を加えないが，しかしそのかわりに労働者代表は団体協約が成立すれば就業再開——ストライキ鎮圧——に責任をもつ，という文書約束をした。この協約の原型はパリ金属・機械・関連工業の労使交渉のそれまでの実践にあったが，また新政府が団体協約，週40時間労働制および有給休暇に関する3法案の議会上程と早期成立を公約していたという事情もあった(6月7～8日)。

　これはフランス史上画期的な労働者階級の大勝利であったが，しかしそれがピークであって，勝利宣言した社共両党とC.G.T.および政府がストライキ鎮圧に奔走したあと，ただちに逆流がはじまった。資本家団体側はマチニョン協定に署名した代表を更迭して宮廷革命を行い，フランス生産総同盟は下部組織の整備と中小企業主の糾合をはかってフランス経営者総同盟(略号は変わらずC.G.P.F.)に改組して反撃に移った。労働組合側は組合員の急増をみて力を強めていたが，C.G.T.内には旧同盟派と旧統一派の勢力争いがあり，またフランス・キリスト教労働者同盟(C.F.T.C., 1919年創立)の存在も無視しえなくなっていた。そして統一戦線とその政府を守るため社会平和を維持しようとして受身にまわり，政府と議会(法律)に頼ろうとして経営者側の失地回復を許していった[5]。

　こうして，ストライキの圧力下に得られた成果はその終息とともに次第に希薄になり，人民戦線の第1の成果は幾つかの点で第二次大戦にかけ有名無実になっていった。もっとも，歴史上に大きなポイントを刻んだ点もある。たとえば2週間の有給休暇はその年から実施され，ナチス時代も手はつけられず，戦後に引き継がれていった。

　このように人民戦線の成果は失われていったが，しかし資本家側が勝利したわけではなく，第二次大戦前夜のフランス労使はともに途方に暮れていたと評価しておいたほうがよいであろう。36年来の労使紛争のもとで恐慌脱出

はできず，開戦後，2度目の神聖同盟は生きたものにはならなかったのであり，フランスの潰走は必然的な帰結であった。

　ドイツ占領下，ヴィシー政府は経営者団体と労働組合の解放を命じ，ナチス的というよりイタリアのコルポラチスム的な「労働憲章」(41年10月) は労使協調を謳った。全体主義的な統制経済体制のなかで労使問題は凍結されたわけであるが，フランスの左翼および労働組合運動は，合法面ではヴィシー体制にいちおう協力し裏では細々とした連絡による組織と運動の維持をはかるとともに解放後の発展を期していた。占領下に共産党もまたC.G.T.に復帰し，カトリック労働運動もレジスタンス運動に参加し解放綱領に署名していた。

　解放後，臨時政府はいちはやく団結の自由を認め，46年の第四共和国憲法はその前文で，「すべて人は組合活動によってその権利と利益を守り，また自分が選ぶ組合に加入することができる。／すべての労働者は，その代表を通じて，労働条件の団体交渉による決定ならびに企業の管理に参加することができる／ストライキ権はそれを規制する法律の範囲内で行使することができる」と宣言した。しかし第1に団体交渉は，賃金・物価統制のもとではほとんど意味をもたず，全国・地方・企業という上からのヒエラルヒー的な団体協約システムを構想した46年団体協約法——やや官僚統制的な匂いがある——は実際上機能せず，50年の現行協約法となった。その帰結は，①国有企業関係の労働協約（従業員は公務員ではないが，国有企業でも団体協約がなく特別の規則あるいは法律が存在する場合がある，しかしいずれの場合も最終的な交渉相手は政府で，職階別，地方別の賃金率体系を決める）がやや先行して民間部門の労働協約をリードする，その両者を下支えするものとして最終的には政府が決定する全職業最低保障賃金 (S.M.I.G.) 制度があるというシステムとなった。政府の役割が大きくなったわけである。②使用者側はヴィシー下で産業別の「組織委員会」という組織化の経験をへたのち，46年にフランス経営者全国協議会 (C.N.P.F., フランス経団連) を再興，戦前よりも組織と機能を強化した。③それに対して労働側は，共産党支配下に入ったC.G.T.から社会党的な旧同盟派が分裂（フランス総同盟・労働者の力，C.G.T.=

F.O., 1947年), 戦前よりは相対的に勢力を増したC.F.T.C., 44年に結成された管理職員（幹部労働者）総同盟C.G.C.などが分裂して共存，C.G.T.が最大の勢力であるとはいえ統一的交渉力を減殺した。

第2に労働者の経済運営と企業経営への参加という思想と運動は，45年に「企業委員会」制度を生んだが，当初からその権限は社会的問題に限られ，労働者同権化という理想は実現しなかった。しかし人民戦線による従業員代表制とともに企業委員会制度は現在なお生きている。

2　国有化

解放は基礎産業と銀行の国有化という形で狭義での構造改革を大きく実現した。石炭，電力，ガスという基礎的エネルギー部門の全企業，フランス銀行・4大商業銀行，保険会社の一部，機械工業ではルノー自動車とグノーム・エ・ローヌ発動機，運輸では主要航空会社と大手海運2社が国有化された。

人民戦線による構造改革は，ほんの一握りの弱小兵器工場の国有化，6大鉄道会社のフランス国有鉄道への統合，フランス銀行の株主総会と理事会のささやかな民主化にとどまったから，レジスタンスによる改革はそれよりずっと大きな成果をあげたといえる。それに19世紀来の郵便・造幣・印刷・たばこマッチの専売などの政府事業，第一次大戦の結果による窒素肥料とアルザス苛性カリ，復興金融公庫など政府関係金融機関の増大，半官半民的なフランス石油（ドイツの中東石油利権を吸収して国際石油資本いわゆるメジャーの末席を占める）や河川の開発公社などもある程度勘案すると，政府関係経済部門は巨大な規模に増大した。政府は最大の雇用主，事業主となったのである。

もっとも国有部門の民間部門との相対的な大きさや意義という問題は数字的にはかりうるようなことではない。一方で国有企業とくに銀行・金融機関の国有化問題は財政の問題とからんでフィスカル・ポリシーの問題となるので次節であらためて取り上げることとし，ここでは国有企業あるいは公企業が産業的にもつ意味と労使関係においてもつ特徴とを評価しておこう。

戦争直後の国有化の過程は相当に複雑であり，ルノーの場合のように対独

協力企業の接収といった時の偶発的な要因も入り込んでいるが，第1に結果からみると国有化されたのは，①エネルギー，運輸など産業および国民生活にとって公益性が強くもともと社会的規制を要する分野であり，②民間資本としては採算がとりにくい赤字企業の救済あるいは財政補助金の国有化であり（石炭，鉄道，航空，海運など），③また国防と対外的経済権益を守るための国策的な企業（航空機，航空，海運，石油など）であった。資本主義的にいっても一定の根拠があったのであって，投資銀行やその他重化学工業，左翼が国有化を主張していた独占的企業，フランスの金融資本がその後その上に発展する「いいところ」，その意味での基幹的部門は民間に残され，国有部門はその発展に役立ったのであった。保守側あるいは資本家側が国有企業の再民営化という問題をその後一度も提起したことがないことがそれを立証している。

第2に国有企業の経営方式であるが，前項でふれた企業委員会制は公企業では経営委員会に結実し——徹底的な国家管理は避けて従業員，政府および民間受益者の3者代表による経営方式——，労働者の経営参加が実現した。しかし47年にC.G.T.代表が排除され，経営委員会の活動は不活発となっていき，経営実権は経営委員会から離れて政府任命の高級公務員，金融・産業界の実力者からなる取締役会の手に急速に集中していった。ヴィシー下の統制経済で経験を積んで戦後民主化に対応しえた高級官僚とビジネスマン——いわゆるテクノクラート——の手中にである。

第3に，以上のように国有化という問題には左翼・社会主義勢力がそれを過大評価していたということがあったのであるが，国有企業における組織された労働者を足場にしてフランスの社会主義化を実現しようとした方向は，当時の左翼優越のもとで公企業職員の身分規程と賃金政策を労働者側にわずかにしろ有利とし，前項でふれたようなフランスの労使関係の特徴に刻印を残し，60年代以降の所得政策展開の舞台を提供している。公企業の赤字と財政困難という問題をともないながらである。

なお，フランスの構造改革としては，社会保障と農業政策を取り上げるべきであるが，省略する。

第3節 計　画

　第二次大戦後のフランス経済運営を特徴づけるといわれる経済計画の出自とその実態と効果には曖昧でとらえがたいところがある。しかしそれが上述してきた労使関係と構造改革とを踏まえて，労働者階級や中産的な諸階層の諸要求を金融資本的な蓄積機構のなかに統合・吸収していく財政・金融政策展開のフランス的な仕組みとなったという理解の仕方は的を外していないであろう。

　プランあるいはプログラムによる経済運営という発想は本来フランス・サンジカリズムの構改派＝プラニストにあったものであるが，レジスタンス＝解放の過程で共産党も賛成した。レジスタンスをつうじては，また第二次大戦中のアメリカのニュー・ディール的な軍需生産の成功ということも影響した。またナチス統制経済のいちおうの成功——フランスはドイツの工業力に負けた——と，占領下の統制経済の経験と反省もあった。それらが，大恐慌以降のフランス経済の停滞への反省と戦後のさしせまった欠乏と荒廃という誰もが痛感せざるをえない現実のもとに混淆し，加えて企業国有化の進展がある程度の計画作成を必然としたということがあった。そうした事情が産業設備近代化による生産性上昇と経済成長，完全雇用，国民生活の向上をめざすという現代資本主義的な国家計画理念にさしあたり結晶した[6]。

　解放直後2,3のプログラムがつくられたが実行困難であった。47年の第一次計画，モネ・プラン（47〜50年の4ヵ年計画，のち53年まで延長）そのものも，経済復興の主眼を石炭，電力，運輸，鉄鋼，セメントおよび農業機械の6重要部門に置き，戦前比120％の生産復興に必要な資金，原材料および労働力の調達の大枠を示したものにすぎなかった。多分にわが国における物動計画および戦後の傾斜生産方式に似ていた。

　新設の計画庁のもとで計画本案を作成する近代化諸委員会——産業別，問題別に20以上に及ぶ——には，行政府，経営者，労働組合，技術・管理職員および学識経験者の代表数百名が集まった。既述してきた3者代表方式であ

るが，労働組合代表は当初は活発に参加したものの，やがて控え目となり，C.G.T.は第二次，第三次作業への参加を拒絶した（61年に復帰）。少なくとも結果的にそのなかでリーダーシップをとったのは上級技術・財務官僚と経営者代表であった。

　ナチス下のフランスは，賃金・物価を凍結し工業生産物（原材料）割当本部，物価統制本部を設け，厳しい軍官統制体制を敷かされた。またヴィシーとしては工業生産省を新設し，統制実施機構として産業部門別に「組織委員会」を組織し，各業界の指導的な経営者を集めて，企業調査，生産計画策定，原材料配給，生産の規格統一および価格統制などの任務を課して，ドイツの調達要求とフランス経済の生存需要とを満たそうとした。解放後も組織委員会はしばらく存続し，職業事務所，職業組合と組織替えしながら官僚とともに戦後統制経済の任にあたった。近代化委員会の中心となったのはそうした経験を経た官僚とビジネスマンであった。この集団は戦前からの古いタイプの経営者や役人の上層部が一部はパージされ一部引退するなかで，戦中戦後の状況に適応しえた中堅・少壮のエリートあるいはテクノクラートであった[7]。

　ところで計画が立案されたといっても，誰がどのように実施するか不分明であった。とくに投資計画をどうファイナンスするかが不明確であった。そこで政府が大蔵省とフランス銀行に設備投資計画をとにかく実現させろと指示することからはじまり，両者は財政と金融の両面から手さぐり的に必要な資金を調達していくことになった。

　その主要な方法は，①いわゆる中期信用制度の利用。この制度はヴィシー時代からはじまったものであるが，市中銀行が企業に与えた5年以内の中期信用手形を復興金融公庫（クレディ・ナシォナル）[8]が審査して裏書きし，それをフランス銀行が再割引するという金融方式である。預金銀行の短期性の資金を政府の仲介で長期の貸付すなわち設備投資金融に利用するわけである。フランス銀行で割り引かれるかぎりきわめてインフレ的な金融方式である。②預金供託金庫[9]も市中銀行および復興金融公庫に信用を与え，預金供託金庫はフランス銀行で再割引してもらうルートも使用された。③国庫が短期国庫債券を発行してフランス銀行を含めて金融機関から借り入れて投融資

にまわす，また国庫が手持ちの預金を利用する，以上三つであった。こうして激しいインフレのため資本市場がきわめて不振で長期債の発行が困難という状況のもとで，政府が短期の流動的資金を長期貸付に転形させるという役割を果たそうとしたわけであるが，同時にそうした金融はそれが中央銀行から出るかぎりインフレ傾向をより強めたのであった。もちろん国庫の投融資には，そのほか国の予算内からの財政資金も使用されたし，やがてマーシャル援助の見返り資金も加わり「近代化設備基金」が設置されて第一次プランによる大設備投資を展開した。そして以上のようなプランの初期の段階では財政的資金はフランスの企業投資に圧倒的なウェイトを占めていた。そして以上のなかから発展した中期信用はフランス的な成長金融方式としてその後も利用された。

　このような財政投融資を支えたフランス銀行を中心とした信用組織の変貌にふれておけば，銀行の同業組合的な組織化と統制は占領中に行われたが，45年，フランス銀行と4大銀行の国有化が行われると同時に，国家信用審議会と銀行監督委員会という信用統制機関が設置され，フランス銀行と一体となって金融政策が組織的に行われるようになった[10]。戦後初期の政策は，インフレを激化させるような大幅な信用膨張を抑えつつ，質的な統制によって投機的な在庫金融あるいは消費信用を制限して，経済計画で優先的とされた生産活動に選別的に銀行資金を誘導しようとした。それも上述のような国庫および政府金融機関との密接な一体的な連携を保ちつつである。しかし信用統制は組織のものものしさから受ける印象より実際にはかなり自由主義的で，中期信用についてみたところからもわかるように，信用量は膨張しつづけインフレーションの抑制には失敗した。

　このようにして第一次計画は，いわゆる財政の金融化あるいは金融の財政化を進行させ，そのなかで金融された。ここではまだ基礎生産部門の復興と近代化ということに限られていたが，その後経済計画は，生産性上昇による高度経済成長をひきつづき目指しながら，対象領域と主眼点および社会的目標を多面的に拡げて，経済成長と福祉を求めるフィスカル・ポリシーのフランス的誘導・展開の場になっている。

以上，説明は舌足らずに終わったが，フランス資本主義は，人民戦線，ヴィシー体制，解放の社会・経済改革を受けて，財政がいわば「プラニスト」になるという対応で，国家独占資本主義への道を歩んだ，とさしあたり結んでおきたい。

　　注
　1) 先生のこの業績——代表的には『国家独占資本主義』(東京大学出版会，1970年)——は，いうまでもなく，いまは亡き宇野弘蔵先生が「それは君達の仕事だ」として遺された第一次大戦後の資本主義の現状分析という課題に，最も総括的かつ刺激的にこたえた，しかもその意味ではこれまでの唯一の成果である。大内先生の還暦を記念するには，その現代資本主義論の展開と帰結を見通しつつ，遡って古典的資本主義についての宇野理論を再検討すべきであるが，ここでは先生の国家独占資本主義論の裾野をほんの少しでも拡げようと試みることに残念ながらとどめざるをえない。私の能力不足は無論のこととして，マルクス経済学の再構築にはいま少し時間が必要だと思うからである。
　2) このように問題を限定してもなお，研究上つぎのような制約があることを指摘しておかなければならない。①激動の30〜40年代はフランスの左右両勢力がなお正視しきれない生々しい現代史である。人民戦線神話，レジスタンス神話がなお残っている。②経済・社会統計は不整備と不連続で使用に耐えぬことが多く，政府関係資料はまだ未公開である。③この時代についてのフランスにおける研究も本格的には今後にまたなければならない。フランス特有の「社会経済史」的な研究も両大戦間期にさしかかったままである。
　3) ごく簡単に列挙すると，①パリ平和会議の代表団にC.G.T.代表が参加，ヴェルサイユ条約の労働条項（I.L.O.設立）を政府に認めさせた，②19年，8時間労働日制が法律化された，③つづいて同年団体協約が合法化されその強制力を認めた。しかし団体協約についての法律は鉱夫，船員については特定していたがその他産業では労使の交渉結果にまかせたので，パトロン側の忌避にあって団体協約は一般化しなかった。この第一次大戦直後の資本家側の労働者への譲歩は，当時革命（混乱）下のドイツ，またはイギリスの場合に比べてごくささやかなものであり，その遅れの取戻しが人民戦線ということになる。
　4) この小論では以下文献・資料指示をしないが，フランス共産党の問題については日本共産党筋による邦訳紹介があるので，3点をあげておく。①フランス現代史研究会訳『トレーズ政治報告集』全4巻（未来社，1955-56年），②杉

江・安藤訳『フランス現代史』上下（青木書店，1974・75年），③『統一戦線と政府綱領　フランス共社共同政府綱領文献集』（新日本出版社，1974年）。

5）　団体交渉は全国，地方，企業の各レベルで実質的にはふたたびは行われず，政令による効力延長にとどまった。C.G.T.が希望した「近代労働法典」案（雇用と解雇，従業員代表制，団体協約，労働争議などに関する6法案）のうち成立したのは調停・仲裁手続法のみであった（38年3月）。

　　労働組合活動の自由はミリタンが狙打ち的に解雇されていく情勢のなかで失われ，従業員代表制——いわばショップ・スチュワード制——も実際には機能しなかった。

　　労働時間短縮を計算にいれれば時間当たり30〜50％まで上昇した賃金引上げは，フラン平価切下げの影響もあったインフレに追いかけられ，実質所得は以前とかわらなかった。

　　週40時間労働法（実際には週休2日制）は政令による適用をみたのち，炭鉱，鉄鉱，国防関連産業などを先頭に緩和され，次第に崩れていった。景気回復と国防強化という要請の前では40時間制はもともと無理であったのである。ちなみに同法は現在なお生きているが，週の実労働時間は45時間内外である。

　　有給休暇年2週間はただちに庶民の主として夏のヴァカンスを生み出し，フランス社会に定着して現在にいたっている（3週間ないし3週間半）。

6）　モスクワ帰りの共産党書記長モーリス・トレーズが「団結し，生産し，働こう」というスローガンで労働者階級に耐乏のもとでの経済復興を呼びかけ（44〜47年の共産党の政府参加時代のことであり，外務・内務・国防および大蔵のポストからははずされていたが，経済・社会関係の閣僚ポストを2〜5握っていた），アメリカ帰りのジャン・モネが国民総協力によるフランス産業の近代化を提唱していた（モネは大戦中アメリカで戦時増産にタッチしながらイギリスおよび自由フランスのための軍需物資調達にあたっていた。ただし彼のアメリカでの仕事には少し不明瞭なところがある。初代計画委員長，のち欧州炭鉄共同体E.C.S.C.の初代議長）。

7）　ただしフランスの統制経済はドイツにおけるほど厳密に組織化されたものではなかったことに注意しなければならない。占領下でもナチスに面従腹背していたし，組織化が容易ではない農業と中小企業は闇市場という自由経済的分野をなしていた。解放後は国民の規律が大幅にゆるみ闇市場が発展してインフレをあおった。

8）　第一次大戦後，戦災補償を処理するために設立された政府金融機関，第二次大戦後も同じ役割を国庫の代行機関として果たしつつ，中期信用の集中的な

授与機関という機能を付け加えた。
9) 19世紀初めから存在し，主として貯蓄金庫と郵便貯金の資金を国庫の監督のもとで管理する最も古い政府金融機関。4大預金銀行の総預金額に匹敵する巨額な資金を運用していた。国債管理（保有）の役割が大きい。
10) 銀行国有化法はまた，長・短期金融の分離をはかり，預金銀行（商業銀行），事業銀行（投資銀行），長・中期信用銀行の3種が制度的に分けられた。

編者あとがき

　本書は，信州大学経済学部教授であった畏友・玉田美治君の遺稿である。もともとこの論考は，宇野弘蔵監修『講座 帝国主義の研究 両大戦間におけるその再編成』(青木書店，全6巻の予定で1973年に刊行開始)の第5巻に，戸原四郎の「ドイツ資本主義」と合本にする予定で執筆されたものであるが，原稿の進行は予想外に困難であった。大学紛争によって出鼻をくじかれたあと，大学民主化の名のもとに学内行政がいっきょに増大して研究時間が割かれたこともその一因であったが，玉田君の場合には，信州大学の人文学部から経済学部を独立させる改組拡充の作業で中心的な役割を演ずることが求められていた。以前に経済企画庁の官僚であった同君は，文部省その他との交渉でも有能なネゴシエイターであったようで，その面でも彼にかかる作業量は増える一方だったようである。そうした東京での交渉を終えたあと，彼はときどき東大社会科学研究所の研究室に私を訪ね，学部独立の現状や本題のフランス研究の話などをしていったが，そのうちに空咳をしたり声を嗄らしたりすることが多くなってきた。あとになって思えば，そのころから病魔が彼の体を蝕みはじめていたのであろう。

　それはともかく，われわれの原稿が難航しているうちに，1977年2月22日に監修者の宇野先生が肺炎のためなくなられた。われわれ両名は脱稿を急ぐよう話し合ったが，それからまもなく，78年12月に今度は玉田君が体調不良で入院する羽目となった。当初は肺結核で信大付属病院に入院したが，それが快方に向かった79年春には喉頭部腫瘍が発見されて手術を受け，さらに秋には食道がんが発見されて東京女子医大病院早期がんセンターに転院して手術を受け，80年春にはふたたび信大病院に移って療養に努めた。しかし薬石効なく80年6月20日，玉田君は帰らぬ人となってしまった。

　従来の経緯からも，また東京女子医大病院に彼を見舞ったときに原稿の交渉を一任されたことからも，戸原が遺稿の処理を引き受け，関連の深そうなノート類とともにそれをまとめて引き取った。遺稿の刊行に最低限必要な作

業（文章の修正や引用文献の確認など）は翌年初め頃までにほぼ終了したが，同時にいくつかの問題点も発生した。たとえば一部の箇所では，何種類かのメモないし未定稿があるだけで最終稿がなく，その場合には筆者がいわんとしたと思われることを編者の責任でまとめ，その旨を当該箇所の冒頭に記すこととした。だが最大の問題は，両大戦間期を扱う第3章で1930年代を対象とする第3節にはごく短い原稿と若干のメモしかないことであった。これはたんなる時間切れのせいかもしれないが，ことによると，著者が序章や本論の一部で暗示しているフランス経済研究の視角，つまり一方では宇野段階論で戦間期の事態をどう扱うべきかという視角，他方ではむしろ第二次大戦後の経済計画に特色をもつフランス型現代資本主義の誕生を重視し，これとの関連で大戦間期に注目するという視角，その両者の絡み合いが，30年代の人民戦線などの扱いにも制約を課したのかも知れない。その原因がどうであれ，その欠を埋める方策として，メモを指針にしてノート類から関係箇所を継ぎはぎして文章化することも一部では試みたが，それでは果たして玉田論文といえるか疑問も残る。結局は，玉田君が恩師の大内力先生の還暦記念論文集に寄稿した論文「国家独占資本主義へのフランスの道：人民戦線，ヴィシー体制，『解放』と復興」[1]を付論として転載することで対応することとした。これ以前の分析が精緻であったのに比して，1930年代の扱いが異質であることは否定できないが，それ以外に方法はなかった。

　こうした編集方針は早期にまとまったものの，その線で編集し刊行することは，合本の相手である戸原の原稿の遅延で引き延ばされた。研究所の共同研究のテーマが類似していたにもかかわらず，二つの仕事を並行して進めることができない私の不器用さが最大の阻害要因であり，学内行政に引き込まれたことがその加重要因であった。こうして編集・刊行の約束は延び延びとなったが，1990年春の停年を控えて，研究所では最後の1年間は各種委員などの雑用を免除してくれる慣行があり，この恩典を使って問題の処理に当た

1）　日高普・斎藤仁・大谷瑞郎・戸原四郎編『マルクス経済学　理論と実証』東京大学出版会，1978年，所収。

ることとし，書店側にもその旨を伝え，完成稿を小出しに引き渡すこととした。しかし，その何回目かの引渡しが遅れるや，書店側は原稿完成の見込みがないとして出版契約の破棄を申し入れてきた。原稿の遅れを正当化するつもりは毛頭ないが，この対応は納得いくものではなかった。しかし反面，本講座のためはじめた宇野先生を囲む共同研究会の設営をはじめ幾多の実務処理をめぐって，執筆者側と書店側とが対立し，途中で改めて協定を結びなおすなど，両者の関係は必ずしも円滑ではなかった。そこで90年1月，あえて先方の申し入れを呑んで同書店との関係を断つ道を選んだ。ちなみにわれわれが接する編集者は，こうしたなかでも執筆者に好意的な態度を保ち続けられ，これには感謝している。これで今回の講座は未完のまま終わり，宇野先生をはじめ執筆者各位，また読者各位にもご迷惑をかける結果になったことをお詫びしたい。

　講座の枠がなくなると同時に，戸原の「ドイツ資本主義」はもはや完成を必要とされなくなった。というのは，そこで述べるべき主要論点の多くは，すでに研究所の共同研究で発表した二つの論文[2]で述べてあるし，それ以前にも加藤榮一氏の大著[3]があり，近年では工藤章氏の力作[4]が出るなどしているので，いまさら屋上屋を重ねる必要もあるまい。そうなれば玉田遺稿の刊行は，純粋にそれ自身の都合で決められることになる。そう考えたものの，1990年の定年以後5年間勤めた新潟大学経済学部の時代には具体的な成果をあげられなかったが，そのあと国士舘大学大学院に勤めた数年間には事態がやや好転した。その博士課程にはフランス金融資本を研究テーマとする院生がいて，指導教授の山口重克教授から研究指導を依頼されたこともあって，これまでの関連主要文献を体系的に読む機会に恵まれ，遺稿の編集にも有益なヒントをうることができた。2002年春に大学院を退いたあと，遅ればせな

2）「第1章　ナチス経済」「第4章　ナチスの労働政策」，ともに東京大学社会科学研究所編『ナチス経済とニューディール』（『ファシズム期の国家と社会』3）東京大学出版会，1979年，所収。

3）　加藤榮一『ワイマル体制の経済構造』東京大学出版会，1973年。

4）　工藤章『現代ドイツ化学企業史 IG ファルベンの成立・展開・解体』ミネルヴァ書房，1999年，同『20世紀ドイツ資本主義　国際定位と大企業体制』東京大学出版会，1999年。

がら遺稿の編集作業を再開したが，それが本格化したのは，2004年初夏，編者ががんの宣告を受け，抗がん剤治療でがんとの共生を余儀なくされてからであった。残された時間を争う状況のもとで，以前のように悠長なことはできなくなったからである。そこでまずは，編集作業がしやすいように原稿のワープロ化を急ぎ，そのため妻の戸原つね子のほか，ドイツ経済文献研究会の同僚でもある敬愛大学経済学部教授の飯野由美子さんのご協力までお願いする結果となってしまった。

編集作業で終始念頭においたのは，執筆後30年近くをへた論文が読者に受け入れられるか，という危惧であった。しかし，この30年間にフランス研究はたしかに進展しはしたが，とくに20世紀に入ってからの経済分析で本書を上回る業績はどれほどメンションできるであろうか。1930年代の分析に問題があることはすでに述べたが，それ以前については今日でも十分に検討に値するものと考える。ただそれにしてもこの30年間の日本での業績にふれておくことは，とくに大学院で学ぶ若い読者には必要であろう。そこで必要と思われる関連箇所では編者注を入れ，巻末に主要関連文献を一括して示すこととした。この作業に当たっては，多くの研究者の著作を参照したが，とりわけ原輝史氏の著作[5]には多くを負っている。

2004年8月26日

戸 原 四 郎

付記　その1

戸原四郎から玉田先生遺稿の編集完成と出版の意志を初めて聞かされたのは，彼が食道がんで入院加療中のベッド脇だった。彼の書斎で，段ボール箱2箱分ぐらいの関係書類の存在を確かめ，その中から定稿とみられるものを目次（玉田先生のメモ目次案を四郎が清書したもの）に従って，まずファイルした。序章，第1章のみゲラがあり，第2章以下は200字詰め用紙の手

5）　原輝史『フランス資本主義　成立と展開』日本経済評論社，1986年，同『フランス戦間期経済史研究』日本経済評論社，1999年。

書き原稿，表および手書きまたは原書からのコピーによるグラフである。このうち，第2章〜第3章第2節までは，玉田先生の逝去後，四郎がところどころ清書したり資料名を確認したりして編集者に渡し，書店との契約解消のさい四郎に戻されたもので，書店編集者の書込みもある。第3章3節は，断片的に複数存在したりする草稿の中から四郎が定稿として頁番号をふったものが，同章同節第3項の途中（同章初めからの原稿枚数で343頁）までであり，その中にも途中で文章の切れる頁が含まれていた。

　ワープロ化の作業は，「あとがき」にもあるような大方の編集方針を聞いて私が7月から始め，飯野さんの申し出で一部お願いしたほか，四郎自身も8月7日〜9月4日の自宅療養中，体の不調と衰弱にもかかわらず相当のスピードで進めた。その間，彼は協力者が入力した分の校正や「あとがき」（ディスクに残されているのを後日発見）の執筆も行い，9月初めには3章2節までの入力をほぼ終わるまでになっていた。しかしこの時，病の進行が表面化し，流動食もとれない状態になったため，医師の治療スケジュールでは10月初めと予定されていた再入院の時期を早めて，9月5日，緊急に入院した。その後もしばらくは回復を信じ，私はグラフのスキャナーによる入力など，残っていた機械的作業を進めたが，四郎の病勢悪化と死去で，年明け後まで作業は中断された。

　年明け後は，入力済みの原稿を序章から見直すことから始め，抜けていた図表の補充などを行ったあと，定稿を欠く第3章第3節の入力に移った。その際の編集方針は，未完になっている同節第3項「人民戦線の経済政策」を四郎が予定していたように玉田先生の研究会発表原稿（先生没後，四郎が書店編集者にテープ起こしを依頼したもの）によって完成させること，また最後に上記「国家独占資本主義へのフランスの道」を付け加えることであった。それらをほぼ入力し終わった段階で工藤章先生にご相談したところ，原稿の点検と出版交渉を快くお引き受け下さり，私は幸運にも肩の荷を降ろすことができた。

　　　2005年7月2日　　　　　　　　　　　　　　　　　　　戸原つね子

付記　その2

　戸原先生が病床にあって最後まで気にかけておられた玉田先生の原稿について，戸原先生の奥様から最初にご相談があったのは，昨年3月末に催された戸原先生を忍ぶ会の前後であったと記憶する。その後6月になって，奥様からあらためてご依頼があり，原稿の整理をお手伝いすることになった。すでにワープロ原稿はほぼできあがっていたが，字句や文献表記を加筆訂正，統一し，また編別構成を最終的に確定した。付論として収めた既発表稿にも表記統一に必要な限りで最少限の手を加えた。いうまでもなく内容にかかわる変更はいっさい行っていない。戸原先生が予定されていた文献にかんする編者注の付加および巻末の文献リストの作成は，私の能力ではとうてい不可能であり，断念せざるをえなかった。

　作業の過程では，それまでの編集作業の経過の詳細を奥様から伺うことができ，作業を進めるうえでたいへん役に立った。馬場宏二教授および小湊繁教授には，貴重なご助言をいただくことができた。出版交渉にあたっては，林健久，山崎広明，柴垣和夫の3教授のご助言をいただいた。そのうえで桜井書店の桜井香氏にお会いしてご提案したところ，ますます厳しさを増す出版状況にもかかわらず，出版を快諾していただいた。「ご縁ですね」という氏の言葉をうかがったときの感動は忘れがたい。その後の作業に際しても，巨細にわたりご配慮を賜り，膨大な時間と労力を投入していただいた。桜井氏のお力なくしては本書をこのような形で刊行することはとうてい不可能であった。国士舘大学大学院の博士課程で戸原先生の指導を受けられた橋本暁子さん（国士舘大学政経学部非常勤講師）には，フランス語や文献のチェック，索引の作成などで，また旧友の松葉裕氏と正井良知氏には校正で助けてもらった。以上の方方に深甚の謝意を表したい。ただし，誤植などのありうべき形式上の不備はすべて私の責任である。

　　　　2006年3月22日　　　　　　　　　　　　　　　　工　藤　　章

人名索引

アンチ 34
エンゲルス 4, 135

クレマンソー 171
ケルティエ, プイェ 155

ジェーズ, ガストン 246
ジェルマン, アンリ 90, 148
ジュオー 247
シュティンネス 249
シュネーデル(兄弟) 22
シュネーデル, ユジェーヌ 45
ジョージ, ロイド 120
ジョレス, ジャン 258
スルト 45
セイエール 45

タラボ(兄弟) 31, 34, 45, 46, 50
タラボ, ポーラン 32
ティエール 155
テスティス 132, 158
デュシェーヌ 54
デュシュマン, ルネ 246
トゥスネル 54
ド・マン, アンリ 258
ド・リュベルサック 249
トレーズ, モーリス 267

ナポレオン, ルイ・ボナパルト(ナポレオン3世) 13, 30-31, 38, 50
ネルボ 73, 74

バートロニー 50
バウエル, オットー 258
ビスマルク 43, 58, 120
ピナール 34
ヒルファディング 4, 127
フィリップ, ルイ 54
フール 145
ブリアン 246
ブルム, レオン 234
ベルナール, ジュール 249
ペレ 246
ペレール(兄弟) 30, 50-52
ボアグ 45
ポアンカレ 175, 183, 247
ボーリュ, ルロア 148
ホブソン 4, 127, 134

マルクス 4, 54, 155
メリーヌ 155
モネ, ジャン 267
モロー, エミール 246, 247

リジス 132, 158
リスト, シャルル 246
リュエフ, ジャック 247
ルーヴィエ, モーリス 91, 101
レヒリング兄弟 142
レーニン 4, 110, 126, 127, 131, 170, 186, 218, 219
ロスチャイルド 31, 46, 50

事項索引

あ行

A.E.G.　147, 208
アナーキスト　173
アナルコ・サンジカリズム　61, 121, 139
アニシュ社　19
アフリカ分割　118
天下り(pantouflage)　131
亜麻工業　16, 68, 140
アミアン憲章　139, 172
アメリカ資本主義　159
アメリカ・フォード　206
アルザス　16, 40, 69, 70, 135, 162, 188
アルジェリア会社　100
アルジェリア銀行　100, 246
アルジェリア・チュニス不動産銀行　100
アルジェリア鉄鉱石　32, 45, 46
アルストム(Alsthom)　207
アルヘシラス会議　62
アレ精錬・高炉会社　23
アングロ・イラニアン　205
アンザン社　19
アンタント(協調)　46, 83-86, 232
アンパン(Empain)財閥　204, 207, 208
イギリス金融資本　4
イギリス式製鉄(所)　20, 22
一流手形(プリマ)　96
委任統治　170, 205
衣服製造業　65, 68
イングランド銀行　150
インターナショナル(万国労働者同盟)　43
インドシナ銀行(Banque de l'Indochine)　48, 53, 91, 100
インフレの経済成長政策　175
インフレ的財政金融　168

ヴィシー体制(ヴィシー政府, ペタン傀儡政権)　255-268
ウィルソン主義　170
上からの発展　122
ウェスティングハウス制動機・信号会社　206, 207
ヴェルサイユ条約　170-171, 190, 197, 201, 243
ヴェルサイユ体制　171, 186, 243
宇野経済学(宇野理論)　4, 266
英仏通商条約(コブデン・シュバリエ条約)　5, 14, 39, 40, 55
エスコー・テ・ムーズ会社　73
エスペランス製鋼会社　73
エネルギー産業　201-210
オーストリア・ハンガリー帝国　171
オーダンクール会社　46
大塚史学　3, 11, 45
オート・バンク　26, 29, 30, 34, 35, 38, 41, 49, 99, 151
オーブリーブ・ヴィルリュプト高炉会社　72, 142
オスマン・トルコ　170

か行

カーユ機械製造会社　142
カーン高炉・製鋼会社　77, 142
海外帝国　134
海外フランス(植民地・属領)　67
外国証券　41, 87, 219
外国人労働　65, 77, 139
外部金融　26
カイヨー案(1907年)　125, 179
化学工業　59, 147, 206
カトリック労働運動　260

事項索引　277

家内(的)手工業　16, 17
カプリヴィ新通商諸条約　116
株式会社　25, 26, 28, 29, 47-48, 79, 164-165
株式会社法　47
株式銀行　27, 30-38, 86-108
株式合資会社　27, 28, 29, 69, 79
家父長的温情主義(パターナリズム)　121
「家父長の証券」(Valeurs de père de famille)　154
貨幣市場　96
カルテル　77, 81-86, 165, 198
カルテル関税　117
為替管理　162, 168, 169, 181, 228, 229, 239
為替差課徴金(exchange surtax)　231, 232
為替平衡基金　239
関税政策　113-117
機械製造アルザス会社　206, 207
機械制(大)工業　15, 17, 67
基幹産業の公営化　172
企業委員会制度　261
企業の合併・集中　21, 22
絹工業　16, 17, 68
救貧立法　120
旧4税　124, 244
キュールマン(Kuhlmann)　148, 209
業界銀行　217, 253
業界組合　85, 115, 164
協同組合　165
漁業相互信用金庫(Crédit maritime)　212
金為替本位制　184, 228, 229
銀行監督委員会　265
銀行恐慌　214, 223
銀行国有化法　268
銀行集中　97, 130, 131, 213, 214, 252
銀行統制法規　217
金選好　53
金属・機械工業　166
金属工業利益擁護協会　40
近代化諸委員会　263, 264
近代化設備基金　265

近代経済学　5, 11
近代的大工業　15, 39
近代的大工業労働者　173
金兌換停止　167
金ブロック　229, 231, 238
金本位制崩壊　175
金約款　169
金融寡頭制　37, 54, 127, 131, 132
金融貴族　40, 54
金融資本　3, 112, 127, 132, 171, 186, 218, 239, 256, 263
近隣窮乏化政策　231
グノーム・エ・ローヌ発動機　261
グラーフェンシュタテン事件　101
クルップ　45, 72, 142, 143
クレディ・フォンシエ(Crédit Foncier)　36, 48, 51, 93, 100, 212
クレディ・モビリエ(Crédit Mobilier)　13, 30-32, 41, 48, 49, 51, 52, 102
クレディ・リヨネ(Crédit Lyonnais)　33, 36, 37, 48, 54, 81, 88-91, 246, 252
軍事費　123, 124
経営委員会　262
軽化学薬品　208
軽工業　59, 61, 62, 65, 130, 187, 217, 220
経済拡大協会　246
経済計画(計画)　263-266
経済成長と福祉　265
傾斜生産方式　263
刑法419条　145
「毛靴下の貯金」　53, 108
ゲルゼンキルヘン　142, 143
兼営銀行　30, 49, 86, 92, 96, 98, 100, 213
減債金庫　245
現代資本主義　159, 255
高級消費財　111
「工業」　17
公共教育　233
公共事業費　124
公共土木事業銀行　51

鉱区採掘権(コンセッション)　19, 76, 77, 143
公債償還金庫(減債自立金庫 Caisse autonome d'amortissement)　183, 211, 233, 245-246
公債政策　125
公債費　124
合資会社　26, 27, 69
合資銀行　30, 34
香水製造　208
構造改革　237, 255-257
皇帝社会主義　43
公的金融機関　210-213
合名会社　26, 27, 28, 79, 83
高利貸的帝国主義　4, 126, 131
国際カルテル　83, 199, 219
国際軌条カルテル　198
国際粗鋼カルテル(Entente Internationale de l'Acier：E.I.A.)　198, 199
国土解放公債　108
国防証券(Bons de la Défence Nationale)　168, 180, 183, 242
国民液体燃料局　205
国民商工銀行(Banque Nationale pour le Commerce et l'Industrie：B.N.C.I.)　213, 252
国民信用銀行(Banque nationale de crédit)　101, 213, 252
国民連合(Bloc National)　174
国有化　261-262
個人銀行　27, 214, 252
個人金融業者　34
国家債務　180, 182
国家社会主義　235
国家信用審議会　265
国家独占資本主義　11, 239, 255-268
国庫(Trésor)　211, 250-251, 264-265
古典的資本主義　266
古典的帝国主義　3, 4, 46, 62, 126, 159
コマントリ・アンフィ　22
コマントリ・フルシャンボ　22, 45, 72

コミンテルン　234, 257
コルポラチスム　260
コルレス関係(コルレス網)　94, 214
混合経営　21, 25, 78
混合経済　256
コンソーシアム　164, 165
コンツェルン　72, 79, 191, 206
コントワール(共販会計所)　82-85

さ行

サービス業(部門)　11, 59, 166
ザール炭田　170, 190, 243
再建国際金本位制　228
財政・金融政策(フィスカル・ポリシー)　122-126, 232, 256, 261, 263, 265
財政投融資　211
財政膨張　122, 123
最低賃金　167
産業革命　6, 11, 15-17, 26, 42
産業金融　218
産業構造の高度化　227
産業団体　165
サン・ゴバン(Sain-Gobain)　142, 148, 205, 209
サンジェルマン条約　171
サンジカリスト　173
サン・シモニズム　30
サンテチエンヌ　23, 72
サンテチエンヌ鉄鋼業危機　81
サン・レモ協定　205
シアンスポ(政治学自由学校)　133
シーメンス・マルタン法　20
シェ高炉会社　74
ジェネラル・エレクトリック　207, 208
ジェネラル・クレディット会社　32
事業銀行(banque d'affaires, 投資銀行)　30, 36, 50, 58, 92, 94, 98-103, 203, 213, 215-218, 262, 268
事業主義(affairisme)　137
資金運用部(Mouvement général des Fonds)　250

事項索引　279

資金過剰(プレトラ)　87
資金市場　97
自己金融　27, 28, 47, 79, 81, 106, 131, 218
七月革命　11
市町村信用金庫(Caisse de crédit aux départements et aux communes)　212
失業対策事業　232
自動車製造業　59, 147, 206
シトロエン　147, 206
資本課税　182, 183, 245
資本家団体　236, 258, 259
資本市場　106, 265
資本の過剰　41
資本の集中・集積　187
資本輸出　6, 10, 14, 37, 41, 58, 60, 67, 109-112, 151, 215, 219
社会経済史　11, 234, 266
社会政策　112, 120-121, 167, 234, 236
社会党　172
社会保険　120, 172, 177
社会民主主義　255-257
社会・労働問題　6
シャチヨン・コマントリ製鉄会社　22, 45, 72
シャチヨン・コマントリ・エ・ヌーヴ・メゾン製鋼所　72, 141-142,
重化学工業　60, 61, 62, 65, 163, 164, 186, 187, 217, 219
自由主義　3, 4, 5, 6, 11, 39, 85
自由主義貿易体制　5
集中・独占　164
自由帝政　43
自由貿易政策　39, 41, 42, 115, 118
熟練工　165
手工業　17, 130, 181
出生率の低下　224
シュネーデル　27, 32, 46, 47, 72, 79, 142, 143, 206, 219, 248
シュネーデル・アンパン・グループ　207
ジュモン(冶金)工場　207, 208
小親方(パトロン)　17, 29

上級技術・財務官僚　264
商業銀行　33, 36, 87, 91, 94, 96, 211, 213-215
商業資本　17, 69
商業信用　33, 53, 69, 91, 94, 96
証券投資　105, 108, 110
証券保有と参加　94
商行為における共同謀議(coalition)　145
商工信用銀行(クレディ・アンデュストリエル, C.I.C.)　33, 53, 81, 92, 142, 213, 251, 252
小地方銀行(la banque locale)　95, 213, 251, 252
小農民原罪論　128
商品輸出　14, 61, 111, 117, 184
ショータン政権　238
錠前法　155
職業別組合　121
食品・植民地産物銀行(la Banque des produits alimentaires et coloniaux)　253
植民地獲得　6, 118, 123
植民地関税　115, 118
植民地銀行　100
植民地経費　122
植民地主義的保護貿易主義　119
植民地政策　117-120
ショップ・スチュワード　167, 267
所得税　179, 182
庶民銀行(banques populaires)　212
新共産主義者　173
新興重化学工業　106
新産業　60
シンジケート　91, 92, 102
新重商主義　114
新帝国主義　169, 174
人民戦線(Front populaire)　132, 161, 210, 220-240, 254, 255-268
信用貨幣　53
信用統制機関　265
新ロレーヌ3社　195-196, 249
スイス・フランス銀行　100

スエズ運河　14, 37, 56, 130
スターリング・ブロック　229, 231
スタンダード・ヴァキュウム　205
ストライキ　43, 173, 234-236, 259
生産統制　83
製鋼革命　70
成長金融　98, 253, 265
製鉄王　25, 29, 79
製鉄業　20, 26, 27, 28, 29, 39, 40
製鉄業センター　21
政府金融機関　211, 244, 261, 265, 268
「世界の工場」　39, 129
赤色労働組合インターナショナル（プロフィンテルン）　173
石炭業（石炭鉱業）　18-20, 201-203
石炭中央協会　246
石油関係業　205-206
設備投資（資金）金融　79, 87, 264
繊維貴族　26
繊維工業　15-18, 26, 28, 39, 40, 43, 62, 67-70, 113, 162
全県銀行家組合（Syndicat des banquiers des départements）　251
銑鋼一貫企業　75, 77
銑鋼製品輸出コントワール　165
全職業最低保障賃金（S.M.I.G.）制度　260
戦争年金・軍人恩給制度　177
1857年恐慌　31
1873年恐慌　57
1882年恐慌　59
1848年革命（二月革命）　9, 11, 38, 50
専門家委員会（Comité des Experts）　183, 246
創業者利得　31
総合所得税　125, 179, 182, 246
総合電機会社（C.G.E.）　206, 207
相互参加　79
相対的安定期　183, 186, 212, 240, 247
ソシエテ・ジェネラル（フランス）　32-33, 36, 37, 48, 54, 92, 246, 252
ソシエテ・ジェネラル（ベルギー）　49, 99, 253

ソシエテ・ナンセイエンヌ（ナンシー C.I.）　92, 149
ソフィナ（Sofina）　207, 208
ソ連共産主義　159

た行

第一帝政（期）　11, 39
大公共土木工事（フレシネ・プラン）　57, 89, 124
第3インター　173
第三共和政　57, 67, 112, 226, 235
大資本主義（高度資本主義）　37
大地方銀行（la banque regionale, la banque de province）　95
第二共和制　50
第二次左翼連立内閣　227
第二次産業革命　59, 129, 163
第二帝政（期）　11, 13-14
大不況　6, 43, 57, 58, 86, 117, 129
第四共和国憲法　260
大陸型投資銀行　49
ダデルスヴァール　73
タルデュ・プラン　220, 247, 254
炭鉱協会　85
タンジール（第一次モロッコ危機）　61, 126
団体交渉　121, 167, 267
単能工（ouvrièrs spécialisés：O.S.）　167, 173
ダンピング　147, 189
地方銀行　33, 69, 94, 95, 149, 213, 214, 252
地方銀行中央会社（Société centrale des banques de province）　102, 251
地方銀行連合（Union des Banques Régionales）　251
中央銀行　96, 97, 151, 210, 211, 251
中央高地炭田地帯（マッシフ・サントラル）　18, 21
中期信用制度　264
中産階級　61, 107, 184, 239, 240, 257
中小商工業　11
中小零細企業　17, 188

中・長期信用　98
長期金融市場　103, 106
貯蓄金庫　56, 107, 153, 268
通商政策　230-232
ディートリヒ会社　46, 147
定期取引　69
帝国主義　3, 6, 10, 38, 42, 54, 57, 117, 122
帝国主義的財政膨張　122
『帝国主義論』　90, 127
ティッセン　142, 143
テイラー・システム　147, 164
テールヌワール会社　23, 33, 47, 72, 89
手形割引銀行(Comptoir d'escompte)　48, 95
テクノクラート　262, 264
鉄鋼家族　79
鉄鋼業　70-86, 165, 189-194, 222
鉄鋼協会　46, 85, 86, 133, 148, 165, 190
鉄鋼・鉱山・機械・電機・関連工業連合会（U.I.M.M.）　85
鉄鋼製品統計事務所(Office statistique du produits métallurgiques：O.S.P.M.)　198
鉄道建設　14, 30, 49, 50
鉄道証券　36, 42
デフレーション政策　161, 227, 230
デュポン家　74
電機工業　59, 147, 206
電気冶金・電気化学・関連工業会議所　204
電力業　203-205, 206
電力金融会社(Société financière électrique)　207
電力・電機・化学・冶金　164
ドイツ壊滅政策　171
ドイツ関税同盟　40, 55, 170
ドイツ金融資本　4, 6
ドイツ帝国主義　4
ドイツ鉄鋼カルテル　75
ド・ヴァンデル　24, 27, 44, 72, 73, 142, 250, 253
統一社会党（第2インターナショナル・フランス支部, S.F.I.O.)　61
統一労働総同盟(C.G.T.U.)　173
ドゥエ事務所(Office de Douai)　85
ドゥカーズヴィル（アヴェロン石炭・精錬会社）　23, 52, 72
統合企業　21, 28
当座貸越　97, 214, 216, 252-253
当座勘定（交互計算）　89, 252
同族の会社　79
同族的経営　131
ドーズ案　197
トーマス法　46, 70, 73-74
独占形成　81
独占組織　165
特別国庫会計　125, 126
独ソ不可侵条約　234, 257
ドナン・アンザン会社　23, 32, 45-46, 73
トムソン・ウストン電機会社　204, 207, 208
トラスト　84
取引高税（売上税）　179, 182
ドル・ブロック　229
ドレフュス事件　138
ドレフュス商会　92
問屋　69
問屋制商業資本　17

な行

ナショナリズム　62, 86, 174
ナポレオン商法典　47
ナポレオン戦争　5
南部鉄道　204
二重関税率制度　115
二重構造　38, 42, 54, 59, 188
日露戦争　61
二百家族　132, 237, 245
ニューディール　238, 258, 263
農業　11, 58, 65, 166, 233, 237
農業関税　60
農業恐慌　58, 59, 113, 130
農業金融　93, 237

農業信用中央金庫(Caisse nationale de crédit agricole) 212
農産物スライディング・スケール制 40
ノール(フランドル) 16, 70
ノール・エ・エスト鉄鋼会社 72
ノール信用銀行(Crédit du Nord) 149
ノルマンディ 16, 70

は行

パクト・コロニアル 118
8時間労働日制 172, 195, 257, 266
パ・ド・カレ炭田 23, 24, 44
パドル炉(精錬) 20, 22
パナマ運河建設会社 60, 87, 138
パリ・オルレアン鉄道(P.O.)会社 31, 50
パリ銀行(Banque Parisienne, バンク・パリジエンヌ) 48, 53, 99
パリ工業銀行(Banque parisienne pour l'industrie) 208
パリ国民割引銀行(la Comptoir national d'Escompte de Paris) 91, 246, 252
パリ・コミューン 11, 38, 57, 121
パリジエンヌ・エレクトリク会社 208
パリ製品 66
パリ大預金銀行 97, 98
パリバ(パリ・オランダ銀行, Banque de Paris et des Pays-Bas) 48, 53, 92, 99, 151, 189, 216, 246, 253
パリ平和会議 169, 170, 243, 266
パリ連合銀行(Banque de l'Union Parisienne, ユニオン・パリジエンヌ) 99, 142, 253
パリ割引銀行(Comptoir d'Escompte de Paris) 34, 37, 48, 91-92
パリ・ロスチャイルド 30, 151, 205
P.L.M.鉄道会社(パリ・リヨン・マルセイユ線) 31, 32, 88
百貨店 69
ファッショダ事件 61, 138
フィルミニィ会社 23, 47, 72, 89
ブーランジェ事件 138

フェール・フォール(強い鉄) 24
フクシン(Fuchsine)会社 88
不熟練労働 164, 166, 172
プジョー 147, 206
婦人労働力 166
普通選挙 245
復興金融公庫(Crédit national) 180, 211, 212, 244, 261, 264
復興財政 175-180
復古の保守主義 174
物動計画 263
プティフィス・ド・フランソワ・ド・ヴァンデル 73, 142
普仏戦争(1870年戦争) 9, 11, 13, 25, 43, 57, 170
フラン危機 179, 180-183
フラン切下げ 184, 228, 229, 238
フラン平価維持政策 228-230
フランクフルト条約 113
フランス・アフリカ協会 118
フランス外国貿易国民銀行(Banque nationale française du commerce extérieur) 212
フランス(大)革命 124, 128
フランス関税圏 119
フランス共産主義 257
フランス共産党(S.F.I.C., 共産主義インターナショナル・フランス支部) 139, 174, 234, 257, 266
フランス・キリスト教労働者同盟(C.F.T.C.) 173, 236-237, 259
フランス銀行(Banque de France) 36, 48, 53, 69, 91, 93, 96, 100, 150, 151, 168, 183-185, 210, 237, 246, 250-251, 252, 261, 264, 265
フランス金融資本 4, 128, 171, 218-220, 237, 262
フランス経営者全国協議会(C.N.P.F., フランス経団連) 260
フランス経済の停滞性 10, 54, 128, 226, 263

フランス国有鉄道　238, 261
フランス産業革命　3, 5, 25, 41, 43
フランス・サンジカリズム　258, 263
フランス社会主義　257
フランス商業銀行（Crédit commercial de France）　100, 213, 251, 252
フランス商工銀行（la Banque française pour le commerce et l'industrie：B.F.C.I., ルーヴィエ銀行）　100-101, 133, 252
フランス植民地同盟　118
フランス生産総連盟（C.G.P.F.）　246
フランス製鋼会社　73
フランス石油会社　205, 261
フランス的繊維製品　39
フランス鉄鋼コントワール（Comptoir Sidérurgique de France：C.S.F.）　196, 198-199, 249
フランス動産銀行（Crédit mobilier français）　102
フランス農業者組合　113
フランス綿業コントワール　189
ブリエ鉱床　70, 71, 74, 75, 140, 248
ブリュッセル銀行　208
フルシャンボ　22, 45
ブルジョア王朝（Dynastie）　38
ブルム政権　236, 237, 238
プレ・ファッシズム　240
プロヴィダンス（鉄鋼）会社　23, 24, 73
プロレタリア　18, 173, 174, 235
ペシェルブロン石油　205
ペシネー（Péchiney）　85, 147, 204, 209
ペタン傀儡政権→ヴィシー体制
ベッセマー転炉法（製鋼法）　20, 32, 46, 71
ペナロヤ鉱山・冶金会社　204
ベル・エポック　61, 104, 255
ベルギー銀行　49
ベルギー工業銀行　207
ベルリエ　147
ポアンカレ政府　182, 246
ポアンカレ・フラン　184, 223, 224

貿易金融　90
ボーゼル・マレトラ（Bozel-Malétra）　210
ホーレー・スムート関税　231
北部（ノール＝パ・ド・カレ）炭田　18, 20, 21, 201, 203, 243
北部鉄道　31
保護関税　60, 113, 114
保護主義　113, 114
保護貿易体制　5, 6, 39
ホテル業・商工業中央金庫（Crédit Hôtelier）　212
ボナパルティスト　118
ポンタムソン会社　72, 140, 142
ポンド・スターリング　181, 222
ポンペイ鉄鋼会社　74, 145

ま行

マーシャル援助　265
マーチャント・バンカー　38, 99
マジノ線　223
マチニョン協定　234, 236, 258
マリーヌ・エ・オメクール製鋼会社　72, 142, 248
マルクス（主義）経済学　5, 11, 266
マルサス主義　157, 226-227
マルセル・ダッソー　241
ミシュラン・ゴム製造会社　147
ミネット　24, 46, 70, 71, 75, 194, 197
ミュルーズ割引銀行　101, 149, 252
ミュンヘン会談　224
メジャー　205, 261
メリーヌ関税　41, 60, 68, 113, 115, 155
メルテ・エ・モーゼル銑鉄輸出コントワール　83
モーブージュ会社　73
綿業銀行（la Banque cotonnière）　189, 253
綿工業　16, 17, 40, 43, 68-70, 139, 188-189, 220
綿工業資本家家族　69
綿雑品　69

木炭製鉄　20, 24, 27
持株会社的金融会社　203, 217, 250, 253
モネ・プラン　263
モルガン銀行　182

や行

有価証券　103-108
有価証券譲渡税　124
有価証券所得税　124
有価証券税　182
融通手形(金融手形)　253
郵便貯金(国民貯蓄金庫)　107, 153, 268
郵便振替制度(chéques postaux)　212
輸入入統制　162, 164
ユニオン・ジェネラル銀行　58, 87, 137
ユニオン・ジェネラル事件　109
ユニオン・デ・ミーヌ(Union des Mines, 鉱山連合)　203, 250, 253
輸入ライセンス制(quota system)　231
羊毛工業　16, 17, 43, 68, 139
ヨーロッパ共同体　256
ヨーロッパ自由主義　42
ヨーロッパ大陸型投資銀行　30, 49
「ヨーロッパの高利貸」　110, 131
預金供託金庫　56, 107, 153, 211, 264
預金銀行(商業銀行, 信用銀行)　94, 102, 268
4 大商業(預金, 信用)銀行　94, 95, 132, 261, 265, 268

ら行

ライヒスラント　135
ライン・ヴェストファーレン石炭シンジケート　75, 198
ラ・グラン・コンブ会社　19
ラザール兄弟商会　182, 246
ラテン通貨同盟　56
ラベ家　73
ラ・マリーヌ会社　23, 33, 45, 72
リフレーション政策　227

流通過程　69
リヨンの絹商工業者　26
リヨン預金銀行　89
ルール石炭・製鉄業(鉄鋼業)　23, 191
ルール占領　171, 181, 195, 196
ルール炭　19, 75
ル・クルーゾ　22, 45, 50, 72, 207
ルノー　206, 241, 261
レール・リキッド(l'Air Liquide)　210
レジスタンス　235, 256, 263
レヒリング　191
ロイヤル・ダッチ・シェル　205
労働運動　169, 171-174, 229, 235, 240, 256
労働貴族　135
労働組合　120, 126, 165, 172, 258-261
労働者階層　11, 59, 263
労働総同盟(C.G.T.)　121, 139, 172, 236, 256
労働相談所　121
労働力市場　166
労働力の商品化　166
ロートリンゲン・ルクセンブルク銑鉄コントワール　82
ローヌ・プーラン(Rhône-Poulenc)　209
ロカルノ条約　197
6 大鉄道会社　51-52, 137, 261
ロシア革命　61, 169, 171, 172, 178, 205
ロシア証券(公債)　98, 100, 108
ロルム(l'Horme)　23, 72, 89
ロレーヌ　23, 70, 71, 73-77, 130, 135, 162
ロワール鉱山会社　19, 44, 50
ロワール炭田　19, 22
ロンウィ製鋼所　73, 82
ロンウィ(製鉄業)コントワール(コントワール・ド・ロンウィ)　82-83, 145, 196, 248
ロンウィ・レヒリング協定　142
ロンドン金融市場　86
ロンドン通貨経済会議　229, 231
ロンバード街　91

著者略歴

玉田 美治
（たま だ よし はる）

1932年8月　岐阜県に生まれる
1956年3月　東京大学経済学部卒業
1962年6月　東京大学大学院社会科学研究科博士課程単位取得退学
総理府経済企画庁調査局，信州大学助教授（教養部，人文学部）を経て，
1977年8月　信州大学教授（人文学部，後に経済学部）
1980年6月20日　死去

主要業績
「貨幣と資本」（鈴木鴻一郎編『信用論研究』法政大学出版局，1961年，新装本1971年）
「アメリカ国家独占資本主義」（大内力編『現代資本主義の運命』東京大学出版会，1972年）
「国家独占資本主義へのフランスの道」（日高普・大谷瑞郎・斎藤仁・戸原四郎編『マルクス経済学理論と実証』東京大学出版会，1978年）

フランス資本主義――戦間期の研究――

2006年9月1日　初版

著　者	玉田美治
編　者	戸原四郎・戸原つね子・工藤　章
装幀者	加藤昌子
発行者	桜井　香
発行所	株式会社　桜井書店
	東京都文京区本郷1丁目5-17　三洋ビル16
	〒113-0033
	電話　(03)5803-7353
	Fax　(03)5803-7356
	http://www.sakurai-shoten.com/
印刷所	株式会社　ミツワ
製本所	誠製本株式会社

Ⓒ 2006　Setsuko Tamada

定価はカバー等に表示してあります。
本書の無断複写（コピー）は著作権法上
での例外を除き，禁じられています。
落丁本・乱丁本はお取り替えします。

ISBN4-921190-36-4　Printed in Japan